한국의 사랑채

한국의 사랑채

1판 1쇄 발행 2010년 12월 24일
개정판 1쇄 발행 2025년 8월 25일

지은이 윤일이
펴낸이 강수걸
편집 강나래 이선화 이소영 오해은 이혜정 한수예 유정의
디자인 권문경 조은비
펴낸곳 산지니
등록 2005년 2월 7일 제333-3370000251002005000001호
주소 부산시 해운대구 수영강변대로 140 BCC 626호
전화 051-504-7070 | 팩스 051-507-7543
홈페이지 www.sanzinibook.com
전자우편 sanzini@sanzinibook.com
블로그 http://sanzinibook.tistory.com

ISBN 979-11-6861-509-0 93600

* 책값은 뒤표지에 있습니다.
* 잘못 만들어진 책은 구입처에서 교환해드립니다.

한국의 사랑채

조선시대 상류주택 사랑채의 공간적 특성에 관한 연구

윤일이 지음

산지니

책을 내면서

고풍스런 마을길을 따라 들어서 있는 전통주택에 찾아가는 발걸음이 잦아질수록 주택공간에서 느껴지는 낯설음과 친숙함에 마음이 사로잡혔다. 그래서 필자는 기회가 되면 우리나라 주택에 내재된 질서를 파악하고 싶었고, 또 조선시대를 표현할 수 있는 전통주택의 특색을 찾아보고 싶었다.

전통주택의 많은 공간 중에서 사랑채는 조선시대의 시대정신(時代精神)이 반영된 주거문화의 꽃이자, 선비의 이상향과 사고체계가 드러나고 뛰어난 장인들의 솜씨가 발휘된 곳이다. 조선시대 양반들은 지배계층임을 과시하고 자아실현을 나타내기 위해 유교(儒敎) 덕목이 반영된 표준적인 주거를 조영하고자 하였다. 그래서 부부유별, 부자유친, 장유유서 등에 따라 주거 공간을 종교적으로 성속(聖俗), 기능적으로 남녀(男女), 계층적으로 상하(上下), 가족생활과 접객을 위해 공사(公私)로 구분하였다. 그러나 주택을 무한정 분리할 수는 없기에 효율적인 해결책이 요구되었고 그것이 바로 사랑채였다.

또한 조선시대 사랑채는 많은 가족들이 한 집에서 생활하는 대가족제, 넓은 범위로 교류하고 유희를 추구하는 양반사회, 씨족마을로 긴밀한 협동을 중요시하는 마을구조 등 다양한 사회적 관계의 소산이었다. 사랑채는 주택 내에서는 상이한 영역을 분리시키면서 동시에 연결하는 하나의 매개공간이자, 주택 외에서도 종족·문중·마을을 연결시키는 결절점(結節点)이었다. 여기에 우리의 선조들은 풍류(風流)를 더했다. 따라서 사랑채를 찾아 떠나는 여행은 우리나라 주택의 어제와 오늘을 이어주는 길이라 하겠다.

이 책의 내용은 크게 5장으로 나누어서 사랑채의 형성배경과 성격, 사랑채의 공간구성, 지역별 사랑채, 계층별 사랑채, 행태별 사랑채를 기술하였다. 1장 사랑채의 형성배경과 성격에서는 조선시대 유교가 뿌리내리기 시작하는 16~17세기를 즈음하여 사랑채가 안채와 분리되면서 정착되고 확장되는 과정과 성격을 살펴보았다. 2장 사랑채의 공간구성에서는 안채가 주택의 중심으로서 전통적인 실 구성과 성격을 유지한 것과는 달리 사랑채는 기능변화에 따라 확장 혹은 생성이 두드러진 양상을 다루었다. 그리고 3장, 4장, 5장에서는 각 지역의 풍토와 사회 환경의 차이로 유교 특성이 지역별·계층별·행태별 차이를 가지는 것을 사랑채를 중심으로 살펴보았다. 그래서 연구대상 주택(총 625호)이 분포하는 한반도 이남인 경상도, 경기·충청도, 전라도, 강원도의 지역별 특성을 살펴보았고, 전체 실례수의 과반수(54%)를 차지하는 경상도는 좀 더 세분하여 고찰하였다. 그리고 거주자(조상)의 계층을 명확히 파악할 수 있는 경우에는 사대부층(士大夫層), 향반층(鄕班層), 부농층(富農層)으로 분류하여 계층별 특성을 비교하였고, 사랑채에서 이루어지는 일상생활, 접객, 의례를 중심으로 사용행태를 살펴보았다.

전통주택 사랑채에 관한 연구는, 필자가 대학원 과정에서 시작하여 1999년 「조선후기 상류주택 사랑채의 공간적 특성에 관한 연구」라는 박사학위 논문으로 일단락의 결실을 맺었다. 당시 연구대상 주택 중 전국에 흩어져 있는 220여 채를 답사하고 그곳에 거주하는 종손(宗孫)·종부(宗婦)들을 대상으로 일일이 설문조사하는 것은 힘든 작업이었다. 그러나 빠른 속도로 현대화·도시화되고 있는 현 시점에서 보면 조선후기 및 근대의 생활상을 수집할 수 있었던 것은 값진 결실이었다고 하겠다. 이후 필자는 조선시대 사랑채 연구를 바탕으로, 주택 내부의 사랑채가 주택 외부의 서당(書堂)·서원(書院)으로 확장되는 관계를 살피고, 나아가 한국·중국·일본 상류주택에서 남성공간의 특성을 비교하였다.

이 책은 박사학위 논문을 보기 쉽게 일부 수정하고 보완한 것이다. 현재 아쉬운 점은 한반도의 절반 정도만을 연구대상으로 담았다는 점이고, 기회가 된다면 한반도 전체, 더 나아가 아시아지역으로 연구범위를 넓힐 수 있었으면 하는 것이 소박한 기대다.

이 책이 나오기까지는 많은 분들의 도움을 받았다. 일일이 열거할 수는 없지만 많은 선학(先學)들의 연구가 큰 밑바탕이 되었고, 지도교수님이셨던 고 조성기 교수님과 동학들의 지도편달이 있었다. 그리고 답사와 도면작업을 함께 해준 윤세원에게도 감사의 뜻을 전한다. 아울러 일천한 글을 책으로 묶어내기 위해 성의를 다한 산지니 도서출판의 강수걸 대표님과 편집실 권문경님께도 깊이 감사드린다.

2010년 10월
윤일이

차례

책을 내면서   5

제1장 사랑채의 형성배경과 성격

1. 사랑채의 형성배경   12
  1) 조선시대 이전의 주거 공간 분화   12
  2) 조선시대 상류주택과 사회적 관계   16
2. 사랑채의 역할   24
  1) 유교적 이상실현   24
  2) 사회화와 풍류의 장소   29
  3) 문중의 구심점   34
3. 사랑채의 구성요소와 분화   40
  1) 사랑채의 구성요소   41
  2) 사랑채의 분화   48
  3) 사랑마당과 정원   50

제2장 사랑채의 공간구성

1. 사랑채 배치   54
  1) 분류의 기준   54
  2) 집중형 주택의 사랑채 배치   59
  3) 결합형 주택의 사랑채 배치   72
  4) 분산형 주택의 사랑채 배치   83
2. 사랑채 구성   89
  1) 분류의 기준   89
  2) 일반형 사랑채   92
  3) 분화형 사랑채   97

제3장 지역별 사랑채

1. 경상도 사랑채   116
    1) 경상도 주택의 구성   117
    2) 경상도 사랑채의 특성   130

2. 경기·충청도 사랑채   137
    1) 경기·충청도 주택의 구성   137
    2) 경기·충청도 사랑채의 특성   142

3. 전라도 사랑채   145
    1) 전라도 주택의 구성   145
    2) 전라도 지역 사랑채의 특성   150

4. 강원도 사랑채   154
    1) 강원도 주택의 구성   154
    2) 강원도 지역 사랑채의 특성   159

제4장 계층별 사랑채

1. 사대부층 사랑채   164
    1) 사대부층 주택과 영역   164
    2) 사대부층 사랑채의 대표성과 독자성   170
    3) 사대부층 사랑채의 특성   179

2. 향반층 사랑채   183
    1) 향반층 주택과 영역   183
    2) 마을과 사랑채의 위계적 구성   185
    3) 향반층 사랑채의 특성   195

3. 부농층 사랑채   199
    1) 부농층 주택과 영역   199
    2) 부농층 사랑채의 위계적 구성   200
    3) 부농층 사랑채의 특성   210

제5장 행태별 사랑채

1. 생활공간과 사랑채   214
   1) 생애주기에 따른 사랑채 생활공간 구성   214
   2) 사랑채 생활공간의 특성   220
   3) 사랑채 생활공간의 적응과 조정   223

2. 접객공간과 사랑채   228
   1) 주택별 사랑채 접객공간의 구성   228
   2) 사랑채 접객공간의 특성   236
   3) 사랑채 접객공간의 적응과 조정   239

3. 의례공간과 사랑채   245
   1) 마을별 의례공간의 구성   246
   2) 사랑채 의례공간의 특성   258
   3) 사랑채 의례공간의 적응과 조정   262

   참고문헌   265

제1장
사랑채의 형성배경과 성격

1. 사랑채의 형성배경

주거 내 여러 공간은 하룻밤 사이에 '창조'되는 것은 아니며, 그것은 기능적 필연성과 역사적 힘의 산물이다. 조선시대 이전의 주거에서 사랑채에 관련된 뚜렷한 기록은 발견할 수 없다. 그렇지만 오랜 역사 속에 등장하는 주거공간의 질서는 사랑채 형성의 밑바탕을 이루었다.

1) 조선시대 이전의 주거 공간 분화

한국의 전통주택은 원시시대부터 삼국·통일신라·고려시대를 거치면서, 이상적인 가치관이 변화하고 여러 요인의 영향으로 우리만의 고유한 공간분화를 이루어왔다. 성·속의 구분은 원시시대부터 외형의 변화 속에서도 지속되어 중심성과 방향성에 대한 사고를 형성하였고, 남·녀의 분리는 기능적 요구에 따라 여러 형태로 등장한다. 상·하의 구분은 주거내부에서 신분에 따른 차이뿐만 아니라 마을에서 상류주택과 민가의 위계구성에도 영향을 미쳤다. 이처럼 조선시대 이전 주거의 공간분화에서 사랑채의 형성 배경을 유추할 수 있다.

성속(聖俗)분리와 상징성

옛사람들이 집을 생각하는 기저에는 자기와 조물주(造物主) 또는 삼라만상(森羅萬象)과의 만남을 통해 생활의 평화와 안정을 추구하려는 생각이 깔려 있다.

무속(巫俗)과 유불선(儒佛仙)은 우리 문화를 형성하는 중요한 밑거름으로 주거 내 성역(聖域)을 형성하였다. 한국의 무속은 샤머니즘 분포권에 속한다.[1] 샤머니즘은 'ecstasy(忘我, 脫魂)의 기술'이라고 일단의 규정을 내리는데, 즉 샤이먼은 다른 종교사제들과는 달리 엑스터시 상태에서 신령들과 직접 교섭한다는 것이 학자들의 일치된 견해이다. 이러한 교섭의 형태는 단군신화에서 단군이 하늘에서 하강하며, 『후한서(後漢書)』 동이전(東夷傳) 한(韓)에서 '여러 나라의 고을에서는 각각 한 사람이 천신(天神)에게 지내는 제사를 주관한다. 이 사람을 천군(天君)이라고 하고, 또 소도(蘇塗)를 세운다. 큰 나무를 세우고 거기에 방울과 북을 매달아 놓고 귀신을 섬긴다'에서 드러난다. 또한 주거 내에서는 성주(成造)가 있는 기둥, 비워진 마당을 가진 ㅁ자형 주택에서 그와 같은 연관성을 유추해볼 수 있다.[2] 그런데 고려 말기에 유교가 중시되면서 정몽주(鄭夢周)는 향교(鄕校)를 신설하고 처음으로 주자가례(朱子家禮)에 따라 사서로 하여금 가묘(家廟)를 세우게 함으로써 주거는 유교적 체계로 변모한다.[3] 조상의 제단은 대부분 대지의 가장 높은 곳이나 동북쪽에 위치하여 주택의 좌향과 가족결속에도 중요한 결정인자가 되었다.

주거 내 성역(聖域)은 전지전능한 신(神)의 능력을 빌어 자신들을 보호해가던 무속적(巫俗的) 성향에서 조상의 신주를 모시는 유교적(儒敎的) 성향으로 변화한다. 이로 인해 주거의 구성은 중심성에 위계성이 더해지면서 방위별로 의미와 상징을 가지게 되었다.

---

[1] Mircea Eliade, *Shamanism*(샤머니즘), 3판, 이윤기 역, 까치, 서울, 1994, p.503 : 엘리아드(M. Eliade)는 샤머니즘을 북아시아, 중앙아시아, 남북 아메리카 대륙, 동남아시아, 오세아니아 등지에 널리 분포하는 하나의 원시적 종교형태로 다루면서, 그 역사도 멀리 구석기시대 수렵문화에서부터 샤머니즘 요소가 산견된다는 몇몇 학자들의 견해를 인용하고 있다.
[2] 조선시대의 안마당은 주택 내 통과의례가 이루어지고 지신(地神)을 모시는 제장으로서 신성한 공간이었다.
[3] 원시토속사회와 선산업사회에서는 인간의 힘이 나약하고 자연은 엄청난 대상이었기에 주거 속에 신을 끌어들인 축(軸)적 구성을 이룬다. 이슬람문화에서는 메카를 향하고, 유럽의 성당들은 하늘로 향해 있다. 우리나라 주거 내에도 사당을 두고 모든 일을 사당의 조상신에게 고하였다. 따라서 집을 지을 경우 사당 자리를 제일 먼저 정하고 나머지 채들의 향이 결정되었다.

남녀(男女)분리와 기능성

남녀의 영역분리는 여러 문화권에서 자주 등장하지만 분리양상은 확대가족·핵가족, 일부일처제·일부다처제, 세습유형 등의 가족구조와 종교에 의한 파르다시스템(女性隔離) 그리고 기능에 따라 많은 차이를 가진다. 고구려에는 혼인을 하면 아내의 집에 가서 살다가 자식을 낳아 장성하면 남편집으로 옮겼는데 이때 여자집에 서옥(婿屋)이라는 작은 별채를 따로 지었다.4) 이 혼인제도는 현재까지도 반친영의 형태로 남아 있어 서유부가혼(婿留婦家婚)의 연원이 된다. 이에 대비되는 혼인풍속으로 동옥저(東沃沮)의 예부제(豫婦制)는 여자아이가 10살이 되면 혼약을 맺고 남자의 집에서 기르고 성인이 된 이후에 금전 등으로 일정한 보상을 하여 며느리로 삼는 것으로 후대에 '민며느리제'로 행해졌다. 그 외 조선시대 제주도 민가의 채 나눔은 한반도의 남녀구별과는 달리 세대구별로 이루어졌는데 이것은 유교에 의한 남녀유별이 자리 잡기 전의 고려시대 특성으로 보기도 한다.

또 기능적 이유로 남녀공간이 분리되기도 한다.5) 이것은 조선시대 이전에 우리나라 주거에서 남녀공간이 분리되는 주된 요인이기도 했다. 원시시대 수혈주거에서 난방을 위한 '노'와 취사를 위한 '부뚜막'이 분리되면서, 출입구 가까이는 야외활동을 위한 도구가 있는 남성공간으로, 출입구 반대편은 요리를 위한 여성공간으로 분리되었다. 고구려 안악(安岳) 제3호분 동수묘(冬壽墓)에는 별채로 그려진 부엌간에 여인들만 있어서 역할분담에 따른 공간분화가 엿보인다. 그런데 『위지(魏志)』에 고구려 백성은 가무(歌舞)를 좋아하고 도읍과 촌락에서는 막야(幕夜)에 남녀가 군취(群聚)하여 서로 가극(歌劇)하였으며, 『고려도경(高麗圖經)』에는 여름이면 남녀의 구별 없이 시냇물에 들어가서 목욕을 하고, 절에도 마음대로 갔으며, 여자의 재혼도 별로 흠이 되지 않았다. 또 『금사(金史)』에

---

4) 『三國志』 魏書 東夷傳 高(句)麗條, …其俗作婚姻 言語已定 女家作小屋於大屋後 名壻屋….
5) 많은 사회에서 성(性)에 따른 역할분담은 일종의 제도처럼 명확하다. 남자는 대부분 큰 힘이 들거나 전쟁, 사냥, 목축, 고기잡이 등 집에서 멀리 떨어진 곳에서 하는 일을 담당하고, 여자는 아이를 낳고 기르며 대부분의 시간을 집안일에 종사한다.

발해는 남녀의 야합 및 사랑의 도피가 성행하는 등 결혼 전 남녀의 교제는 비교적 자유로웠다. 그리고 고려 왕실은 신라왕조의 전통을 계승하여 족내혼(族內婚)이 성행하였고, 여자들은 외가 성을 따르거나 아버지 외가 성을 따르는 경우도 있고 사위가 집안을 계승하기도 하여 남녀가 동등한 대접을 받았음을 알 수 있다.6) 따라서 고려시대까지 남녀공간의 구분은 사회적 차별의식보다는 효율을 높이기 위한 기능구분이었다.

상하(上下)분리와 위계성

계급사회에서 상하의 질서는 가부장과 가족(처자), 노인과 젊은이, 주인과 사용인의 관계로 드러나며, 주택의 영역과 장식뿐만 아니라 마을 구성에까지 위계를 형성하였다.

주거 내에서 주인가족간 뿐만 아니라 사용인 사이에도 서열적 공간구성이 이루어졌다. 이웃한 중국의 사합원(四合院)은 남북으로 통하는 축선(軸線)에서 제일 안쪽(北)에 가장 서열이 높은 가장이 거주하는 건물이 배치되고, 다음에 장남, 그 다음에 차남, 도로의 입구에 가장 가까운 곳에 사용인의 건물이 배치되는 것을 통해 우리나라 주택에서도 장유(長幼)의 질서를 유추할 수 있다. 그리고 고구려 무용총, 쌍영총, 각저총 등의 고분벽화에는 주인부부 주변에 노비들이 그려져 있고, 부여에서는 순장자가 많을 경우 100여 명에 달했고, 신라 대귀족은 노비를 수천 명씩 보유하였다고 하여 상류주택에서 노비공간을 추론할 수 있다. 이러한 노비소유는 고려 광종대에 실시한 노비안건법과 과거제를 통해 거대한 지각변화를 초래하였음에도 불구하고 조선시대까지 지속되었다.

상하구분은 마을로 확대되어 상류주택과 민가로 차별화된다. 원시시대 지배계급들은 9계단을 내려가는 깊은 움집으로 좀 더 따뜻한 공간을 확보하였다. 이후 고구려 지배계급은 벽화에서 보면 평상, 의자, 탁상 등의 가구를 사용하고 지붕도

---

6) 박영규, 『고려왕족실록』, 들녘, 서울, 1996, p.84 : 고려 광종의 비인 대목왕후 황보씨는 태조의 딸로 제4비 신정왕후 황보씨 소생이다. 그녀의 성씨 황보는 어머니 쪽을 따른 것이다. 그리고 대목왕후의 딸이자 성종의 부인인 문덕왕후는 유씨 성을 사용하고 있는데, 이는 광종의 외가 성을 따른 것이다.

기와로 이었고, 통일신라의 귀족들은 『삼국사기(三國史記)』 신라본기(新羅本紀) 옥사조(屋舍條)의 가사제한에서 화려한 주택장식을 엿볼 수 있다. 그리고 고려의 지배계급들은 『고려사절요(高麗史節要)』에서 행랑이 200여 칸에 달했고 집 동산의 넓이가 수십 리, 뜰 넓이가 백 보, 집높이가 두어 길에 이르렀다고 한다. 이와 같은 주택·마을·지역의 상하(上下) 질서는 계급사회에서 사회관계의 바탕을 이루었다.

2) 조선시대 상류주택과 사회적 관계

조선시대 상류주택에 형성된 사회적 공간인 사랑채는 씨족마을로서 긴밀한 협동을 중시하는 마을구조, 넓은 범위로 대외적 상호교류와 유희를 추구하는 양반사회, 많은 가족들이 한 집에서 생활하는 대가족제 등의 사회적 관계의 소산이다.

(1) 마을구조에 따른 사회적 상호작용

한국의 마을은 이규태의 설명을 빌리면, 행정단위가 아니라 농경 공동체로서 자연취락이며, 자율적이고 자기 긍정적이며, 생활공동체로서 결합된 집단의식이 배타적으로 존재하는 '장(場)'이라 할 수 있다.[7] 생산노동위주의 농경생활을 해오던 사람들은 상호 신뢰를 바탕으로 서로 돕고 의지하면서 개체보다는 공동체의식이 강하게 뭉쳐진 모습으로 마을을 형성해왔다.

집촌(集村)을 이루는 마을은 크게 하늘·신(神)·조상과 연결되는 수직축과 동족간을 연결하는 수평축의 이중적 축에 의해 구성된다. 마을에는 땅에서 하늘로 올라가는 흐름인 향천성(向天性)과 속(俗)에서 성(聖)으로 상징적인 변화를 보이며, 그 흐름은 서낭당·돌무더기·돌미륵 → 솟대·당나무 → 종가 → 묘

---

7) 이규태, 『한국인의 의식구조(상)』, 문리사, 서울, 1977, pp.131~132

→ 산지당(수호산)으로 이루어진다.8) 그리고 17세기 이후 적장자우위상속제(嫡長子優位相續制)와 적장자봉사(嫡長子奉祀)가 일반화된 동족마을이 촌락의 전형이 되면서 동족간의 질서가 형성된다. 종가(宗家)가 경사지의 가장 높은 곳에 자리하고 분파(分派)된 후손들의 공간은 차츰 아래로 확산되거나,9) 때때로 하회(河回) 같은 평지 마을에서는 종가를 중심으로 지가(支家)와 자작농가가 둘러싸고 다시 그 외곽부를 전답이 둘러싸는 동심원 내지 환상구조를 취하기도 한다. 즉 마을구성은 종가를 구심점으로 하는 위계적 구성을 이루었다.10)

물론 마을은 동성마을·이성마을·각성마을이라는 구성원의 동질성에 따라 내부인의 친화도, 외부인에 대한 거리감, 종가의 중요도에 차이를 가진다. 그렇지만, 종가와 지가(支家) 사이의 배치는 개인과 가족 그리고 소속간 교류의 상호관계를 반영하며, 거주분포상에 씨족집단의 계보나 신분질서, 입향순서 등을 드러낸다. 또한 마을에서 토지이용과 함께 중요한 것이 사회적 공간의 이용으로, 일상생활에서 정보교환 및 의사결정이 이루어지는 마실은 여름에는 정자(亭子)에서, 겨울에는 각 계파별 종택(宗宅)과 사랑방에서, 비일상시 관혼상제·동제(洞祭, 堂祭)·계(喪契·婚契) 등은 안마당, 안대청, 동네어귀 등에서 행사되었다. 특히 상류주택 사랑채는 반공적공간으로 외부인에게 개방되는 상호교류의 중요한 장소였다. 그래서 우리나라 주택은 법전으로 규정된 가대·가사제한11) 외에 상호교류에 의한 마을 내 불문율의 제한을 받았다.

(2) 신분제도에 따른 사회적 상호작용

---

8) 김진성, 『조선후기 상류주택 사랑채의 사회적 변화에 따른 공간특성에 관한 연구』, 홍익대학교 석사학위논문, 1995, p.10
9) 善生永助가 조사한 조선촌락의 지세별 통계에 의하면 1,685개 중 277개 촌락이 배산임류형(背山臨流形)이며, 그 중에서 72개가 경북에 있다.
10) 17세기 후반이 되면 숭조(崇祖) 및 보종(保宗)의 종법사상이 물질우위의 사상으로 변화하면서 종가의 후면부로 후손들의 주거지가 확산되는 등 마을의 성장과정에서 상반된 이중성이 나타나기도 한다.
11) 『經世遺表』 I, 민족문화 추진회, 1979, pp.172~173 : 다산은 조선시대 사회질서를 위해 가옥의 구조도 상하(上下)의 등급과 귀천의 급에 따라 9등으로 나눌 것을 「사관지속(事官之屬)」에서 거론하고 있다.

조선시대 사회구조의 기반은 양반지배체제이다. 양반의 성격은 시대와 지역에 따라 차이를 가지지만 보편성 또한 지니므로, 양반의 이해를 통해서 조선시대에 보다 접근할 수 있다. 양반은 권력에 진출할 수 있고 관직과 모든 특권을 독점할 수 있는 지도계급으로서 조선사회의 정치·경제·문화에 중추적 역할을 하였다. 양반은 사대부(士大夫)를 꿈꾸었고, 사대부는 삶의 근거를 정치와 학문에 두었다. 문(文)이 숭상된 사회 분위기 속에서 선비들은 과거제도, 문교, 문방 쪽에 집착하였고, 문치주의(文治主義)는 일면 조선시대가 500여 년을 존속케 한 이유이기도 하다. 그래서 그들의 일상은 독서요, 여가시에도 글로써 유희하였다. 더구나 전통사회에서 토지를 갖는 것이 관직을 갖는 것만큼 잘 살게 하지는 못하여, 양반들의 관심은 관직의 배분과 지배층의 계층 구분에 영향을 미치는 과거제도에 집중되었다.

조선시대 과거출신자 구성을 살펴보면[12], 500년간 총 급제자들은 14,600명으로 일년에 평균 28명 꼴이다. 배출 성씨(姓氏)는 총 750개지만 그 중 21개의 주요 성씨에서 총급제자의 40%를 배출하였다. 따라서 관직은 양반 중에서도 일부 성씨의 독점물이었다. 이들 사대부들의 삶의 무대는 한 지역에 머물지 않고 전국에 형성되었다. 즉, 향리에 향제(鄕第)를 두고 궁궐이나 상류층 인사들과 교유(交遊)·수학(修學)하고, 벼슬하는 동안은 서울에 한시적인 거주처를 마련하였다. 정사(精舍)에서는 사랑방에서와 같이 접객, 독서, 사적 활동을 하거나 주변 승지(勝地)를 찾는 거점이기도 하였다. 별서(別墅)에서는 은둔, 수양 및 산수간에 유경(遊景)을 하기도 했고, 물질적 배경이 되는 농장을 경영하였다. 누정(樓亭)에서는 시회(詩會), 연회, 만남이 이뤄지고 풍류를 즐겼다.[13]

그리고 양반은 중앙에 진출했다가 낙향해서도 토호적(土豪的)인 위치에서 교화의 의무를 가지므로 철저히 유교이념을 숭상해야 했다. 특히 동족마을의 종가는 씨족사회를 대표하고 문중 결집의 구심점으로 비공식 동헌(사랑채·사랑방)의 기능도 담당하였다. 집성촌(集姓村)에서 가문을 대표하는 종가의 주택구성은

---

12) 한상복 외, 『한국인과 한국문화-인류학 접근』, 심설당, 서울, 1982, p.295
13) 김길동, 『조선시대 선비계층의 주거문화에 관한 연구』, 서울대학교 석사학위논문, 1991

지가(支家)의 원형으로서 그 파급효과는 문중에 따라 전국으로 확대되기도 했다. 종가는 대소사(大小事)의 잦은 행사로 많은 손님들이 내왕하여, 일상생활에서 접객이 차지하는 비중이 매우 컸으며 일가친척(一家親戚) 외에 타가문(他家門)의 손님까지도 각별히 대접하였다. 손님은 대부분 남자들로 당일로 돌아갔지만 드물게는 며칠씩 머물기도 해서 사랑방 및 사랑대청이 접객공간으로 개방되어야 했다.

넓은 범위로 교류가 이루어지는 상류주택은 단순히 개인주거에 머물지 않고 친척·문중·지역 등 사회적 배경에 의해 특징지어지는 구조로 확대되었다.

(3) 가족제도에 따른 사회적 상호작용

가족구성

가족은 개인이 생각할 수 있는 최소의 사회집단으로, 가족원은 혼인제도와 친족제도에 따라 확대되고 가족제도는 시간의 흐름에 따라 여러번 재편성된다. 특히 조선시대 가족제도는 직계가족이면서 확대가족으로 정치·경제·도덕의 모든 사상이 가족을 중심으로 운영되었다. 직계가족체계는 가장의 가족원에 대한 통제가 소위 '가풍(家風)'이라는 행동양식으로 존재하였고, 가손의 존속이 가장 중요한 목표여서 가장의 위치를 계승할 장남을 중요시하였다.14) 확대가족체계는 조부자손(祖·父·子·孫)의 4대 가족을 이상적으로 여겼다. 조부모 생존시에 분가하여 호적을 달리하거나 재산을 분배하는 일을 금지하고, 조부모 사망 후에 차남 이하가 결혼하여 분가하더라도 본가를 중심으로 제사 및 길흉의 행사를 행하였다. 그리고 농경중심의 사회로 농업 생산을 위한 노동력을 확보하고, 가계계승과 가문번영을 위해 많은 자녀를 출산하여 가족 수가 많았다.15)

---

14) 최신덕, 『사회변천과 한국가족』, 이화여자대학교 박사학위논문, 1974
15) 박영순 외, 『우리 옛집 이야기』, 열화당, 서울, 1998, pp.41~51 : 집은 많은 가족을 포용하기 위해 용도에 따른 방의 구분이 아니라, 크기, 위치, 재료에 따라 대략 방의 명칭이 정해졌다. 이것은 온돌이라서 용이했던 좌식생활과, 좌식이기 때문에 가능했던 방의 전용성으로 가족주기에 따른 적응성을 높일 수 있었다.

또한 주인가족과 더불어 노비가 동거하였다. 노비는 전지(田地)와 함께 2대 경제기반으로 가족사역뿐만 아니라 농경 등 각종의 생산분야에도 종사하고 양반의 신분적 질서를 유지하고 유교적인 예속(禮俗)과 풍교(風敎)를 진작(振作)시키는 근본이 되었다.16) 따라서 상류주택에서 주·종(主·從)공간은 질적으로 규모, 장식, 부재, 전망, 향 등에 차이를 두었고, 같은 사역인(使役人) 내에서도 신분·나이·역할에 따라 격의 차이를 두었다. 보통 청지기는 독립된 공간을 점유하였고, 외거노비가 거주하는 가람집(영남)과 호지집(호남)은 상류주택을 둘러싸는 또다른 경계구조를 이루었다.

대가족을 수용하는 상류주택에서는 가묘법에 따른 비거주공간인 사당은 별동으로 조성하고, 거주공간인 안채와 사랑채는 타원의 중심처럼 연결·인접되면서도 영역을 명확히 나누었다. 일손을 거드는 노비의 숙식처로 큰 행랑채가 들어서고(운조루 행랑채는 19칸, 선교장 행랑채는 15칸이다), 곡물과 세간을 넣어두는 수장시설이 발달했다. 마당도 농사를 위한 바깥마당과 주생활을 수용하는 안마당으로 기능분화하고, 담에 의해 경계가 지어졌다. 더불어 봉제사와 접빈객을 위해 항상 사람들이 붐비는 접객공간에 대한 배려가 요구되었다.

손님의 유형

봉제사와 접빈객을 중시한 양반의 주택은 항상 손님들로 붐볐다. 의례(儀禮)는 상례(喪禮)·혼례(婚禮)·제례(祭禮)의 순으로 손님이 많았고, 행사는 하루에 끝나지 않고 여러 날 지속되기도 하였다. 그러나 주부들은 주기적으로 있는 봉제사에 비해 계속되는 접빈객이 더 힘들었다고 한다. 상류주택을 찾는 손님은 시간적으로는 일상적인 손님과 의례에 참석하는 비일상적인 손님이 있고 계층적으로는 양반에서 거지까지 다양하여서, 방문목적과 계층에 따라 차별적으로 접대하였다.

이규숙의 자서전17)과 박선희(1991)의 연구를 인용하여 손님을 구분하면, 첫째,

---

16) 서애 유성룡(柳成龍, 1542~1607)의 『남매분재기(男妹分財記)』에는 5남매에게 봉제사와 146명의 노비를 분배하고 있다.
17) 이규숙, 『이계동마님이 먹은 여든 살』, 뿌리깊은나무, 서울, 1984

일상적인 손님은 보통 남자들로 사랑채에서 접대하였다. 먼 곳에서 와서 당일로 돌아가기 힘든 손님은 아예 청지기가 과객의 이불과 주석요강을 가지고 왔고(하회 양진당), 빠르면 한 주 길면 겨울에는 수개월을 머물고 가기도 하였다(강릉 선교장). 주인은 이러한 손님들과 함께 숙식을 하며 예우를 다해야 했다. 또 구례 운조루에는 아래사랑채에서 마을 노인들의 한담이나 식객들의 유숙이 이루어졌다. 따라서 일상적 접객이라 하더라도 대화나 행동의 목적이 있는 손님과 단지 시간을 보내기 위한 손님이 있었음을 알 수 있다. 둘째, 제삿날과 같은 비일상시에는 많은 친척들이 내왕하였다. 양반 한 명이 부인과 같이 오고 각 사람마다 2명의 인력거꾼과 부인네가 따라오므로, 4명만 와도 하인이 열댓이 되었다. 그 외에도 외손과 당질 등이 참가하기 때문에, 잠깐 동안에 3~4칸 대청이 가득해지며 주택 전체가 제장으로 변하였다. 셋째, 봄·여름이면 채소·해물을 가지고 와서 쌀과 바꾸어 가는 사람, 물건·바늘·실 등을 보자기에 싸서 광목으로 멜빵해서 다니는 사람 그리고 주발·대접·합·양푼·대야를 지고 돌아다니는 유기장사 등은 하루 한 동네밖에 가지 못해서 양반댁에 가서 묵고 다음날 딴 동네로 가곤 하였다. 그래서 바깥 행랑채에 하인이 사용하는 문간방은 때로는 주인과 잠자리를 같이 하기 어려운 격이 낮은 손님인 등짐장수, 외래객의 마부(馬夫), 하인 등이 묵어가기도 하였다. 넷째, 옛날에는 이십 명씩, 열댓 명씩 몰려 장타령을 부르면서 밥 얻어먹으러 다니는 거지가 많았다. 양반댁의 제사나 생일날이 오면 그 전날 모두 와서 동네 방앗간이나, 헛간에서 자고 이틀씩 묵어갔다. 거지도 날을 적어놓았다 오면 주택 내로 들이지는 않지만 집 앞 초가를 배려하거나 대접을 하여 보냈다.

접객공간

조선시대 상류주택에서 안채의 구성과 성격은 지속적인 반면, 사랑채는 확장(擴張) 혹은 생성(生成)이 두드러졌다. 이는 사랑채 기능변화의 반영이다. 상류주택에서 사회적 공간의 중시로 사랑채가 형성되고 효율을 위해 점차 다른 기능도 부가되었다.

조선전기에 지금의 사랑채에 해당되는 공간으로 추정되는 사랑(斜廊)은 조선

후기에서 보이는 사랑(舍廊)과는 달리 중문에 가로놓여 손님을 접대하는 작은 횡무(橫廡)에 불과했던 것으로 보인다. 이는 조선초기의 가사규제에 나타난 사랑의 부재치수나 단위공간 면적이 다른 건물과 비교해서 매우 협소하고, 유교적 생활규범을 적은 『가례(家禮)』에는 사랑채에 관한 내용이 없는 데서도 알 수 있다. 신몽삼(辛夢參)은 『가례집해(家禮輯解)』에서 퇴계의 말을 인용하여 '청사(廳舍)는 지금의 대문 안쪽에 있는 소청(小廳), 즉 사랑(斜廊)과 같은 것이다'라고 설명하고 있다. 또 정약용(丁若鏞)은 『아언각비(雅言覺非)』에서 '사랑(斜廊)이란 집곁에 가로 지은 문간방(횡무)을 말한다. 그런데 우리나라 사람들은 이를 잘못 번역하여 바깥집(外舍)으로, 일을 보살펴 처리(廳事)하는 집을 사랑(斜廊)이라고 말한다. 옛날 풍속에는 안집은 넓고 크고, 바깥집은 좁고 작으며, 다른 광무가 없으므로 중국 사람의 이름을 모칭한 것이다. 그런데 지금 세상에는 바깥집이 더욱 넓고 크므로 사랑이라는 이름은 더욱 합당하지 않다'라고 주장하고 있다. 정약용의 주장을 정리해보면 중문에 가로놓여 있는 손님을 접대하는 조그마한 사랑이 의미가 바뀌어 넓고 큰 외사(外舍)를 지칭하게 되었는데, 원래 외사는 바깥에 낮고 작은 행랑채와 같은 역할을 수행하는 집이었음을 알 수 있다.

사랑(斜廊)에서 사랑(舍廊)으로 이루어지는 변화는 외사(外舍)의 '청사(廳事)'와 손님을 접대하는 '사랑(斜廊)'이 합쳐지고, 공간의 효율을 위해 '남자가족의 공간'으로 사용되었을 것으로 추정해 볼 수 있다. 왜냐하면 사랑채를 단지 부부별침(夫婦別寢)에 따른 남자의 잠자는 공간으로 보기에는 그 사랑채의 규모나 기능이 크고 복잡하기 때문이다.[18] 따라서 사회환경의 변화로 주거공간은 사회적 기능과 가정적 기능이 혼재되고, 사림(士林)들에 의해 유교가 체계적으로 정리되던 16~17세기를 거치는 동안 안채와 사랑채가 분리되면서 사랑채는 더 확장되어 지금의 평면구조로 조정되었을 것으로 추정된다. 이는 태종이 말한 부부별침

---

18) 이호열, 『조선전기 주택사 연구』, 영남대학교 박사학위논문, 1991, pp.168~187 : 류희춘이 담양에 경영한 집은 병우년(1546)에 안채, 무진년(1568)에 행랑 13칸, 병자년(1576)에 객청을 차례로 건축하여 전체적인 완공을 보았다. 객청은 정면·측면 1칸이 9척, 주고 9척의 전체규모 18칸 겹집으로, 마루 4칸·방 2칸·책방·서실 등이 있었다. 그리고 객청은 별동이 아니라 기존의 북루에 접속되어 남향하여 건축된 것으로 짐작된다.

의 유교적 생활원리가 일반백성들에게 정착되지 못하다가 사림(士林)들의 향촌사회를 지배하기 위한 현실적인 이유가 유교원리와도 어느 정도 일치됨에 따라 점차 정착되어간 것으로 보인다.[19] 사랑채의 공간이 확대되기 시작하는 시기가 16세기 중기 이후로서 가례의 시행이 전국적인 범위로 확산되는 시기와도 일치한다.[20] 따라서 사랑채는 생활공간, 접객공간에 의례공간이라는 기능 확대에 따른 결과물로 볼 수 있다.

---

[19] 김종헌, 「한국전통주거에 있어서 안채와 사랑채의 분화과정에 대한 연구」, 대한건축학회논문집, 12권 2호, 1996, p.84
[20] 김기주, 『조선시대 중기 이후 반가의 공간사용과 평면형식에 미친 가례의 영향』, 연세대학교 박사학위논문, 1994, pp.139~149 : 사랑채의 경우 안채와 마찬가지로 가례서(家禮書)의 내용과 도설에 표현되어 있지 않다. 그렇지만 가례의 행례과정과 문헌에서 청사의 공간사용은 실제 반가에서 사랑채의 행례공간과 많은 점에서 일치하고 있어서, 가례서에 나오는 청사는 실제 반가의 사랑채로 볼 수 있을 것이다.

2. 사랑채의 역할

유교라는 하나의 씨앗이 우리나라를 포함한 동북아시아 전역에 퍼졌지만 풍토와 문화가 다른 토양에서 각각 독특한 성격의 열매를 맺었다. 사랑채는 바로 조선시대에 뿌리내린 유교적 해법의 또 다른 모습이다. 이원성(二元性)[21]이 강한 유교는 공간의 조직화를 촉진시켰는데, 사랑채는 여성공간에 대한 남성공간으로서 성속, 내외, 공사를 분리하면서도 동시에 이어주는 매개적 역할을 하였다. 더 나아가서 종족과 마을을 연결하는 결절점(結節点)으로서 상호작용을 가능하게 하였고 풍류가 더해졌다.[22]

1) 유교적 이상실현

조선시대에 접어들어서 오랜 전통의 불교를 배척하고 유교를 국교로 숭상한

---

[21] 이중우, 『체·용 사상에서 본 주거공간의 변용에 관한 연구』, 한양대학교 박사학위논문, 1988, p.13
: 고려에서 조선으로 교체되면서, 불교가 약화되는 대신 유교가 정치적, 사상적 우위를 점한다. 그러나 이원성이 강한 유교사상은 1,000년 이상 기간을 거치면서도 우리의 전일적 일원론인 '한' 사상과 갈등현상을 빚어왔다.

[22] 박선희, 『조선시대 반가의 주생활과 공간사용에 대한 연구』, 연세대학교 박사학위논문, 1991
윤학준, 『나의 양반문화 탐방기 Ⅰ·Ⅱ』, 길안사, 서울, 1994
이광규, 『한국의 가족과 종법』, 민음사, 서울, 1990
이규태, 『선비의 의식구조』, 12판, 신원문화사, 서울, 1994
이규태, 『한국인의 생활구조-한국인의 집이야기』, 기린원, 서울, 1991 등을 참고하였다.

것은 사회의 모든 사상과 질서에 커다란 변혁의 물결을 일으켰다. 유교는 왕실과 관료의 권력 체제를 인정하고 확인하는 정치적 지도 이념인 동시에 국가 종교로 받아들여졌고 생활 윤리로서 규범적인 성격을 강조했다.

> ……언제나 오경(五更, 새벽 4시)에는 일어나서 등불을 켜고 정신을 가다듬어 눈으로 코끝을 슬며시 내려다보며, 반드시 책상다리를 하고 『동래박의(東來博議)』와 같은 어려운 문장도 얼음 위에 호박을 굴리듯이 거침없이 줄줄 읽을 수 있어야 하며, 배가 아무리 고프고 살을 에듯이 추워도 잘 견디되, 가난하다는 말은 아예 입에 담지도 말아야 한다. 그리고 아랫니 윗니를 부딪쳐 똑똑 소리를 내서도 안 되며, 기침 소리도 크게 해서는 안 되고, 가래는 지근지근 씹어서 목구멍으로 넘기고, 세수할 때는 주먹의 때를 비비지 말 것이며, 양치질을 하되 너무 수다스럽게 하지 말며, 걸음을 걸을 때는 느릿느릿한 발걸음으로 신을 질질 끌면서 걸을 것이며, 손에는 돈을 지니지 말 것이며, 쌀값을 물어서도 안 된다. 아무리 더워도 버선을 벗지 말며, 관을 쓰지 않고 밥상 앞에 앉지 말고, 국물을 마실 때 훌쩍훌쩍 소리를 내서는 안되며, 젓가락을 놓을 때 딱딱 소리를 내서도 안 된다. 생파를 먹어서 입에서 암내를 풍기지 말 것이며, 막걸리를 마신 뒤에 수염에 묻은 술 방울을 빨지 말 것이며, 담배를 피울 때 양쪽 볼이 움푹하게 파이도록 연기를 빨아들이지 말 것이며……
>
> 박지원(朴趾源), 『양반전(兩班傳)』

위에서 양반의 엄격한 생활의 단면을 엿볼 수 있듯이, 이들은 부자유친(父子有親)·군신유의(君臣有義)·부부유별(夫婦有別)·장유유서(長幼有序)·붕우유신(朋友有信) 등의 유교 덕목을 익히고 이를 실천하는 일을 일생의 과업으로 여겼다. 그리고 현실 생활에서 대인관계를 상하의 서열관계로 보고 그에 대한 행동 윤리를 규정하였는데, 개인간의 신분과 권력 차등에 기초한 불평등은 정치 세계에서뿐만 아니라 가족과 친족 생활을 비롯한 사회생활 전반에 걸쳐 존재했다.23) 지배층 양반의 인생관 내지 세계관은 봉제사·접빈객과 같은 가계계승과 대인관계의 형식화에서 찾아볼 수 있다. 따라서 사대부들이 유교적인 틀에 맞추어 집을 짓고자 했던 것은 당연한 일이었을 것이다. 그래서 이들에게 집은 한 가족의 주거라기보다는 유교적인 도덕률을 가르치고 실천하며 이를 과시하는 하나의 도장이었다.24)

조상숭배(祖上崇拜)

'효(孝)'의 중시는 조상숭배로 이어져 주택 내 사당(祠堂)으로 구체화되었다. 사당은 조상의 위패를 모시고 제사를 지내는 공간으로 가묘법(家廟法)에 의하여 중·상류주택에 건축되었다. 조선 초기부터 사당의 건립을 강력히 권장하였으며, 사당이 없다는 이유로 사대부를 처벌하고 출가한 승려조차 유교적 상례를 치르도록 강권하였다. 시대가 지나면서 사당의 비중이 점점 높아져, 집을 지을 때 제일 먼저 사당 터를 잡고 다른 건물보다 높은 지대에 세웠고 한번 지은 사당은 헐지 않는 것을 철칙으로 삼았다. 따라서 사당이 있는 집은 종손이 대를 이어 살면서, 자손들이 모이는 근거지가 되었다. 가묘의 좌향(坐向)은 대개 신(神)이 드나든다는 북측(北, 西北, 東北)과 태양이 떠오르는 동측(東, 東南)이 많다. 그리고 외부인이 쉽게 접근하거나 보지 못하도록 대문으로부터 가능한 멀고 깊숙한 곳에 두며, 혹 대문 근처라도 담·수목으로 시야를 차단하여 분리된 공간을 유지하였다.25) 그렇지만 중요한 기본 원칙은 대지 내 가장 '신성한 장소'에 가묘를 위치시킨다는 것이다.

선비에게 있어 신주는 죽은 조상이 아니라 엄연히 살아 있는 조상이어서26), 집밖에 나갈 때는 반드시 신주가 모셔진 사당에 가서 그 출입을 고해야 했다.

---

23) 한상복 외, 앞의 책, p.296
24) 조성기, 『도시주거학』, 동명사, 서울, 1996, pp.286~299
25) 이왕기, 「한국 유교건축의 경의 공간에 관한 연구」, 대한건축학회논문집, 2권 5호, 1986, pp.37~48
  : 사당공간 구획에서 중부지역은 담을 두지 않는 개방형이 많고 남부지역은 담을 둘러싼 폐쇄형이 많다.
26) 신체발부(身體髮膚)에 비중을 크게 두어 온 선비사상은 신체가 살았을 때가 아닌 죽은 유체(遺體)까지도 존중하여, 만약 유체가 없을 경우에는 그 유체를 대행할만한 대리유체를 매장하는 허총의 습속이 전통화되어 왔고, 신주도 그와 같은 가치를 지녔다.

가까운 이웃에 나들이 가면 대문 안에서 사당 쪽을 바라보고 예(禮)만 갖추면 되지만 만일 하룻밤이라도 자고 돌아올 나들이면 사당에 들어가 향을 피우고 재배를 하고 떠나야 했다. 열흘 이상 걸리는 나들이의 경우에는 분향재배에 축문을 신주 앞에서 외워야 했다. 이러한 잦은 출입과 여러 행태는 사랑채가 사당에 인접되는 요인이 되었다.27) 그로 인해 사랑채는 성역(사당)을 보호하면서 조상과 연계를 표현하고 속된 공간(안채)과도 연결되었다.

부부유별(夫婦有別)

『예기(禮記)』에서 '예는 부부간에 서로 삼가는 데서 시작된다. 집을 지을 때는 내외(內外)를 구분하여 남자는 바깥에 거처하고 여자는 안쪽에 거처하며 문단속을 철저히 한다. 남자는 함부로 내당에 들지 않고, 여자는 밖에 나가지 아니한다'라는 기록과 『예기』・『소학(小學)』에서 '지아비는 안에서 하는 일을 간섭하지 말고, 지어미는 밖의 일을 간섭하지 않도록……'28) 등 부부유별의 규제를 많이 언급하였다. 남녀유별의 풍습은 유교화(儒敎化)가 위에서 아래로 흐른 관계로 상류계층에서 명확했다. 사회문화적으로 아녀자가 외출할 때는 장옷(長衣)으로 얼굴을 가리고, 방문객과 주부가 인사할 때는 중간에 가상의 하인을 세워서 인사를 나누고, 가족생활에서 남녀 간의 갖가지 금기(禁忌)를 엄격하게 지켰다. 남자의 한자(漢字) 사용에 대해 여자는 언문(諺文)을 사용하였으며, 종교적으로는 남성 본위의 유교의례인 조상제사(祖上祭祀)와 주부 중심의 무격(巫覡)에 의한 집신굿이 서로 어울려서 가제(家祭)의 이중 구조를 이루었다. 두 유형의 가제는 가족을 분리・반발시키면서도, 때로는 서로를 보완하고 타협하기도 하였다.29)

---

27) 조선시대 의례에서는 음양의 구별에 따라 신주를 모실 때는 서쪽을 상위로 하는 존우사상을 보여주나, 그 밖의 모든 행례에서는 동쪽을 상위로 하는 동상(東上)의 제도 또는 남좌여우(男東女西)의 원칙을 따르고 있다.
28) 『禮記』, 內則, '男不言內 女不言外…'.
　　『小學』 卷之二 明倫夫婦, '男不言內 女不言外…'.
29) 우리 민족 의식의 저류에는 민간신앙과 음양오행사상이 흐르고 이것에 불교와 유교사상이 더해졌다.

조선 전기에는 일부 상류주택에 사랑채를 두기는 하였으나 세대별(世代別) 분화가 더 일반적이었고, 대체로 16~17세기에 남녀유별이 강화되면서 성별(性別) 분화가 널리 퍼지기 시작하여, 19세기에 이르러서야 일반주택에까지 보편화되었다.30) 남녀공간의 분리는, 조선시대 대가족제로 인해 여러 세대 이질성분의 거주자가 동일 주택에 거주하므로, 내적으로 밀집된 가족 사이에서 프라이버시와 역할 분담을 해결하고, 외적으로는 외부로부터 내부를 보호하고 출입을 살피는 이중적 역할을 함으로써 유교사회에서는 효율적인 공간 나눔의 방법이었다. 그래서 사랑채는 안채와 긴밀한 관계 속에서도 원거리에 위치하고, 안채로 향하는 접근과 시선을 차단하는 시설물인 내외담, 차면벽 등을 주위에 설치하였다. 안채와 사랑채의 부재도 굴도리·납도리로 차별화하였고, 지붕·기단·바닥에 높이차를 두었다.

장유유서(長幼有序)와 부자유친(父子有親)

상류주택의 전반에서 차서체계(次序體系)가 도출되는데, 특히 사랑채에서 큰사랑방과 작은사랑방은 규모, 구성, 장식, 좌향에서 장유유서의 질서가 명확하게 드러난다. 조선 전기의 가족제도를 가족중심적이라고 한다면 조선 후기는 종족(宗族)중심적 내지 종법적 종족제도로서 자매를 제외한 형제간에 종적유대와 상하질서를 강조하였다. 대부모(待父母)·봉제사·접빈객을 할 장자(長子)에 대한 대우는 각별하여서 다른 자녀들보다 많은 재산을 물려주고 다른 자손들에 비해 개별적인 공간도 할애하였다. 큰사랑방은 가장, 작은사랑방은 장자가 거주하며, 아들은 아버지의 비서와 경호를 위해 대침(待寢)하며 서로 호흡을 맞추었다. 이를 통해 아들은 아동기부터 사회화 과정을 거치고, 한창 사회활동이 가능한

유교는 성리학으로서 소위 관료나 학자를 중심으로 변신하게 되고, 도교·불교는 서민계층의 민속과 종교로 남아서 민가와 반가가 다르게 변하는 배경이 되었다. 상류주택 내에서도 안채는 민간신앙·불교, 사랑채는 도교·유교를 중시하여, 유·불은 반·상, 남·녀의 상극문화시대로 접어들었다.
추엽륭, 『조선민속지』, 심우성 역, 동문선, 서울, 1993 : 유교의례의 하나인 조상제사의 제사권은 남자에 의해 계승되었고, 집신제사는 어머니가 딸에게 가르치고 시어머니가 며느리에게 전하며, 때로는 출가한 여자가 시집에서 친정집 여자 조상들의 영령을 제사지내는 풍속도 있어 모계적 경향으로 전해졌다.
30) 김홍식, 「민가의 형성과 건축적 특성」, 『한국의 미 14』, 중앙일보사, 서울, 1983, p.192

나이가 되면 큰사랑방을 물려받아 집안을 이어가고 기력이 쇠하면 별당으로 물러나는 가계계승을 이루었다. 큰사랑방의 거주자는 집안을 이끄는 주세대로 가장 왕성한 활동이 가능한 생애주기에 해당된다. 더불어 안채와는 달리 부자유친의 반영으로 큰사랑과 작은사랑이 인접된다. 평소에는 개인공간을 확보하면서도 필요시 방 사이 문을 열면 넓은 공간이 되어, 부자의 친밀을 도모하고 동시에 접객을 효율적으로 하려는 의도도 깔려 있다.

2) 사회화와 풍류의 장소

교육의 장

> 사랑채(廳事)는 기와집 3칸 정도로 방 2칸, 당(堂) 1칸이면 족하다. 당과 방 사이에 쌍지게문을 내고 제사 때에는 여기에서 제의를 진행하도록 한다. …… 사랑채 옆으로 서실(書室) 2칸이 있으면 좋겠다. 초가집으로 아이들이 글 읽는 장소로 쓴다. 쓸데없는 사람의 출입을 금하고 친척이나 이웃집 아이들도 공부하는 아이 아니면 출입하지 못하게 한다.
>
> 이유태, 『초려집』

조선 효종 때의 학자 이유태(李惟泰, 1607~1684)가 『초려집(草廬集)』에서 언급한 이상적인 집의 내용 중 사랑채에 관한 부분이다. 또 『예기』에 '남자는 아버지의 길을 배우고, 여자는 어머니의 길을 배운다'[31]라는 구절처럼, 남자아이는 7세가 되면 남녀칠세부동석(男女七歲不同席)으로 어미 품을 떠나 남성들의 세계인 사랑채로 거처를 옮기고 본격적인 글공부와 학문을 배우며 선비의 생활을 익힌다. 따라서 사랑채는 남성들의 생활공간이면서, 선비의 사색과 독서 또는 시화가 행해지는 학문장소이고, 조선사회를 이끌고 갈 후학을 양성하는 '사회화

---

31) 『禮記』, 大傳. '其夫屬乎父道者, 妻皆母道也'.

(社會化)'의 장소였다.

　당시 지배층인 양반들은 생산은 노비에게 행정사무는 서리에게 맡기고, 자신들은 오직 경전 공부에만 열중하였다. 유교교양을 갖추어야 그 사회에서 양반 노릇을 할 수 있었고 시험을 보아야 관리가 될 수 있었기 때문이다. 우리가 선비라고 부르는 많은 양반들은 한학(漢學)에 조예가 깊었고 여러 가지 고사(故事), 교양인으로서 갖추어야 할 행신(行身), 사회생활을 하는 데 있어서의 마음가짐 등을 자손들에게 가르쳤다. 양반자제들은 이미 다섯 살만 되면 집에 독선생을 앉히고 유교교육을 시작하였다. 『천자문(千字文)』, 『유합(類合)』, 『사략(史略)』, 『동몽선습(童蒙先習)』 등 초학교과서를 익힌 다음 『명심보감(明心寶鑑)』, 『소학(小學)』 등을 배우고 이어서 사서오경(四書五經)을 외웠다. 이와 아울러 글짓기와 선유들의 유명한 저작들을 두루 읽어서, 노연명의 '귀거래사(歸去來辭)', 소동파의 '적벽부(赤壁賦)', 제갈양의 '출사표(出師表)', 이백의 '춘야연도리원서(春夜宴桃李園序)' 등을 줄줄 외었다. 그들은 글공부가 생활화되어, 대부분의 사랑채는 문방으로 꾸몄고 별도의 책방이나 서재를 두기도 하였다.

접객의 장

　양반들은 이따금 "그 문중은 마을의 짜임새도 좋고, 사랑(舍廊)도 잘 지키고 있다"고 말한다.[32] '사랑'은 그 집 가장이 거처하는 생활공간이며 손님과 담소도 하고 경서(經書) 따위를 뒤적이는 곳인데, '사랑을 지킨다'는 것은 농사일 같은 것은 아예 하지 않고 언제 어느 때나 손님을 접대할 수 있는 만반의 준비를 갖추어 놓고 있다는 것이다. 『예기』에 '왕래(往來)를 숭상하게 했으므로 가되 오지 않음은 예(禮)가 아니고 오되 가지 않음도 역시 예가 아니라[33]', 여러 책에서 '시부모 봉양과 제사와 더불어 손님 대접하는 것이 아니면 공경과 즐거움을 다할 수가 없다'[34], '내 집에 오는 손님이 먼 친척이 아니면 남편의 벗이요 가족의

---

32) 윤학준, 앞의 책, p.79
33) 『禮記』, 曲禮, '…禮尙往來 往而不來非禮也, 來而不往亦非禮也.'
34) 『士小節』, 婦儀 服食.

벗이다. 음식은 잘하여 대접하고, 술과 과일(酒果)을 있는 대로 대접하되……
한두 번 박대하면 그 손님이 아니 오고, 아는 손도 아니 올 것이니, 손이 아니
오면 가문이 자연히 무식하고 남편과 자식이 사람 노릇을 할 리가 없을 것이니
부디 손 대접을 극진하게 하여라'35)고 적고 있다. 손님의 존대 차원에서 정성을
기울인다는 의미와 더불어 자신의 가족을 위하고 가문의 긍지와 가도(家道)를
바로 세우고자 하는 뜻이 담겨 있다.

조선시대 접빈객은 오례(五禮)의 하나로서 반가에서는 중요한 일로 간주되었
다. 가부장중심의 가족제도에서 여자의 대외활동은 제약을 받아 여자주인의 손
님은 가까운 친지의 방문이 고작이었고 대부분 가장의 손님들이었다. 따라서
사랑채는 주인의 정치·사회적 지위에 따른 교류의 장소로 주인의 정신적 취향
과 안목, 경제적 능력이 과시되었다. 접객에서 행동과 착석의 관계는 역할·지위
를 반영하는데, 사랑방에서 아랫목은 주인의 자리로 고정되는 것이 상례였으며,
대상자의 격에 따라 그 관계나 소원함에 차이가 났다.36) 이러한 구별은 사랑방에
서뿐만 아니라 여러 채의 사랑채를 두어 아들과 손자의 사회생활을 배려하였고,
더러 별당을 두어 독자적인 접객공간으로 사용하였다.

접객유형은 문(文)을 숭상하는 시대 분위기에 따라 글짓기나 시화를 중심으로
하는 곡회(曲會)37)·고회·시회·난로회 등의 고고하고 격조 높은 모임이 이루
어졌다. 거문고를 타는 일과 퉁소를 부는 일은 가곡을 익히는 것과 함께 사대부의
풍아한 소양이기도 하였다. 좀 더 자유스러운 모임에서는 바둑·장기·쌍륙·투
전·골패 등의 옥내놀이와 부화 같은 옥외놀이를 통한 여가시간이 곁들여졌고,
항상 술과 음식을 차려내는 일을 도리로 여겼다. 손님의 유숙이 많은 수택에서는
손님용 취침공간을 늘 예비하였다. 이처럼 사랑채는 항상 사랑군(사랑에 놀러온
사람), 사랑축(사랑방에 모이는 사람)으로 들끓었다.

---

35) 송시열, 『戒女書』.
36) 이규태, 앞의 책, p.79 : 한국인의 앉음새에서 격의 차이를 가진다. 양반 앉음의 상위자세와 무릎을
곧추세우고 앉는 중위자세, 그리고 무릎을 꿇고 앉는 하위자세로 분류하였다. 즉 방바닥과의 접촉 면적이
넓을수록 가치를 형성하는 장유존비(長幼尊卑)가 가려진다고 하였다.
37) 친한 벗끼리 모여 베푼 연회.

한 터에서 안사람과 밖사람은 공존할 수 없으므로, 손님이 방문하고 유숙하는 사랑채의 영역은 조선시대 주택구조에 커다란 영향을 미쳤다. 사랑채는 안채와 물리적 거리를 두어 영역과 동선을 분리하거나, 나무를 심고 가리개를 세워 시각적으로 차단하였다. 이처럼 사랑채의 구성은 대가족의 과밀과 남녀분리의 요구와 손님접대를 동시에 해결하는 곳이자, 접객을 통해 외부세계에 대한 지식과 예절을 배우는 곳이었다.

동계(洞契)의 장소

조선시대 사회적 교류의 중심에는 계(契)[38]가 있었다. 지배층인 문인(文人)들의 계회(契會)는 순수하게 풍류를 즐기고 친목을 도모하는 것과 지역 통제를 위한 동계로 이루어진다. 문헌에 의하면 전자인 문인계회는 고려시대에 시작되어 조선시대에 대유행을 하였다. 관아(官衙)의 동료나 과거(科擧)의 동년(同年) 또는 동갑(同甲) 등 뜻이 맞는 친구들끼리, 일정한 날짜를 잡아 함께 모여 공부를 하였다. 모이는 장소는 산사(山寺), 촌사(村社) 또는 경치 좋은 곳이었고, 모임이 오래되면 그곳에 정자를 짓기도 하였다. 또는 벼슬자리에 있는 선비들은 관아를 옮길 때마다 관아 계회를 열어 일생을 통하여 수십 차례 계회를 갖기도 했다.[39] 따라서 조선시대의 문인계회는 당시 문인들의 생활이나 인맥과 밀접한 관계를 지닌다.

후자인 동계는 16세기 후반 사림세력이 정계 진출에 힘입어 향촌사회에서 확고한 지배집단으로 자리 잡기 위하여 각 군현 단위에서 향안(鄕案)과 동계(洞契)를 기반으로 향권(鄕權)을 장악하고 위로는 관권(官權)과 일정한 타협을 유지하였다. 특히 명문세족(名門世族)이 많은 안동에서는 향안에 입록(入錄)되기가 대단히

---

[38] 계(契)의 기원에 관해서 원시공동체설 · 종교의례설 · 자연적 촌락조직설 · 친목연회설 · 자연발생설 · 신라의 가배와 유관하다는 설 등 여러 가지 상이한 견해들이 제기되지만, 고대시대로 올라가며 상부상조 등의 실리적인 기능을 지녔다는 점에서는 공통된다.

[39] 안휘준, 『한국회화의 전통』, 문예출판사, 서울, 1988 : 계회들은 일종의 기념물로 기록하고 전승시키기 위해 화공을 시켜 참가자 수만큼 계회도(契會圖)를 그려서 각자의 가문에 대대손손 물려가며 보관토록 하기도 했다.

어려웠다는 기록을 볼 때, 재지사족의 결속력과 향촌사회에 대한 통제력이 상당했음을 알 수 있다.40) 그리고 유향소(留鄕所)·향약(鄕約)·사마소(司馬所) 등을 통하여 지주적 지위를 강화하였다. 계층간 친목과 지역 통제를 도모하는 계의 장소는 대부분 남성공간인 사랑채로 결속과 상호작용에 중요한 의의를 가졌다.

풍류 공간

남자가족이 생활하며 손님을 접대하는 사랑채에는 자연스럽게 선비의 주거관이 표현되었다. 선비사회는 시(詩)가 생활화—시회(詩會, 詩唱)—되어 있었고, 문사 위주였던 유학이 김굉필(金宏弼)·조광조(趙光祖) 등에 의해 도학 위주로 변혁한 연후에 육체적 본능적인 것의 규제와 억제로 마음의 평정을 얻는 정적인 경지의 발견이 중시되었고, 잦은 유배와 은둔생활에 불가피했던 정치 사회의 여건이 선비들로 하여금 낙향하게 했고 은둔지에서 그들이 생존할 수 있는 여가 추구의 본능이 풍류형성을 재촉했다.41) 즉 선비에게는 유교와 도교의 영향이 뿌리 깊었고 그 일면에는 풍류가 자리하였다.

선비들의 자연관으로 생기론적(生氣論的)·도교적·유교적 자연관을 들 수 있다.42) 생기론적 자연관은 음양오행설을 기반으로 추길피흉(追吉避凶)을 목적으로 삼는 풍수사상으로 집약되고, 도교적 자연관은 물세(物勢)의 자연스러운 흐름에 준거(準據)하고 자연의 여러 가지 운동의 준칙을 자기행위의 준칙(準則)으로 삼는 무위자연(無爲自然)과 도법자연(道法自然) 사상으로 요약된다. 유교적 자연관은 인·의·예·지·신(仁·義·禮·智·信)의 도덕률에 따라 수양과 실천을 하며, 그 궁극은 '종심소욕 불유구(從心所欲 不踰矩)'의 성스러움에 도달하는 것이다. 이에는 모두 인간과 주택이 자연의 일부이고자 하는 의식이 들어 있다.

선비들의 자연관은 주택 배치와 다양한 창호에도 적용되었다. 배치에서는 자연

---

40) 김윤재 외, 『안동의 선비문화』, 아세아문화사, 서울, 1997, p.76
41) 이규태, 앞의 책, p.141
42) 이재근, 『조선시대 별서정원에 관한 연구』, 성균관대학교 박사학위논문, 1992, pp.58~60

과 조화를 중시하여 건물이 자연경관을 침해하지 않고 오히려 건물을 통해 그 자연경관을 한층 아름답게 할 수 있는 위치를 선정하려고 노력하였다. 그리고 먼 곳에서 건물을 바라보는 것과 똑같이 건물 안에서 먼 곳을 바라보는 즐거움도 중요하게 여겼다.[43] 집을 지을 때 대청은 분합문을 열면 가장 아름다운 경치를 가지는 곳에 위치하였다. 흥부전에서 흥부가 방랑 끝에 정착하고자 수숫대로 움막을 짓는데도 뒤창을 열면 봉래산이 와 담기고 사립문을 열면 개울 물소리에 백조들의 울음소리가 들리는 차경(借景)을 하고 있다. 사랑채에서 대청이나 누마루의 창호는 사분합으로 짜 맞추어 들어 열쇠에 걸어 올려놓고 사방을 훤히 조망하였고[44], 통풍과 함께 풍류적 시작(詩作)을 하며 자연과 동화된 무릉도원을 추구하였다.

사랑채와 그 주변은 단순히 접객공간으로 머물지 않고 정신적인 풍류가 뿌리 내렸다. 이것이 사랑채가 주택 내 다른 공간과 차별화되고, 다른 나라의 사회적 공간과도 구별되는 주요 요인이었다.

3) 문중의 구심점

양반의 형성과 유교의 정착

15~17세기에 걸쳐 광범위한 사회운동처럼 양반층이 형성되었다. 그중 재지(在地)양반층의 형성을 보면 유곡권씨[45]나 천전김씨에서 전형적으로 나타나듯이 그 출신 모체는 고려의 토착 이족(吏族) 세력이며, 이족 → 중앙관료 → 세거지 정착이라는 절차를 밟아간다. 이때는 아직 전시대인 고려의 생활상이 지속되었다.

---

43) 이규태, 「한국인의 조경의식」, 환경과 조경, 97•09 : 건물에서 바라보는 풍경은 '산수화의 구도법'에서 나타나는 고원(高遠)에 해당하는 쳐다보기, 심원(深遠)에 해당하는 들여다보기, 평원(平遠)에 해당하는 되돌아보기와 멀리보기의 시각 형태를 이룬다.

44) 김진균, 「조선시대 상류주택의 시각구조 분석」, 대한건축학회논문집, 13권 6호, 1997, p.124 : 사랑채는 바깥주인의 공간으로서 외부지향적인 성격을 띠며, 가장 권위 있게 구성되었고, 누마루를 두어 풍류를 즐기기도 하였다. 따라서 넓고 다양한 전망을 취할 수 있도록 계획되어 있는 것이 보통이다.

45) 왕건의 고려 건축을 도운 권행(權幸)은 권이란 성과 대상(大相)의 칭호를 부여받은 안동을 대표하는 이족(吏族)이었다.

고려의 사회구조는 불교와 융합되어 사원이 일상생활과 밀접히 연결되었고, 각종 불교행사가 베풀어졌으며 상례는 화장(火葬)과 추록(追麓)으로 행해졌고, 조상에 대한 인식이 희박해 조상숭배 의례는 발달하지 못했다. 더불어 서유부가혼(婿留婦家婚)과 상변적 방계가족 형태를 취하였고 자녀균분상속과 외손봉사가 가능하여 비교적 남녀가 평등한 친족구조였다.46) 이러한 친족구조가 크게 변화하지 않은 상태에서 주자학을 수용하고 신왕조가 개칭되자 유교의 관혼상제가 강요되어47) 이를 받아들이는 데 많은 진통을 겪었다.

태조 4년(1395) 관혼상제를 상정하도록 하고, 7년(1398) 불교식 제례의 폐지를 명하였다. 태종 1년(1401) '의례상정사(儀禮詳定司)'를 설치하여 1435년에 폐지될 때까지 고례(古禮), 고제(古制)를 연구하여 새 왕조의 기틀이 될 각종 의례, 예속, 법령, 제도 등을 제정하였으며, 가묘의 법제를 정하였다. 하지만 15~16세기의 『조선왕조실록(朝鮮王朝實錄)』에는 결혼 후의 처가거주와 남녀균분상속의 관행은 주자학의 가르침에 어긋나므로 개정해야 한다는 시가와 사대부들조차 '집안에 있으면서는 부처를 받들고 귀신을 섬기면서 남을 대할 때는 귀신과 부처를 그르다48)'고 하는 내용이 보인다. 그리고 조선초기의 장법(葬法)은 불교식 화장과 불교 이전부터 존재했던 복장(複葬), 시체유기(屍體遺棄), 매장(埋葬) 등이 혼재해 있어서, 부모를 화장하여 3년 동안 장사지내지 않은 사람49), 뼈를 태워 몰래 장사지낸 사람 등이 지속적으로 처벌을 받았다. 세종 14년에 "상제(喪制)에 부도(浮屠)를 쓰지 않는 이가 10에 3~4"라고 하여 여전히 화장이 성행했는데 성종 23년(1492)의 가사에는 "상례를 행하는 집에서는 부도를 쓰는 자가 드물다"

---

46) 안동권씨의 족보인 『성화보(成化譜)』는 명나라 성화 12년(1476)에 편찬된 것으로 여계의 자손까지도 기록되어 있다.

47) 안호룡, 「조선초기 상제의 불교적 요소」, 『한국 고·중세 사회의 구조와 변동』, 문학과 지성사, 서울, 1988, p.92 : 지배집단의 성격에 따라 중앙 집권제나 혹은 향촌지배를 통해서 이룩하고자 하는 차이는 있으나, 이의 실현을 국가차원에서는 '오례'에서, 대민차원에서는 '가례'에서 구하고자 한 것은 일관된 정책이었다.

48) 『세종실록』 권 111, 세종 28년 3월, 癸巳條 : 上謂承政院曰……世人在家 奉佛事神 靡所不至 及對人 反以神佛爲非.

49) 『태종실록』 권 26, 13년 12월, 癸酉條 : 司憲府跪 請前監務金雍罪 跪略曰 雍以親之屍置諸烈焰之中 又經三年 淹延不葬甚非人子之心 請下攸司 依律施行 從之.

는 내용이 있어 15세기말에 와서는 화장이 자취를 감추어 가는 듯하다.

한 사회의 종교가 다른 종교로 대체되면 그에 기반을 둔 사생관이나 영혼관도 변하게 되고 장제(葬制)나 묘제(墓制)도 바뀐다. 그리고 그 종교의 내용은 전반적인 가족구조의 변동과 함께 거주규칙의 변화도 촉진한다. 절에서 승려들이 올리던 조상숭배 의례인 제(齊)를 금하고 집에서 후손들이 봉행하는 제사의례로 거행하도록 한 조처와 가묘의 설립은 살림공간 속에 의례공간을 통합시키면서 동시에 살림공간의 분화를 초래한다. 그리고 제례는 조상과 후손을 살림공간 속에서 직접 결합시켜주는 의례로서, 혈연집단을 중요시하지 않는 불교적 사회관에서 혈연집단을 중요시하는 '성리학적 사회관'으로 변화를 강요하는 정책이라고 하겠다.50)

이 시기 주택 내 의례공간을 살펴보면, 조선전기의 가사규제에는 사랑(舍廊)의 부재치수나 단위공간 면적이 다른 건물과 비교해서 매우 협소하고, 『가례(家禮)』에는 사랑채에 관한 내용이 없다. 따라서 조선초기는 유교식 의례가 정착되는 과정으로 가례서에 따라 정침(안채)에서 의례가 이루어졌음을 알 수 있다.

양반 지배체제의 성립과 의례

17세기를 전후하여 가족·친족제도에 광범위한 변동이 있었고, 이러한 변화는 재산상속, 제사상속, 양자제도, 족보의 기제양식, 혼인거주규칙(婚留婦家) 등의 여러 분야에서 나타났다. 유교는 위계적·차별적 특성 때문에 일부 계층에서만 수용되던 것이, 향촌지배에 이해관계를 가지고 재지중소지주적(在地中小地主的) 성격을 가진 사림파(士林派)가 교화·구제를 위한 보급운동을 전개하면서 일반서민에게까지 영향을 주어 완전하게 일상생활을 지배하는 것은 18·19세기 이후로 보인다.

16세기 중반 이후 안동에서는 재지양반층의 폐쇄성이 점점 짙어져 안동권씨, 진성이씨, 풍산류씨, 의성김씨 등 몇몇 명문가끼리만 서로 통혼을 하였고, 족보

---

50) 장철수, 『한국의 관혼상제』, 문 집당, 서울, 1995, pp.82~87

간행으로 씨족간의 계보를 확실히 하고 조상과의 관계를 확인하여 종족 내지 파종족의 정체성을 강화하였다. 이러한 문중중심적 종계제도는 실제보다 의례와 같은 명목을 중시하게 되었다. 이에 따라 장자 직계를 강조하였는데, 17세기 후반 이후 재지양반층의 경제력이 저하되면서 상속의 형태는 남녀균분상속 → 남자균분상속 → 장남우대상속으로 이어졌다. 제사상속도 장자봉사(長子奉祀)로 이어지는데, 종자의 제사상속은 후손들이 분할하거나 윤제할 경우보다 당내를 하나로 뭉치는 데 중요한 요인이 되었다.

흔히 집안이라고 하는 당내(堂內)는 동고조팔촌(同高祖八寸)을 범위로 하는 친족집단으로 제사를 위한 집단이며 제사집단으로서의 기능이 가장 중요하다. 당내친의 명확한 구별에는 상복(喪服)과 상장(喪裝)에 필요한 상기(喪期)가 포함되고 제례시 참석하는 범위도 포함된다.[51] 조상 제례에는 정속(正俗) 대소(大小) 각종이 있으나,[52] 크게 다례(茶禮)・기제(忌祭)・묘사(墓祀)로 구분된다. 제례는 모두 강신-초헌-독축-아헌-종헌-유식-합문-계문-수조-사신(降神-初獻-讀祝-亞獻-終獻-侑食-闔門-啓門-受胙-辭神)의 순서이며, 장소는 정침・사당・묘에서 종손이 주재하도록 되어 있다.

『가례서(家禮書)』에 의하면 제례 중 사당제(祠堂祭)는 사당의 앞이, 가제(家祭)는 정침(正寢)의 당(堂)이 행례의 중심공간이다. 반면 관행에서는, 사당제는 사당이 있는 경우에는 사당에서 행하였지만 사당이 없는 경우에는 대부분 사랑대청의 북벽에 벽감(壁龕)을 설치하고 사랑채에서 행하였다. 가제는 행례장소가 크게 두 곳으로 나뉘는데, 안채와 안대청이 행례의 중심공간이 되는 경우와 사랑채의 사랑대청이 행례의 중심공간이 되는 경우이다. 그리고 드물게는 일반 기제를 안채에서, 불천위제사와 같은 큰제사를 사랑채나 별동의 제청에서 행하는

---

[51] 상복은 참최(斬衰), 재최(齋衰), 대공(大功), 소공(小功), 시마(緦麻)의 5종으로 오복제도라 하고, 상기는 참최가 3년복이고 재최가 1년복이며 대공이 9월복, 소공이 5월복 그리고 시마가 3월복이다.

[52] 사당제를 비롯하여 청명, 한식, 중추절, 중양절과 같은 명절 때 지내는 천신례(薦新禮)가 있고, 계절마다 중월(仲月)인 2월, 5월, 8월, 11월에 지내는 사시제, 9월에 올리는 미제(禰祭)가 있다. 그러나 대체로 집안 종손의 4대조 이내 조상을 위한 기제사와 설날과 추석에 지내는 차례(茶禮), 종손의 5대 이상 조상을 위한 묘제 또는 시제가 가장 잘 알려져 있는 제사이다. 이밖에 명문대가에서 지내는 불천위제사와 시조제가 있다.

경우도 있다.53) 즉 조선중기 이후에는 각 집안의 단결에 중요한 의미를 지니는 상제(喪祭)를 잘 치르기 위해 종택을 중심으로 의례공간이 변화하면서 사랑채가 증축되거나 제청이 확충된다.

제례의 역할

한국 사회가 지향하는 부계중심(父系中心)의 가족·씨족·친족에는 적어도 삼국, 통일신라, 고려, 조선시대를 통하여 그 바탕에 역사적 일관성이라고도 할 만한 특성이 보인다. 자칫하면 중국의 유교 영향으로만 돌리기 쉬운 이 특성들의 기층에는 만주족, 몽고족, 야쿠트족(Yakut족), 퉁구스족(Tungus족), 사모예드족(Samoyede족) 등 이른바 북방족들의 강한 부계친족제도, 외혼제, 경로사상과 관련이 있을지 모른다.54) 부계중심의 특징은 조선 후기로 가면서 더욱 강화되는데, 이는 향촌 내에서 특권 유지가 어려워진 양반들이 유교 윤리를 절대화하고 가문중심(門中中心)으로 조직화하여 기존 득세가문들이 자기들만의 배타적 결성을 통하여 신분 확보를 꾀하였기 때문이다. 17세기 이후에 일반화되기 시작한 족보 간행, 서원과 향안을 중심으로 한 배타적 결사체 활성화, 그리고 동족부락의 형성은 이러한 향촌의 지배질서 붕괴 내지 재편과 깊은 관련을 갖는다.

대가족제도의 연장으로 경제적, 지위적 상부상조 협동체로 동족촌이 생겨나게 되었으며, 씨족 집단의 지배가 강화되면서 유교적 혈연주의, 부계혈족의 유지와 정통성의 고수, 직계존속, 장자우선, 적서차별 등으로 배타성이 강화되는데 이러한 세태 속에서 마을과 집안의 어른이 있는 상류주택과 종가 등은 지역사회에서 중심적 역할을 행하였다. 더불어서 정자, 재실, 재각, 비각, 서당 등 건축적 산물이 생기게 되었다.55) 양반사회에서 큰집의식(宗家意識)은 대단해서, 조상의 제사를 모시는 종손을 종군(宗君)·사손(祀孫)이라고도 부르며 권위를 높였다. 제사를

---

53) 김기주, 앞의 책, p.146
54) 김택규, 『씨족부락의 구조연구』, 일조각, 서울, 1982
55) 조선시대 가부장제는 혈연 체계와 신분제의 교묘한 결탁이라는 사회 구성적 맥락에서 이해되어야 하며, 구체적으로 유교 이념의 교조주의적인 해석과 실행, 문중 조직과 부계 혈연적 대가족의 권위 체계를 중심으로 분석되어야 한다.

지낼 때는 만사를 사손이 주재하고, 지손에게 아무리 훌륭한 인물이 있다 해도 서열에 있어서 사손을 넘지 못했다. 종손은 제사시 사당의 중앙문으로 드나들고 그 외 자손은 좌우 옆문을 이용하도록 해서 제사를 받드는 이의 권위를 한층 높여주었다. '영남 벼슬 중에 종손 벼슬이 최고다'라는 말이 있듯이 원래 명문 집안의 종손에게는 조상의 제사를 맡아 모신다는 이유만으로 왕으로부터 종9품의 벼슬인 참봉이 제수되었다.

상징적 존재로서 문중(門中)조직, 문중재산과 문중행사는 대내적으로 동족원의 동족의식(同族意識)을 강화시키고 대외적으로 문중의 위상을 과시하는 양면적 기능을 갖는다.56) 문중의 단결에 조상의 제례가 중심이 되고, 그 행사 장소는 '지역·가문의 구심점'이 되었다. 즉 집사회성(集社會性, sociopetality)은 '소규모의 대면적 접촉집단에서 발견되는 안정된 개인상호간 관계의 발달을 고취하고 조장하며 강화시키는 특질이 있다.'57) 그들에게 중요한 의미를 띠는 친족의 범위는 집단의식을 표현하고 강화하는 종교적 의례나 의식의 기회에 함께 참여하고 제물을 나누는 범위와 부정이 소멸하는 기간으로 드러난다. 종교가 생활에 깊숙이 뿌리내린 선산업시대에서 의례의 과정과 내용은 생활면에 특별한 금기(禁忌)를 부과하며, 종종 의례 자체보다도 이러한 전후 단계가 더 중요한 의미를 지니기도 한다.

종가에서 의례공간은 사당과 정침의 대청이 일반적이지만 때때로 사랑대청이나 별도의 제청으로 확대되기도 한다. 많은 손님이 참석하는 것을 고려한 것이다. 특히 불천위사(不遷位祀)는 자손들과 씨족마을의 큰 행사일 뿐만 아니라 때로는 나라에서 파견된 관리가 참배하는 경우도 있었다. 제례가 가문의 구심점에서 불천위제에 이르면 학파나 지역, 나라의 구심점으로 확대되었다.

---

56) 한상복, 앞의 책, p.162 : 사회의 가치관이나 지배적 이데올로기는 경제·사회 구조와 밀접하게 연결되어 있다. 한정된 농토를 가지고 집약적 농업을 토대로 한 사회에서, 부계적·부권적 유교가 지배관념이 되었고, 제한된 토지 내에서 일어날 수 있는 갈등 방지와 사회질서 유지를 위해 남성들 간의 유대와 서열적 인간관계를 강조하여왔다. 제사는 이 유교적 윤리를 상징적으로 표현하는 의식(ritual)이었다.

57) J. Douglas Porteous, *Environment & Behavior*(환경과 행태), 5판, 송보영, 최형식 역, 명보출판사, 서울, 1993, p.47

3. 사랑채의 구성요소와 분화

사랑채는 기본적으로 사랑방과 사랑대청으로 구성된다.[58] 여기에 다양한 생활을 수용하기 위해 칸분화·채분화하여 유교원리와 풍류성을 드러낸다. 분화양상은 사랑채에 내재한 성격의 반영으로, 장유(長幼)는 작은사랑방, 공사(公私)는 침방과 책방, 상하(上下)는 청지기방, 성속(聖俗)은 감실 또는 제청, 풍류를 위해서는 누마루를 구성하였다. 그 연장선상에서 작은사랑채, 서재, 제청, 별당을 조영하였다. 장유·공사·상하·성속의 구별과 풍류 공간은 크게 생활·의례·접객의 기능으로 응축된다.

〈표1〉 사랑채 공간의 분화

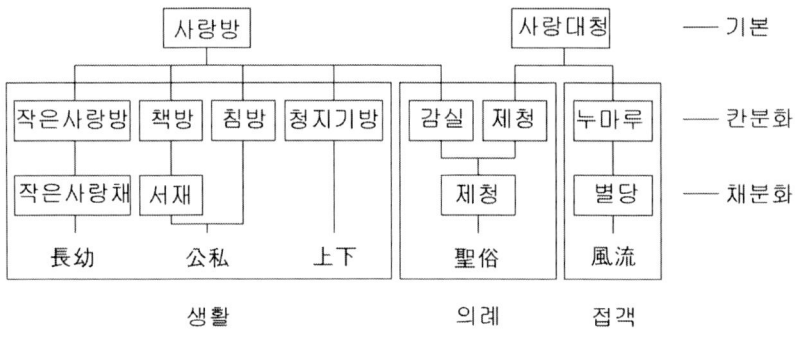

---

58) 주남철, 『한국주택건축』, 4판, 일지사, 서울, 1986

1) 사랑채의 구성요소

(1) 일반적 구성요소

사랑방

가장(家長)이 거처하는 사랑방은 선비로서의 사색·독서·시화(詩畵)가 행해지고 후학(後學)을 양성하는 학문의 장소이자, 손님을 맞이하는 대화의 장소였고, 때로는 의례가 행사되는 제장이었다. 즉 사랑방은 모든 사랑채의 기능이 집약된 곳으로, 사랑채의 확대·분화는 사랑방의 기능들이 하나하나 독립되는 과정이라 할 수 있다.

사랑채는 남자가족의 생활이 영위되는 곳으로, 사랑방은 대부분 1~2칸으로 공동침실이 되기도 하고, 사적생활을 위해 방 사이에 장지문을 두어 큰사랑방·작은사랑방으로 구분하였다. 하지만 가장과 장자의 관계는 프라이버시보다는 친밀도를 중시하여 인접된 두 방 사이에 미닫이(미서기)나 들어열개문으로 구성하였다. 사랑방 가운데를 장지로 막아 나눈 위 칸을 목외(木外)라 부른다. 접객시 주인은 보통 아래 칸의 아랫목에 앉는 것이 상례로 손님은 위 칸으로 들어와 문턱을 사이에 둔 채 거기서 인사도 하고 대화도 나누었다. 물론, 주인과 무관한 사이거나 문중의 어른들 그리고 집안의 권속들은 목외를 통하여 들어왔다 하더라도 바로 주인이 앉은 자리 옆으로 오지만, 아랫사람이거나 하인 또는 허락이 없는 손님들은 대개 목외에 머물다가 갔다.[59] 즉 사랑방의 구획은 생활의 편의뿐만 아니라 손님접대에 예를 갖추기 위해 차서화된 틀이었다.

대문에 들어섰을 때 사랑방은 사랑마루와 더불어 가장 먼저 시야에 들어오는 부분으로 실구성·창호·지붕에서 집안 품격을 드러낸다. 배치상 사랑방은 안주인이 사는 안방과 최대한의 물리적·시각적 거리를 유지하며, 내부로는 사당, 외부로는 대문과 긴밀히 연결된다. 사랑방의 꾸밈은 계절에 따라 여름에는 자리를

---

59) 최명희, 『혼불1』, 한길사, 서울, 1990, p.297

깔고 그 외에는 보료, 장침, 사방침 및 안석 등을 두고, 벽 쪽에 병풍을 치거나 서화를 부착하여 공간의 분위기를 돋우었다. 온돌로 인한 좌식생활로 천장이 낮고 실내도 비교적 좁아 가구들은 낮고 간결하게 이동성을 고려하여 제작되었고 최소한만 설치하였다. 특히 접대를 위한 정결한 분위기를 위해 대부분 수장공간인 반침을 두었다. 사랑방 가구는 서안(書案)·경상(經床)·연상(硯床)·연갑(硯匣)·문갑(文匣)·문갑장(文匣欌)·사방탁자(四方卓子)·책장(冊欌)·필통(筆筒)·필가(筆架)·문서함(文書函) 등의 문방용구가 발전하였으며, 여가를 즐기는 바둑판, 거문고 등이 있었다. 문방가구에 나타나는 의장적 소재는 안방가구와 달리, 사군자(四君子)를 비롯하여 세한삼우(歲寒三友)라 일컫는 화훼(花卉), 장생(長生)을 상징하는 운학(雲鶴)·산수(山水) 등의 회화적인 무늬, 복록(福祿)을 상징하는 운용문(雲龍文)·수복(壽福)과 부귀(富貴)를 의미하는 길상문자(吉祥文字), 卍자, 亞자 또는 시문 등을 채택하는 것이 통례였다.60) 이들 문양은 귀족적 품위를 강조하고 선비의 고결한 성품을 나타내기 위해 가급적 절제되었다.

사랑대청

안대청이 주택의 중심공간으로 생활공간, 관혼상제 공간, 동선공간, 수장공간으로 사용되었다면,61) 사랑대청은 사랑방의 기능이 분화된 곳으로 첫째, 집주인의 학습과 수신이 이루어지는 여유공간이었다. 개방된 벽체를 통해 자연의 풍치를 음미하는 곳으로 특히 여름에 많이 사용하였고, 내·외부공간을 매개하였다. 둘째, 친구나 내방객의 접객 공간으로, 담화·주연·바둑 등이 사랑방에서 연장되어 이루어졌다. 셋째, 권위나 신분을 나타내는 상징적 공간이었다. 집주인의 사회적 지위에 따라서는 가족구성원의 필요보다 훨씬 큰 규모를 갖추어, 토호적(土豪的) 중심세력의 본거지 또는 유교 지도층의 교화중심처로 사용하였다. 그리

---

60) 임영주, 「조선시대의 목공가구」, 『목칠공예』, 중앙일보 계관미술, 1985
61) 주영애, 『조선조 상류주택의 살림공간에 관한 생활문화적 고찰』, 성신여자대학교 박사학위논문, 1992, p.110 : 안대청은 가족의 화목, 제사를 비롯하여, 혼사, 생신잔치, 손님접대 등 집의 행사를 치르는 공간이었으며, 그밖에도 명절에는 떡을 빚는다든지, 옷감을 짜고 옷을 마르고 짓는 등의 가사활동 공간으로 전용되었고, 뒤주·찬탁·꽃항아리 등을 놓아두는 수납공간의 기능까지 담당하였다.

고 동족결속에 중요한 의미를 가지는 의례가 행사되기도 하였다.

사랑채는 방과 마루가 결합되면서 정형을 이룬다. 마루의 규모는 1칸에서 6칸 이상으로 주택 내에서 가장 넓은 면적을 차지하기도 한다. 이때 마루는 사랑마루·사랑대청62)이라 부르며, 감실이나 빈소방 또는 수장공간으로 사용되는 폐쇄된 마루방63)과는 구분되며 몇몇 상류주택에 지어지는 누마루와도 성격이 다르다. 사랑마루의 성격은 안대청의 고정된 성격과는 달리 위치에 따라 차이를 가진다. 방 사이에 놓이면 사랑방에 출입하는 동선공간이며 반사회적공간이지만, 측면에 놓이면 독립된 사회적 공간을 이룬다. 또한 벽체구성은 공간감에 커다란 영향을 미치는데, 3면이 개방될 경우는 시원한 정자같고 겨울에 대비하여 문을 달더라도 들어열개문으로 개폐에 따른 풍부한 공간을 연출한다. 대청바닥은 우물마루, 천장은 서까래가 노출된 연등천장을 이룬다. 대청 웃묵에는 사방탁자를 양쪽에 놓고 다른 가구들은 놓지 않는다. 다만 여름이면 바닥에는 화문석을 깔고 발을 드리우며 때때로 살평상을 들여놓는다. 사랑대청은 대문을 들어섰을 때 빈(void) 공간의 음영차로 방문자의 시선을 끌어당기는 정점을 이루기도 한다.

작은사랑방

사랑채는 규모가 커질수록 사랑방과 사랑마루가 확대되고 이후 가장 먼저 분화되는 방이 자손이 사용하는 작은사랑방이다. 조선시대에는 조상숭배·장유유서의 덕목을 중시하여 여력이 되면 장자를 위한 별도의 공간을 마련하여, 장자우대에 따른 위계적 질서와 여러 세대의 기거를 해결하려 하였다. 그렇지만 아버지는 큰사랑방에서 아들의 보호와 대접을 받고, 아들은 작은사랑방에서 아버지의 감독을 받으며 긴밀한 부자관계를 쌓아나가므로 근접을 원칙으로 하였다. 분화

---

62) 조성기, 『한국남부지방의 민가에 관한 연구』, 영남대학교 박사학위논문, 1985, pp.104~108 : 민가의 마루 명칭에서 사대부층이 많았던 영남 및 중부지역에서는 대청·대청마루라는 용어가 일반화되어 있음을 알 수 있다.
63) 김정기, 「한민족의 주거」, 건축문화, 8311, p.4 : 대청과 마루방은 원래부터 서로 이질적인 공간이었다. 대청은 전면을 개방한 형식의 공간을 의미하였으며, 마루방은 사방이 완전히 폐쇄될 수 있게 만든 경우를 지칭한 것이다.

된 방은 용도에 따라서는 작은사랑방, 위치에 따라서는 건넌방, 중방으로 불리고, 비일상시 빈소방 등의 다른 용도로 전용되기도 하였다.

장유유서에 따라 작은사랑방은 큰사랑방과 격에 차이를 두었다. 2칸 큰사랑방에 비해 작은사랑방은 1칸이 많고, 같은 채에 두더라도 좌향을 달리하거나 층고를 낮게 하고 장식도 적어 가부장의 수업 기간을 겸허하게 받아들이도록 하였다. 하지만 일정규모가 되면 작은사랑방은 큰사랑방에 대해 독자적인 영역을 이루어 세대별 프라이버시를 확보하였다.

(2) 구성요소의 분화

책방

성리학(性理學)을 신봉하는 사대부들에게 사랑채는 글 읽기와 자녀교육이 행해지는 교육의 장소였다. 조선시대의 정치·사회적 배경에서 집안의 번영은 벼슬과 직결되었고, 교제의 주제도 주로 학문과 철학으로 학문탐구가 끊임없이 요구되었기 때문이다. 그래서 사랑채에 서책과 문고·서화·고완(古玩)을 수장하는 문방을 이루어 독서와 사색의 삼매경에 빠지기도 하였다. 문방(文房)의 기본적인 치장은 대개 내실과 비슷하지만, 독서를 위하여 서안(書案)을 비치하고, 남성용 기거용품으로 주장·거문고·퉁소·보검·여의·기국 등을 두었는데 거문고를 타는 일과 퉁소를 부는 일은 가곡을 익히는 것과 함께 사대부의 풍아한 소양이기 때문이다. 그리고 의약기구로서 약절구·약연 등도 갖추었다.

책방의 규모는 주의식·경제력·가족구성에 따라 퇴계의 도산서당에 있는 반 칸 서고에서 연경당의 7칸 선향재까지 다양하고, 용도도 서책을 보관하는 것(대산동 교리댁)과 독서와 보관을 겸하는 것(연경당의 선향재)으로 나뉜다. 서책을 보관하기 위해서 책궤를 여러 개 쌓아두었고, 서고를 별동으로 두거나 사랑채에 부속된 방을 보관용으로 사용하였다(해남 녹우당). 책방의 위치는 큰사랑방에 근접하여서 수시로 책의 보관·출납·독서를 하거나, 큰사랑방과 멀리 떨어져 손님이 오더라도 별 구애 없이 책을 읽을 수 있도록 하였다. 서고에 비치된 장서는 선비와 우인들을 끌어들이고 지역의 서당, 서원, 향교와 연결하는 매개체였다.

침방

사랑방에 근접한 침방(寢房)은 가장(家長)의 취침 공간이다. 조선시대 태종조부터[64] 부부의 별침을 명하여서 가장은 부인과 동침할 때를 제외한 평상시에는 따로 취침하였다. 중류주택에서는 사랑방이 침방을 겸하지만 상류주택에서는 침방을 따로 분리하여 사랑방을 더욱 효율적으로 접객공간으로 사용할 수 있도록 하였다. 침방의 위치는 대부분 큰사랑방의 후열로 외부에서는 인식하기 어렵고 안채에서는 통하기 편리한 은밀한 장소였다. 침방 꾸밈은 벽장을 등진 한쪽에 가께수리를 놓아 중요한 물품을 보관하고 보료를 깔며, 장침과 사방침을 놓는 것은 사랑방과 같다. 여름에는 살평상을 비치하고 죽부인, 요강, 타구 등도 갖추고 남자용 의걸이를 두어 의관을 걸어두며 관모상자, 망건꽂이 등을 놓는다.

청지기방

사랑채에서 하인들은 대문을 지키며 항상 북적대는 사랑채 손님의 시중을 들고 야밤에도 여러 가지 허드렛일을 했다. 이들의 수청방(守廳房)을 사랑채 내에 두어 생활의 편리를 추구하였는데 보통, 하인 중의 우두머리인 청지기나 잔심부름을 하는 아이가 거주하였다. 간살이 1칸보다 작은 규모로 큰사랑방에 인접된 정지 전면의 모방 또는 정지방에 자리하고, 때때로 큰사랑과 작은사랑 사이에 위치하여 양 영역을 유지시키면서 동시에 보좌하였다. 그래서 외부인의 출입 관리와 사랑어른의 시중, 아궁이 관리를 하였다. 사랑채에 하인이 머무는 곳은 지역에 따라서 목방, 복직이방, 청기지방으로 불렸다.

감실

감실은 원래 사당 안에 신주를 모시어 두는 장(藏)이다. 그러나 사당이 없을

---

64) 『태종실록』, 발인조 : '下令五部 夫婦別寢 禮曹以月令請之也.'

경우, 안채나 사랑채의 벽을 우묵하게 하여 분벽(粉壁)으로 칸을 막고 가운데에 분합문을 달고 그곳에 위패를 모시어 제사를 지내기도 하였다. 성역(聖域)이 살림채에 수용된 모습이다.

이러한 감실이 때때로 사랑채에 구성되었는데, 벽감으로만 구성하거나 벽감을 가진 감실을 두어 사랑마루가 상청으로 사용되었다. 벽감의 규모는 반 칸 또는 반반 칸이며, 감실바닥은 방 또는 마루로 구성된다. 벽감의 위치는 보통 작은사랑방, 사랑마루, 작은사랑마루로 큰사랑방이 아닌 주변 방이며, 감실은 사당처럼 한 개의 방을 거쳐 진입하도록 하였고 제사 공간의 확보를 위해 사분합문을 설치하기도 하였다.

제청

우리나라 마루의 기원설은 크게 두 가지로 나뉜다. 첫째는 여름철 더위와 장마철의 습기를 해결하기 위해 만들었다는 기능을 강조한 남방전래설과 둘째는 하늘과 연결되는 성역이라는 의미를 강조한 북방전래설이다. 그렇지만 동남아시아 라오스에서는 지금도 고상주택의 마루 아래를 속된 공간, 마루 위를 신성한 공간으로 구별하여, 마루 아래는 축사·칙간·창고로 사용하고 마루 위는 조상의 영혼을 모시는 성역(聖域)으로 사용한다. 우리나라에서도 신주를 모시는 제상을 대청에 차린다.

조선 효종 때의 학자 이유태(李惟泰)는 『초려집(草廬集)』에서 이상적인 집을 서술하면서, '사랑채(廳事)는 기와집으로 2칸 방과 1칸 당(堂)으로 꾸미고, 당과 방 사이에 쌍지게 문을 내고 제사 때에는 여기에서 제의를 진행하도록 한다'고 하여 제례공간이 『가례서』의 안채에서 사랑채로 전이(轉移)된 모습을 보여준다. 명문의 대종가에서는 불천위와 같은 큰제사를 지내기 위하여 별동의 제청을 짓기도 하지만, 효율성을 위해 사랑마루를 겸하는 것이 일반적이다. 그래서 제청의 규모는 1~2칸에서부터 4~6칸까지 나타나고 창호의 개폐를 통해 의례시 마당을 적극 이용할 수 있도록 하였다.

누마루[65]

선비의 이상적인 공간으로 정자(亭子)를 꼽을 수 있다. 정자의 기능은 시단(詩壇), 강학소(講學所), 제실(齊室), 별당(別堂), 향약(鄕約) 시행처, 양노(養老)·교화소(敎化疎), 사장(射場), 종회소(宗會所), 치수(治水) 등 수준 높은 상류층 지식인의 멋과 생활철학을 충족시킨다. 또한 이곳은 깊이 있는 유학의 영향과 선종이 불교의 주류를 이루면서 자연의 섭리를 따르려는 자연인의 주거관을 드러낸다. 산이나 들 또는 불가(佛家)에 있는 정자의 기능을 상류주택 내부에 끌어들인 공간이 누마루이다. 누마루는 사대부의 사랑채와 별당에만 지을 수 있었던 가장의 전용공간이자, 주택 내에서는 위엄과시의 공간이며 마을에서는 권위와 상징성이 어우러진 기념비적 공간이다.

그래서 누마루는 질적으로 우수한 부재를 사용하고 마감도 타공간보다 정교하게 처리하였다. 천장에는 고급스러운 우물반자와 선자서까래로 구성된 눈썹천장을 설치하였고 지붕도 대부분 팔작지붕이다. 시각적으로 누마루가 공중에 떠보이게 하기 위해서 타공간보다 바닥을 높이고(서울 연경당, 달성 삼가헌, 구례 운조루), 하부기단은 낮게 조성하여(양동 관가정, 영천 산수정, 강릉 열화당) 세속을 떠나 자연에 동화되도록 연출하였다. 누건물은 밖에서 보는 모습뿐만 아니라 안에서 바라보는 경관을 위해 창구조에 특히 신경을 썼다. 그리고 서울을 중심으로 한 중부지방은 다소 기온이 낮아 3면에 사분합문을 달았고(서울 연경당, 강릉 열화당) 남부지방의 누마루에는 3면을 개방하였다(구례 운조루, 달성 삼가헌). 풍류와 시작(詩作)을 위한 구상은 누마루의 창호를 모두 사분합으로 짜 맞추어 들어열쇠에 걸어 올려놓고 사방이 훤히 보이는 소망을 통해 세공되었다.

사랑부엌(정지)

사랑채에서는 안채와 달리 취사와 무관한 난방만을 위한 아궁이를 설치하였다. 따라서 사랑부엌에는 아궁이만 존재하거나 벽을 두른 간이정지를 구성하는 등

---

65) 차명렬, 「조선중기 상류주택의 루마루공간에 관한 연구」, 홍익대학교 석사학위논문, 1985와 곽윤정, 「조선 상류주택 루마루 공간의 건축미에 관한 연구」, 홍익대학교 석사학위논문, 1994를 참조

용도별로 다양하다. 위치는 여러 사랑방의 아궁이를 한꺼번에 관리하기 쉬우면서 안채로의 동선도 고려하였고, 때때로 소여물을 끓이므로 마구의 위치와도 긴밀히 연결되었다.

2) 사랑채의 분화

조선시대 상류주택의 특성으로 채분화를 꼽을 수 있다.66) 이는 고구려 고분벽화에서도 나타나듯이 삼국시대 혹은 그 이전부터 내려오는 내재된 속성과 조선시대 유학의 이분적 사고의 결합일 수도 있다. 사랑채도 역시 칸분화에서 채분화로 이어져 생활공간은 작은사랑채, 학습공간은 서재, 접객공간은 별당 그리고 의례공간은 제청으로 연장된다. 채분화에는 신분과 경제력이 뒷받침되어야 하기에 실례가 많지 않고, 작은사랑채와 별당이 서재와 제청보다는 많이 지어졌다. 분화된 사랑채는 생활공간 이외에 정신적 취향을 나타내는 점경물(點景物)이었고, 2채 이상의 사랑채는 마당과 주택의 영역에도 변화를 주었다. 제2의 사랑채와 사랑마당이 몸채 가까이 위치한 것은 생활공간의 성격이 강하고, 몸채와 멀찍이 구성된 것은 풍류적 성격이 짙다.

작은사랑채

사랑채에서 남자가족의 생활편의를 위해 작은사랑방을 따로 두고, 경제적 여력이 되면 작은사랑채와 가계계승을 위한 은거용 안사랑채를 분리하기도 하였다. 즉 세대별 공간확보는 큰사랑채·작은사랑채로 구분하고 안사랑채, 중사랑채, 바깥사랑채, 새사랑채까지 두었다. 작은사랑채는 대부분 큰사랑채에 인접 배치하여 사랑마당을 구획한다. 작은사랑채는 큰사랑채와 유사한 구성이지만 지붕이 낮고 칸수가 적고 마루가 없기도 하며 부재의 정밀도도 떨어지는 등 간략화되어 격식의 차이를 가진다. 또한 큰사랑채가 사랑공간만으로 구성되는 순수형임에

---

66) 분화된 채의 성격은 건물명(亭, 齊, 堂), 방·마루의 비율, 주변 시설(연당, 사당), 생활과 맺는 관계로부터 유추할 수 있다. 용도에 따라 크게 작은사랑채·서재·제청·접객형 별당으로 나뉜다.

반해 작은사랑채는 행랑채, 문간채 등의 부속공간이 덧붙여진 혼합형이 많다.

서재

생활과 접객으로부터 분리된 학습공간을 마련하려고 사랑채 내에 책방을 두거나 별동의 서재를 조영하였다. 서재의 성격은 사적인 공부방인 경우와 공적인 서당인 경우로 나뉘며, 위치는 사랑채에 근접하거나 별도의 영역을 확보하였다. 즉 공적인 서재는 마을 내 학동들과 문중의 아이들을 모으고 유림들을 하나로 묶는 학맥의 근거지로, 상류사회와 문중에서 함께 힘을 모아 건립하기도 했다. 서재는 간결한 평면과 절제된 형태로 선비사상이 묻어나며 이것은 또한 공부에 전념하기 위한 의도도 깔려 있다.

제청

별동의 제청을 둔 것은 많은 손님이 오는 의례공간을 독립시켜 안채와 사랑채에서 생활의 편의를 도모한 것이었다. 제청이 있는 주택은 대부분 불천위제가 있는 명문가로 사회적 공간에 대한 분화 요구가 컸다. 제청의 위치는 사당, 사랑채와 유기적으로 근접 배치되었다. 제청은 그 기능에 따라 순수 제청이거나(유곡 권씨종가, 옻골 백불고택) 사랑채의 역할을 겸하기도 했다(양동 무첨당, 쌍벽당).

별당

접객과 풍류를 위한 공간확보는 사랑대청에서 누마루 그리고 별당까지 이어진다. 상류계층은 집안의 권세와 부를 과시하기 위해 주택 내외부 경치 좋은 곳에 정자나 산정(山亭)사랑을 세웠다. 여기에 사우(四友: 書·畵·琴·棋) 등을 늘어놓고, 학문과 풍류에 젖었으며, 최고의 빈객이 아니면 출입을 금하였다. 선적(仙的)인 시작(詩酌)이나 풍류를 유희하기 위해 경승지를 택하거나 주거 내에서도 경치 좋은 곳에 자리하였고, 인공적으로 연당과 축산을 조성하여 접객, 독서, 한유, 관상 등을 향유하였다. 지역사회에서 공동대화의 장소였고 사회·경제·문화 중심으로서 세도나 계급의 상징, 마을공동체의 자존, 생활의 질을 표상하였다. 따라서 별당은 당시 건축술의 정수를 기울인 우수한 유산들이다.

별당의 평면은 정자처럼 一・ㄱ・ㄴ자형으로 다양하고, 대부분 누마루가 설치되어 개방적이다. 그리고 별당 주위를 담으로 구획하거나 본채로부터 멀찍이 위치시켜 비일상적인 공간을 만들었다.

3) 사랑마당과 정원

사랑마당

우리나라 건축은 안채-안마당, 사랑채-사랑마당, 행랑채-행랑마당 등 '채-마당'으로 존재하며 마당에는 채의 성격이 묻어난다. 사랑마당은 남성공간이면서 손님을 맞이하는 대외활동이 이루어지는 곳으로 사랑채로 접근이 용이하도록 배려하였다. 따라서 사랑마당은 안마당처럼 가족의 친밀감을 위해 규모가 한정되기보다는 크기가 자유롭고, 외부사회와 자연스럽게 연결되도록 개방적인 경계구조이다. 그리고 선비의 풍아한 취향을 위해 조경과 연당을 조성하였고 집 앞에 펼쳐진 산야를 바라보거나 강물이 흐르는 소리를 들을 수 있게 하였다. 일부 주택에서는 사랑마당과 행랑마당을 혼용하기도 했다.

사랑정원

전통주택에서 정원은 크게 여성중심의 후원과 남성중심의 사랑정원이 있다. 정원은 사람의 심성을 자연에 동화시키는 안식처이며 여흥을 즐기는 터이고 학문을 수학하는 장소인 동시에 현세의 고민에서 벗어나 자각과 자족을 느끼는 수신의 구도장이기도 하였다.[67] 특히 사랑채 정원에서는 유가사상의 엄격성과 도가사상의 자유로움이 조경예술을 통해 구현되었다. 네모난 연지에 조산을 형성하거나 주변에 화단을 조성하였고, 앞 담가에 철쭉, 매화 등 화목을 심고, 괴석이나 수조(水曹)를 배치하였다. 정원은 누마루・별당 등과 함께 상류계층의 가격

---

[67] 이희중, 「전통회화속에 나타난 자연관과 조경양식」, 환경과 조경, 9709

(家格)을 드러내는 좋은 상징물이었다.

한·중·일의 정원을 비교해보면, 중국은 화려한 정원과 마당을 조경하고, 일본은 자연을 축소해 정원에 옮긴다. 반면 한국은 정원에서 자연을 조망할 수 있도록 풍광이 좋은 곳에 택지를 선정하여 정자, 망루 등을 다양한 형태로 구성하여 자연을 수용하는 차이를 가진다(안동 임청각, 경주 독락당, 대산동 한주종택 등). 광대한 중국과는 달리 아기자기한 자연을 가진 한국에는 굳이 정원을 만들지 않더라도 집밖에 펼쳐진 자연 그대로의 산하를 고스란히 사랑채에 담기만 하면 높은 심미안을 쉽게 드러낼 수 있었기 때문이었다.

제2장
사랑채의 공간구성

1. 사랑채 배치

1) 분류의 기준

 살림채 배치는 거주인의 주의식과 주생활을 동시에 보여주는 자료이다. 특히 동아시아 사상은 실체(實體)의 실재(實在)에 관심을 갖는 것이 아니라 관계(關係)의 실재에 더 관심을 지녀왔기에 배치에는 많은 사고가 내재한다.[1] 우리나라 상류주택은 안마당을 가진 ㅁ자형을 이상적인 주택상으로 삼아왔다. 산간지방에서는 ㅁ자집이, 중부 평야지대에서는 ㄴ+ㄱ자형으로 이루어진 튼ㅁ자집이, 제주도를 포함한 남해안지방에서는 一자형으로만 구성된 튼ㅁ자집이 주류를 이룬다.[2] 같은 ㅁ자형계라도 지역적으로 채의 연결방법과 계층적으로 주택 규모에 따라 공간 구성이 다르다. 이로 인해 주택의 경계구조와 생활행태에 차이를 가진다.

 조선시대 상류주택은 가옥 유형, 안채 유형 그리고 사랑채 유형이 서로 유기적으로 얽혀 있다. 첫째, 가옥 유형은 채의 집중도에 따라 '집중형'·'결합형'·'분산형'으로 구분한다. '집중형'은 외부로부터 완전히 차단된 안마당을 가지는 ㅁ자형·날개형으로 사랑채는 안채와 한 동으로 엄격한 배치를 이루고, 경북북부 및

---

[1] 이강훈, 『한국건축에 있어서 음양공간의 질서』, 서울대학교 박사학위논문, 1989, p.74
[2] 김홍식, 『한국민속대관-일상생활·의식주』, 고려대 민속문화 연구소, 1980, pp.650~651 : ㅁ자계 민가는 안채와 부속채들이 안마당 주위에 ㅁ자의 배치경향을 보여주는 주택을 말한다. 물론 ㅁ자계 민가라 하더라도 공간의 폐쇄도를 달리하는 여러 유형을 생각할 수도 있고 ㅁ자형으로 완성된 민가도 포함된다.

〈표2〉 분류의 틀

가옥 유형		안채 유형		사랑채 유형			
				배치		구성	
집중도	가옥형	구성	형태	연결형태	위치	분화	실구성
집중형 결합형 분산형	ㅁ자형, 날개형 튼ㅁ자형, 튼날개형, 튼ㄷ자형 二자형, --자형, ⁻_자형	중부형 영남형 호남형 영동형	ㅁ자형 ㅁ자형 ㄱ자형 一자형	일체형 연결형 분리형 별동형	측면 전면 모서리 편날개 양날개	기본형 일반형 분화형	측면마루 중앙마루 모마루

영동지역 그리고 일부 경기·충청지역에 분포한다. 전국에 고루 분포하는 '결합형'은 튼ㅁ자형·튼날개형·튼ㄷ자형으로, 사랑채 배치는 ㅁ자형보다는 덜 엄격하지만 채 사이에 일정 거리를 두어 중정(中庭)을 유지하려는 규칙이 내재한다. '분산형'은 二자형·--자형·⁻_자형으로 사랑채는 안채와 물리적 거리는 멀지만 시각적으로 트여 있어 시선 차단을 고려하였고, 대부분 남부지방에 분포한다. 집중형에서 결합형·분산형으로 갈수록 안마당은 폐쇄-반개방-개방되어 사랑채의 배치와 성격도 달리 구성된다.

집중형   결합형   분산형

〈그림1〉 집중도에 따른 유형

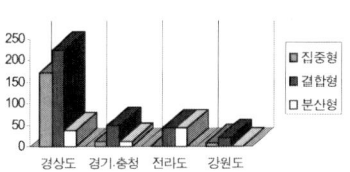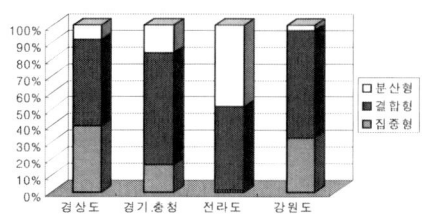

〈그림2〉 지역별 주택의 집중도(좌: 실례수, 우: 100%)

둘째, 안채의 형태는 경제력을 바탕으로 ㅁ·ㄇ·ㄱ·一자형으로 다양하고, 구성은 풍토를 반영하는 '중부형'·'영남형'·'호남형'·'영동형'으로 분리된다. '중부형'·'영남형'은 안채 평면의 전형으로, 문화의 교류에 의해 전국에 퍼져 있고, '호남형'은 전라도에, '영동형'은 강원도에 분포한다. ㅁ자형·ㄷ자형에서 '중부형' 안채는 대청 전면이 안뜰에 접해 진입시 대칭성·정면성이 강하여 권위적이고, '영남형'·'호남형'·'영동형' 안채는 방과 대청이 뜰에 동시에 접해 비대칭이지만 채광과 보온에 유리하여 실리적이다. 안채의 성격은 안마당으로 이어져 '중부형'에서 안뜰은 세로로 길고, '영남형'·'영동형'에서는 가로로 길어 안마당의 분위기가 사뭇 다르다. 안채와 긴밀한 관계 속에서 물리적·시각적 거리를 유지하는 사랑채는 안채 유형에 따라 달리 배치된다.

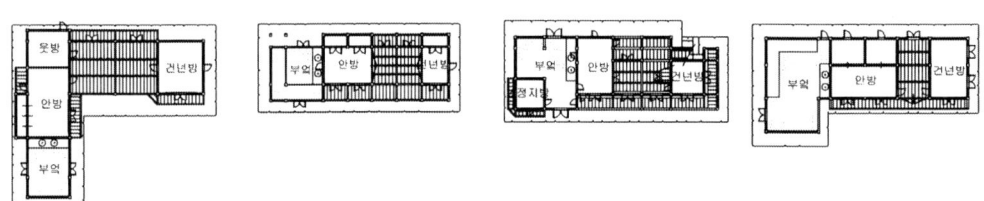

〈그림3〉 안채 구성

셋째, 사랑채 유형은 크게 배치와 구성에 따라 구분된다. 우선 배치를 중심으로 살펴보면, 안채와 한 동으로 구성된 것은 일체형, 안채와 별동이지만 담으로 연결된 것은 연결형, 안채와 별동으로 안마당을 한정하는 것은 분리형, 몸채로부터 멀리 떨어진 것은 별동형으로 구분하였다. 일체형은 안채와 사랑채가 한 동을 이루기 때문에 안채 구성이 사랑채 배치에 직접 영향을 미치고, 연결형은 구조적으로는 별채지만 담으로 연결되어 내외 경계가 명확하다. 분리형은 사랑채가 별동으로 안채와 상관관계가 약하고 안마당이 완전히 폐쇄되지 않아 경계가 유동적이며, 별동형은 사랑채의 일부 기능이 별채로 분리된 것으로 주요구에 따라 기능이 다양하다. 연결 유형에 따라서 집 전체의 경계구조도 차이를 가진다. 가옥형별 사랑채 연결 유형은 '집중형'에서는 일체형·별동형, '결합형'에서는 일체형·연결형·분리형·별동형이 다 나타나고, '분산형'에서는 분리형만 등장한다. 지역별로는 강원도·경상도·경기, 충청도·전라도 순으로 안채와 사랑채가 근접된다. 이때 사랑채 위치는 안방과 안대청을 중심으로 크게 측면, 전면, 모서리, 편날개, 양날개로 구분된다. 풍토를 반영하는 가옥 유형과 안채 유형에 영향을 받은 사랑채 배치는 자연스럽게 지역성을 드러낸다.

〈그림4〉 사랑채의 연결 유형

〈그림5〉 지역별 사랑채의 연결 유형

〈표3〉 사랑채 배치 유형

집중도	연결상태 가옥형	일체형	연결형	분리형	별동형
집중형	날개형		-	-	
	ㅁ자형		-	-	
결합형	튼날개형				
	튼ㅁ자형				
	튼ㄷ자형				
분산형	二자형	-	-		-
	--자형	-	-		-
	ㄷ자형	-	-		-

58 • 한국의 사랑채

2) 집중형 주택의 사랑채 배치

사대부가의 전형인 ㅁ자집은 오랜 역사를 가지며 아시아 전역에 분포하는데[3] 특히 우리나라에서는 풍수지리설에 의해 선호되었다. 완결된 ㅁ자형은 거의 내외공간의 흐름이 차단되고 안마당의 위요도(圍繞度, enclosure)는 최고조에 달해 주변으로부터 분리된다. ㅁ자형 상류주택은 유독 사림(士林)의 본고장이며 태백산맥으로 험준한 경상북도에 집중적으로—이 지역에서는 '뜰집'이라고 호칭한다—분포한다. 물론 내륙성 기후로 겨울이 춥지만 자연적 요인 외에 영남만의 독특한 규범에 기인한 것으로 보인다.

'집중형'(31%, 195/625) 주택은 ㅁ자형(54%, 106/195)과 날개형(46%, 89/195)이 있고, 사랑채 채구성을 기준으로 일체형(83%, 162/195)·별동형(17%, 33/195) 외에 특수형이 나타난다. ㅁ자형 주택에서 안채 구성은 '중부형'·'영남형'·'영동형'이 있어, 편의상 안채 유형에 따라 '중부ㅁ자형', '영남ㅁ자형', '영동ㅁ자형'이라 호칭하기로 한다.

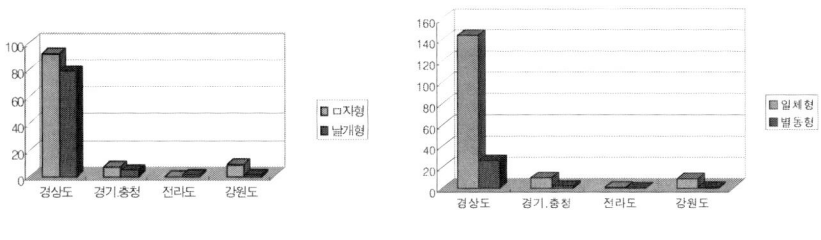

〈그림6〉 집중형 주택 구성   〈그림7〉 집중형 사랑채의 연결 상태

(1) 일체형 사랑채

일체형(83%, 162/195)은 이질적인 생활공간을 한 동에서 해결해야 하는 제약

---

[3] 손세관, 「중정형 도시주택의 공간구조에 관한 문화적 비교연구」, 대한건축학회논문집, 10권 11호, 1994, pp.13~23 : 중정형 주택은 매우 오랜 역사적인 뿌리를 가지며 아시아 전역에 걸쳐서 분포하고 있다. 그러나 우리나라 전통주택에서 ㅁ자형계 집은 다른 문화권의 중정형 주택이 옆집 또는 뒷집과 벽을 공유하면서 밀집된 주거지를 형성하는 것과는 달리 대지 안에서 외정과 중정을 동시에 가진다.

과 건물의 일부만 남향하고 진입부의 위치 선정 등으로 사랑채 위치가 규칙적이다. 일체형에서 사랑채의 배치는 첫째, ㅁ자형의 일부로서 안채 공간을 위요하고 둘째, 안채와는 최대한 거리를 두어 남녀유별을 유지하고 셋째, 중문간에 근접시켜 접객과 동시에 보호·방어의 기능도 가진다. 그리고 여기에 그치지 않고 사랑채 공간에 풍류와 여유를 불어넣기 위해 위치가 변한다. ㅁ자형에서는 사랑채 위치의 변동·정착단계라고 하면, 날개형에서는 사랑채 실구성의 정착단계로 볼 수 있겠다.

① ㅁ자형

ㅁ자형(51%, 85/162)에서 사랑채 위치는 안방과 안대청을 기준으로 '측면형-전면형-모서리형'이 있고, 유형별로 집 규모와 생활 행태에 차이를 가진다. 그리고 사랑채 실구성은 방과 마루의 결합으로 정착되어간다.

울진 윤두규 가옥 영덕 김덕규 가옥   양동 서백당
측면형   전면형   모서리형
              〈그림8〉ㅁ자형 유형

측면형

사랑방이 안대청을 기준으로 안방 맞은편인 건넌방에 놓이는 측면형(19%, 16/85)은 남녀공간이 좌우로 구성된다. 평면 구성은 '여칸형' 민가와 비슷하지만 뜰을 통해 환기·채광이 더 유리하고 지붕을 잇는 구조와 재료구입 등은 뒷받침된 경제력을 드러낸다. 규모는 안뜰 폭이 대부분 2칸으로 작은 편이다. '중부형' 안채에서만 구성되어 대청에 의해 남녀영역이 분리되지만 안채와 사랑채가 가깝고 사랑방에서 쉽게 안대청으로 출입할 수 있어 남녀의 경계가 약한 편이다.

따라서 측면형은 집 규모가 작고 내외 구분도 약하여 민가에 가까운 중류 주거로 ㅁ자형 중에서도 가장 고형(古形)으로 생각된다.

'중부형' 안채는 대청의 정면성과 각 방의 프라이버시는 좋으나 방의 채광이 나쁘기 때문에 안방의 뒷부분에 고방을 두고, 사랑방 역시 채광상의 이유로 뒷부분에 감실 또는 상방이 분화된다. 안방은 분화되더라도 집의 중심으로서 위치 변동이 없지만, 사랑방은 안방과 일정거리를 유지하면서 채광·보온 등의 이유로 전면으로 옮겨가기도 한다. 측면형에서는 사랑마루가 없는 주택도 많고 있어도 1면만 외접하여 개방감이 떨어진다. 이때 사랑채 위치는 좌측(西, 69%)이 많다. 사랑채 부근에는 각 방의 연결을 위해 들마루나 동마루를 두는데 안마당이 아닌 바깥쪽에 두어 출입과 사용 행태를 보여준다. 특히 남성의 노동이 필요한 외양간은 사랑방 근처에 위치하였으나 생활환경이 나아지면서 냄새·청결을 위해 외양간이 본채에서 분리되면서 사랑채의 위치 변경이 더욱 활발해진다.4)

ㅁ자형 주택에서 출입문은 대부분 전면의 중앙부에 위치하나, 측면형에서는 사랑채 부근의 문이 남성 출입구로 쓰이고 근처에 작은 정지를 두어 사랑방의 난방을 하고 소여물을 끓였다. 이와 같은 출입문 위치는 대지 조건과 진입로 관계로 등장한다.

전면형

ㅁ자형에서 사랑공간이 안방과 안대청의 전면에 자리한 전면형(16%, 14/85)은 남녀공간이 전후로 구성된다. 규모는 안뜰 폭이 대부분 2칸이고 3칸도 있어 측면형보다는 큰 편이고, 사랑방과 안방은 안마당만큼의 간격을 가지므로 남녀유별에 유리하다. 전면형 사랑채의 특징은 첫째, '중부형' 안채에서는 중문간을 중심으로 안방의 대각선상인 반전면부에 많이 구성되고, '영남형' 안채에서는 전면 전체에 구성된다. 즉 남녀 공간이 안마당만큼의 거리를 가지더라도 '중부형'에서는 좌우로 '영남형'에서는 전후로 분리된다. 둘째, 몸채 전면에 사랑채가 위치하는

---

4) 홍순인, 『전통 마을의 형성과 민가형식에 관한 연구』, 홍익대학교 석사학위논문, 1979 : 여칸집에서도 같은 이유로 안방과 대등하던 사랑방이 전면으로 옮겨간다.

것은 남성의 지위 향상에 따라 사랑채가 집을 대표하는 성격이 짙어짐을 의미한다. 이로 인해 사랑채는 채광이 유리한 곳에 위치하고 장식이 더해지면서 지붕의 형태도 고려되었다. 남성의 동선도 전면에서 이루어지고 방위는 우측(東)이 많다. 본채에서 마구의 생략이 더욱 활발히 일어난다. 셋째, 전면형 구성은 방·방, 방·사랑마루로 마루가 없는 유형과 있는 유형이 공존한다. 마루는 규모가 작고 개방성이 낮아서, 동선 공간과 여름 공간에 머무른다. 중문을 중심으로 큰사랑채와 작은사랑채가 분리되기도 한다.

모서리형

ㅁ자형에서 안방의 대각선상인 전면 모서리에 사랑채가 배치된 모서리형(65%, 55/85)은, ㅁ자집의 원형(原型)으로 간주되는 1458년 건립된 양동 서백당(書百堂)이 취한 유형이다. 규모는 안뜰 폭이 2~3칸으로 앞선 유형들보다는 큰 편이며 경북을 비롯한 전국에 고루 분포한다. 사랑채는 우측(東)에 많이 구성되어 남자는 동쪽, 여자는 서쪽이라는 방위의 고려를 보여준다.

모서리형은 ㅁ자형의 한 지붕 아래에 구성하면서도 첫째, 안방과는 가장 원거리인 대각선상에 구성되어 남녀유별을 이룬다. 둘째, 전면에 위치한 사랑채는 진입시 쉽게 인식되고 대표성을 가진다. 셋째, 사랑채가 일정 규모를 이루어 독립된 기능을 유지한다. 모서리형 구성은 사랑방에 작은사랑방(책방, 감실)과 마루가 정착되어 여유로움과 다목적성으로 안채로부터 자립할 수 있는 단계이다. 넷째, 사랑마루는 동선 공간과 조망 공간을 겸한다. 사랑마루에서 각 방으로 출입이 이루어지고 1칸으로도 2면이 외접하여 개방감이 높다. 즉 ㅁ자형 내에서 주요구에 가장 적합한 위치에 사랑채가 정립되는 단계이다.

●무섬 김덕진 가옥 : 경상북도 영주시 문수면 수도리 222

무섬마을의 상류주택들은 강을 바라보며 빙 둘러 배치되어 좌향이 다양하다. 이 집은 약 200년 전 박씨가 건립한 것을 현 소유주의 6대조가 매입하였다고 한다. ㅁ자형에 '중부형' 안채로 안방과 건넌방 사이에는 대청이, 안방과 사랑방 사이에는 안뜰이 자리하여 세대별·남녀별 프라이버시를 유지한다. 위요된 안마당과 사랑방 사이에는 직접 출입할 수 없게 물리적·시각적으로 차단되어 있다. 바깥마당에서 중문간으로 진입할 때 사랑채가 강하게 부각된다. 사랑채는 사랑방, 작은사랑(책방), 사랑마리로 구성되고, 모서리에 위치하여 채광에 유리하다. 사랑방에는 가장이, 작은사랑에는 장자(長子)가 거주하며, 사랑마리는 봄에서 가을까지 특히 여름에 사용되었다. 독특하게 툇마루에 난간을 둘러 멋을 더하였고, 바닥을 약간 높여 마을 앞을 흐르는 강을 바라다볼 수 있게 하였다.

일반 손님은 척당(고모가·외가·이모가)과 평소 의기투합되는 친구들로, 10여 명의 사람들이 각 집의 사랑채를 돌며 조석 한때를 먹고 다니기도 하였다. 접객은 연령과 세대에 따라 사랑방, 작은사랑방을 구분하였고 부족할 경우 안채 대신 이웃사랑방을 빌렸다. 혼례는 안마루(궂은 날)나 안뜰에서 친척, 마을사람, 친구들을 모시고 치렀고, 기제(忌祭)는 안대청마리에서 자손(6~8촌)들이 모여 행하였다.

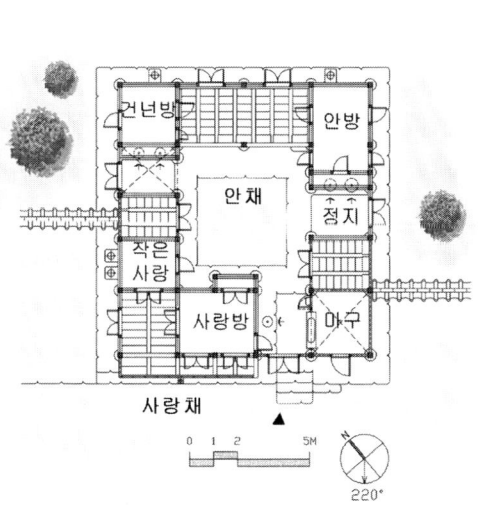

〈그림9〉 무섬 김덕진 가옥

② 날개형

사회적 요청인 종법질서(宗法秩序)의 확충에 따라 넓은 사랑채가 요구되면서, ㅁ자형에서는 날개를 덧붙이거나 별동을 건립하였다. 집중적인 날개집5)은 부족한 공간을 연속시켜 해결한 유형이다. 날개형 주택은 전면이 넓어서 과시적이고 외부영역을 앞뒤로 나눈다. 사랑채에서 시선은 앞뒤로 자유롭지만, 안뜰로는 벽으로 막거나 통과공간을 두었다. 대등하던 남녀 공간에서 남성공간이 더 확대·강조된 유형이다.

날개형 주택(47%, 77/162)은 대부분 경상도에 분포하며 크게 '편날개형-양날개형'으로 나뉜다. 편날개형에 비하여 양날개형의 수가 많은데 이는 첫째, ㅁ자집의 거주자들은 일정 수준의 경제생활을 영위하므로 넓고 대칭적인 전면으로 위계를 높게 보이려는 의도이다. 둘째, 편날개형은 ㄹ자로서 풍수적으로 바람직하지 않은 형태이기 때문이다. 그런데도 실례가 나타나는 것은 양날개형으로 나아가는 중간단계로 볼 수 있다.

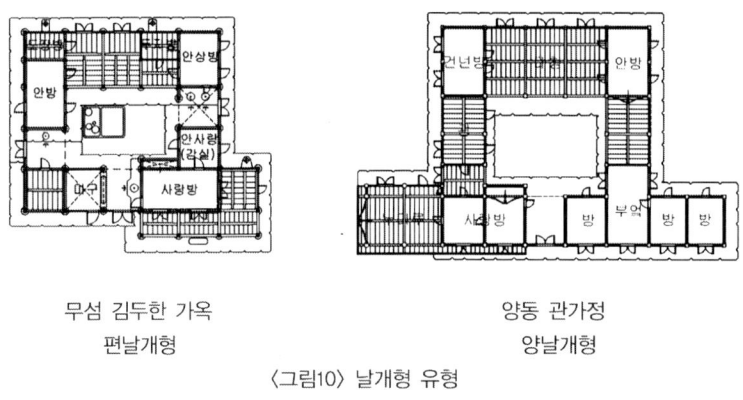

무섬 김두한 가옥 　　　　　양동 관가정
편날개형 　　　　　　　　　양날개형

〈그림10〉 날개형 유형

날개 구성시 안채 유형에 따라 '중부ㅁ자형'에서는 중문간-안뜰-안대청으로 이어지는 중축(中軸)을 중심으로 대칭을 이루는 양날개형이 많고, '영남ㅁ자형'

---

5) 홍승재, 『조선시대 상류주택의 예제적 체계에 관한 연구』, 홍익대학교 박사학위논문, 1992, p.90 : 16세기 이후 예제의 정착과 종법의 질서의 확립에 따라 사랑대청 등이 발달하면서 ㅁ자형에서 사랑부분이 돌출하게 되어 소위 날개집이 된다.

에서는 증축에 대한 의식이 덜하여 편날개형도 많고 때때로 안채 근처에 사랑채가 위치하기까지 한다. '영동ㅁ자형'에서는 날개형이 거의 지어지지 않았다.

편날개형

ㅁ자형 한쪽에 익랑이 부가된 편날개형(52%, 40/77)은, 대지 형태, 진입로, 안채 위치 등에 영향을 받아 날개가 크게 오른편·왼편·전면에 위치한다.

'오른편날개형'은 편날개형 중에서 가장 실례(52%, 21/40)가 많다. 우측(東)은 양(陽)을 의미하는 방위이고 동북쪽에 배치되는 사당과의 근접을 고려한 결과이다. 3칸 폭의 안뜰을 갖춘 집이 많은 것으로 보아 경제적 안정이 건물 방위·위계까지 고려한 것으로 보인다. 사랑채의 실분화도 상당히 이루어졌다. '왼편날개형'은 안뜰 폭이 2칸으로 규모가 작고 사랑마루가 없는 경우도 있는 등 덜 선호(23%, 9/40)되었다. 다만 방위, 주변상황, 진입로, 지형의 해결을 위해 지어진 것으로 보인다. 실도 방과 마루의 일반적 구성에 그친다. '전면날개형'은 ㄱ자형을 이루어 풍수적으로 꺼려하였음에도 불구하고, 몇몇 사례(25%, 10/40)가 있는 것은 좌우의 대지 부족이나 좌향으로 인한 채광 때문이다. 일부 실례가 영덕군에 분포한다. 날개는 대부분 몸채 전면에 위치하지만 후면(하회 양진당)·중간(호지 괴시종택)에도 구성되어 넓은 사랑마당을 확보하거나 진입시 강한 정점을 제시하기도 한다. 그리고 몸채에서 사랑채가 돌출되어 사랑마루는 3면이 외접하여 개방감이 높다.

양날개형

ㅁ자형 양쪽에 익랑이 부가된 양날개형(44%, 34/77)은 편날개형의 성격이 확장된 것으로, 넓고 대칭적인 전면으로 집의 권위를 드러낸다. 경상도 안동권에 집중 분포하고 타지역에서는 그 숫자가 미미하다. 안채도 대칭적인 '중부형' 구성이 선호되어 안채의 성격이 집 형태까지 지속되고 있음을 알 수 있다. 양날개형은 대칭성이 부각된 날개형의 완성 단계로 보인다.

규모는 안뜰 폭이 대략 2~3칸이 주류이다. 중축(中軸)상의 중문간을 중심으로 좌우날개는 큰사랑채와 작은사랑채로 세대별로 분리되거나 사랑채와 마구로 기능별로 구획되었다. 그렇지만 사랑채는 큰사랑방·작은사랑방 외에 책방, 감실 등이 분화하여 안채보다 비대해지는 경향이다. 사랑대청은 몸채 밖으로 돌출되어 시선은 외부로 자유롭게 확장된다. 또한 날개 부분은 보통 뒤쪽에 있는 사당마당의 정적공간과 앞쪽에 있는 사랑마당의 동적공간을 자연스럽게 구획한다.

● 안동 구봉종택(安東龜峯宗宅, 시도민속자료 제35호) :
　경상북도 안동시 임하면 천전리 279

의성김씨가가 400년 동안 세거해온 안동의 본산 내앞에 자리한 이 집은 의성김씨 내앞종가와 담을 사이에 두고 있는 의성김씨 소종가이다. 청계(清溪)의 둘째인 구봉 김수일(金守一)의 종가로 구봉의 현손부 창녕조씨(昌寧曺氏)가 1660년에 건축하였다가 고종 25년(1888년)에 구봉 12대손이 다시 중건한 것이다.

주택 구성은 대문채, 본채, 사당으로 이루어진다. 대문채는 방, 대문, 외양간, 측간으로 구성되었고, 사당은 뒷마당에 있는 별도의 담장 속에 세워졌다. 날개형의 본채에서, 안채는 부엌, 안방, 대청, 상방으로 구성되고, 대종가와 같이 안채의 규모가 크고 높다. 특히 안대청은 마당으로 돌출하여 ㄴ자형 안마당을 하고 있는 것이 독특하다. 몸채 전면은 중문간을 중심으로 오른편은 웃어른이 기거하는 사랑채, 왼편은 종손이 사용하는 아래사랑채가 배치되어 전체가 11칸으로 웅장한 외관을 이룬다. 사랑채는 정면 5칸×측면 2칸의 5량집으로 가운데 4칸을 대청을 두고 그 좌우에 사랑방, 침방, 건넌방을 구성하였다. 아랫사랑채는 골방, 아랫사랑, 헛간, 방을 이루고 규모나 높이 등의 격(格)이 사랑채에 비해 떨어진다.

혼례는 안대청 또는 안마당에서 이루어지고, 상방을 신행방으로 사용하였다. 제례는 신주를 모셔다가 사랑대청에서, 차례는 사당에서 행하였고, 상례는 남녀를 불문하고 사랑대청에서 치렀다. 이것은 내앞종가와 유사한 행태이다.

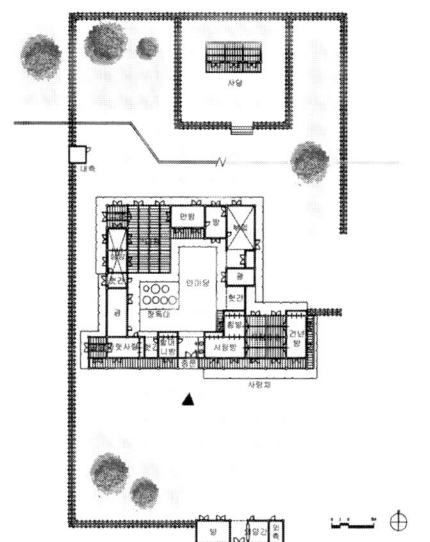

〈그림11〉 안동 구봉종택

(2) 별동형 사랑채

별동(17%, 33/195)을 구성하는 주택은 상류주택 중에서도 계층과 경제력이 뒷받침된 집이다. 사랑채의 특정 기능이 분리된 별동은 주의식에 따라 서재·정자·제청을 구성하였다. 별동은 생활로부터 분리된 영역을 이루어 집 전체 성격에도 영향을 미쳤다.

가옥형에 따른 별동 건립은 첫째, 'ㅁ자형'에서는 안채 유형과는 상관없이 대부분 모서리형에서 별동을 구성한다. ㅁ자형에서 가장 이상적인 모서리형에 사랑채가 위치하고 나서 사랑공간 확대시 별동을 지었다. 둘째, '날개형'에서는 안채 유형별로 차이를 가진다. 대칭적인 '중부형' 안채에서는 양날개형에서 별동을 지었고, 비대칭적인 '영남형' 안채에서는 편날개형에서도 별동을 조영하였다. 별동이 지어지는 것을 통해서 ㅁ자형에서는 모서리형이, 날개형에서는 양날개형이 완성형으로 보인다. 대칭적인 모서리형과 양날개형에서 사랑공간 확대시 몸채를 흐트리지 않으려고 별동을 건립하였다.

별동은 기능에 따라 사랑채와 근접 정도가 다르다. 정자형은 몸채로부터 원거리에 두거나 담으로 구획하여 정원을 확보하였다. 그리고 독특한 형태(ㄱ자형, ㄱ자형)를 이루고, 대청에서의 조망에 신경을 썼다. 서재형은 사랑채에서 근접되고 대부분 一자형의 평범한 실구성이다.

안동 예안이씨종택	추사고택	안동 지촌종택
ㅁ자형	편날개형	양날개형

〈그림12〉 별동형 유형

〈표4〉 집중형 주택에서 안채 유형과 별동의 관계

집형태	안채 유형	중부형	영남형	영동형
ㅁ자형(모서리)		○	○	○
날개형	편날개형		○	
	양날개형	○		

● 강릉 임경당(臨鏡堂, 시도유형문화재 제46호) :
　강원도 강릉시 성산면 금산리 445

조선 중종조(1530년대)에 건립된 강원도의 대표 상류주택으로 ㅁ자형 몸채, 사당(제월루), 별당(임경당)으로 구성되었다. 몸채는 ㅁ자형을 이루어 상류주택의 면모를 유지하지만, 안채는 '영동형' 구성으로 폐쇄적이고 사랑채는 대청 없이 모두 방으로만 구성되어 추위에 대응한 지방색을 드러낸다. 서남쪽의 사랑채가 접객에 사용되지만 규모가 작아서 서쪽에 별동의 임경당을 두어 불만족을 해결하였다.

임경당은 강릉 12향현(鄕賢)의 한 사람인 임경당 김열(金說)의 아버지 김광헌(金光軒)이 건립하였다. 여기에서 해운정(海雲亭) 심언광과 교류했고 율곡 이이(1536~1584)는 주변에 소나무를 잘 가꾸는 것을 보고 <호송설(護松說)>을 지어주었다. 단층 팔작지붕 익공계의 건물로 방과 대청으로 구성되고 반 칸 폭의 툇마루를 두었는데 이는 초기의 해운정(보물 제183호)과 구별되는 후기적 특징이다. 임경당에는 상부에 머름, 모든 창호에 창살, 툇마루에 난간, 익공은 닭 모양을 그리고 <호송설>, <송어시(松魚詩)>를 비롯한 많은 현판을 달아 장식적이다. 뒤쪽 사당에 연속되어 건축된 제월루는 아랫부분에 수장 공간을 두어 높이 올려져 있고 전면에 분합문으로 처리하고 삼면에 난간을 둘렀다.

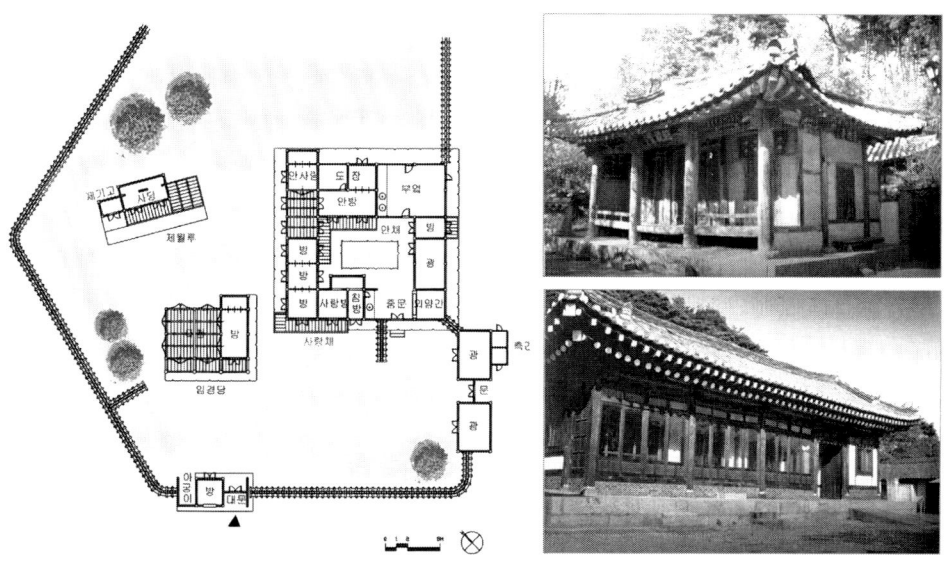

〈그림13〉 강릉 임경당

(3) 특수형 사랑채

집중형에서 독자성을 추구한 집들은 대부분 사대부가나 명문가의 종가들로 독특한 형태를 이루었다. 집중형에서 특수형을 살펴보면 첫째, 회랑(廊)으로 안채와 사랑채를 연결하였다. 이것은 주된 건축에 대해 종속되는 건축이 발생한 경우이거나 짝으로 이루어진 건물이나 복합된 건물이 하나의 구성을 기초로 하는 경우에 생긴다. 의성김씨 내앞종가, 예천권씨종택, 이우당 등은 불천위가 행사되는 제청이 사랑채를 겸하면서 궁궐의 회랑처럼 본채와 연결되었다. 따라서 진입 동선과 정면 구성도 큰 차이를 가진다. 둘째, 집중적인 문자형(文字形)을 이룬다. 풍수지리에서 복을 의미하는 길자(吉字)인 日·月·用자형을 이루는 것이 배치와 동선의 불편보다 중시되었다. 안동 임청각, 양동 향단, 고성이씨종택 등이 예이다. 셋째, 일반형에 변형을 가하기도 하였다. 양주 궁집, 영천 정재영 가옥 등이 있다.

의성김씨 내앞종가(巳)　　　양동 향단(日)　　　영천 정재영 가옥
회랑으로 연결　　　　　　　　문자형　　　　　　　　변형
〈그림14〉 특수형 구성

●**안동 임청각(臨淸閣, 보물 제182호) : 경상북도 안동시 법흥동 20-3**

　현존하는 살림집 중 가장 큰 규모(총 50여 칸), 길가 쪽에서 보이는 중첩된 지붕과 규칙적인 행랑채의 입면은 극적인 장관을 이룬다. 문자형(文字形)인 用자형 살림채와 별당(군자정), 사당으로 구성된다. 조선시대 유교 덕목인 남녀구별, 상하구별, 세대구별이 체계적으로 구현된 살림채는 진입마당·행랑중정·사랑마당·안마당·안행랑마당의 5개 마당을 이루어 일반적인 주택의 동선과는 차이를 가진다.
　안채와 사랑채는 동일하게 방 사이에 대청을 둔 홑집 구성으로, 마당을 감싸며 자연스럽게 영역을 구분한다. 안채 옆의 안행랑채는 여자 노비들의 숙소로 마루가 없이 모두 온돌방으로 구성되며 마당 전체가 부엌으로 사용할 수 있도록 고려하였다.

안대청은 2칸×2칸 규모인 데 비해 사랑대청은 2칸으로 작다. 동쪽에 군자정(君子亭)이 있기 때문이다.

조선중기에 지은 군자정(君子亭)은 누각 형식의 丁자형 별당이다. 서쪽에는 일렬로 4칸 방들을 구획했고, 동쪽에는 2칸×2칸의 누마루를 두어 정원과 집 앞을 흐르는 낙동강을 감상할 수 있도록 하였다. 건물 주위로 쪽마루를 내고 계자난간을 두룬 주택별당으로서는 최상의 건물이다. 누마루를 완전히 개방하지 않고 모두 판문을 달아 외부로부터 프라이버시를 유지했다.

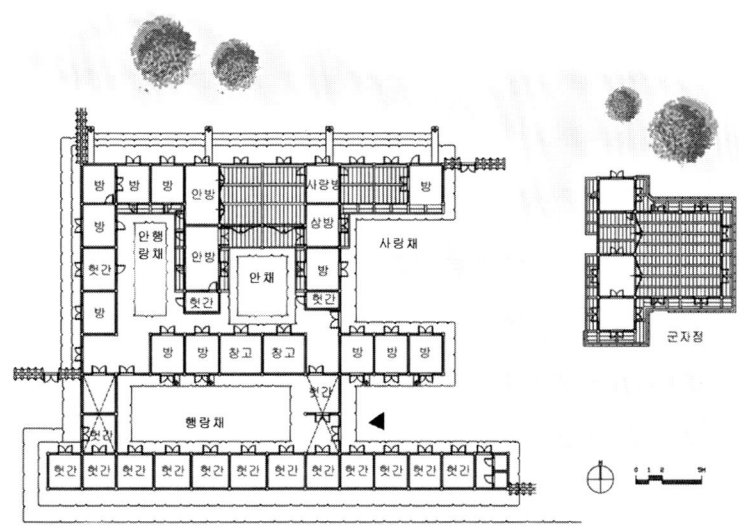

〈그림15〉 안동 임청각

3) 결합형 주택의 사랑채 배치

건축은 여러 가지 방법으로 영역을 결정해간다. 가장 완곡한 방법인 폐쇄를 통하기도 하고(집중형), 폐쇄하지 않고 연속시켜 영역이 애매하지만 오히려 이것이 매력을 가지며 공간을 더욱 효율적으로 이끌기도 한다(결합형). 우리나라 전국에 분포하는 '결합형'은 폐쇄적인 산곡간 집과 개방적인 평야 집이 절충된 형태로, ㅁ자형에 비해 구조적으로 짓기가 수월하고 통풍과 채광이 유리하지만, 행태적으로 내외(內外) 영역이 애매하여 유교 덕목이 반영된 표준적인 주거를 이루려는 상류 계층에서는 여러 가지 보완이 요구되었다. 물론 한국전통주택에서 안마당과 마루는 남녀간·세대간 프라이버시를 유지시키지만 외부인이 들어오는 사랑채에서는 좀 더 명확한 영역의 조절이 절실하였다.

'결합형'(53%, 330/625)의 가옥유형은 크게 튼ㅁ자형(60%, 199/330)·튼날개형(17%, 57/330)·튼ㄷ자형(23%, 74/330)으로, 집중형보다는 덜 엄격하지만 사랑채 배치에 일정한 규칙이 내재한다. 튼ㅁ자형은 전국에 고루 분포하는데, 경북 지역으로 갈수록 튼날개형이, 전라도 지역으로 갈수록 튼ㄷ자형이 많다. 사랑채와 안채의 연결은 다양하여 공간 연결이 풍부하다. 경상도와 경기·충청도에서는 연결형·분리형, 전라도에서는 분리형, 강원도에서는 연결형이 많다. 즉, 더운 지역일수록 분산되고 추운 지역일수록 집중되는 지역성이 표출된다.

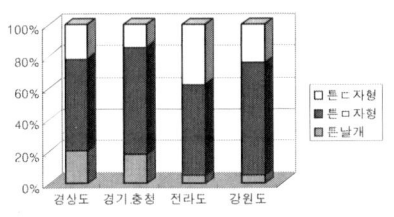

〈그림16〉 결합형 주택 구성

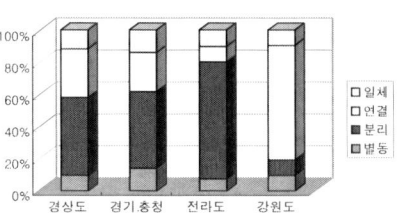

〈그림17〉 결합형 사랑채의 연결 상태

<표5> 결합형 주택에서 사랑채 위치

지역	가옥형	일체형				연결형				분리형				별동형			
		측면	전면	모서리	날개	측면	전면	모서리	날개	측면	전면	모서리	날개	측면	전면	모서리	날개
경상도 (219)	튼ㄷ자형	11	·	·	1	3	4	·	1	5	21	·	·	1	·	·	·
	튼ㅁ자형	6	1	2	·	2	16	10	1	7	46	10	10	10	5	1	·
	튼날개	·	·	·	5	5	6	·	18	1	2	·	4	·	1	1	2
경기· 충청도 (50)	튼ㄷ자형	1	·	·	1	·	1	·	·	1	2	·	·	·	·	·	1
	튼ㅁ자형	3	·	·	·	2	4	1	1	4	9	6	·	1	3	·	·
	튼날개	·	·	1	1	·	2	·	1	·	·	1	1	·	·	·	2
전라도 (40)	튼ㄷ자형	·	·	·	·	·	·	·	·	3	9	·	·	·	·	·	·
	튼ㅁ자형	4	·	·	·	1	1	·	·	5	12	·	·	3	·	·	·
	튼날개	·	·	·	·	·	·	1	1	·	·	·	·	·	·	·	·
강원도 (21)	튼ㄷ자형	·	1	·	·	·	·	·	·	·	1	·	·	·	1	·	·
	튼ㅁ자형	1	·	·	·	·	4	9	·	·	1	·	·	1	·	·	·
	튼날개	·	·	·	·	·	1	·	·	·	·	·	·	·	·	·	·
합계 (330)		26	2	3	8	14	40	20	23	26	103	17	15	16	9	2	5
		39				97				161				33			

(1) 일체형 사랑채

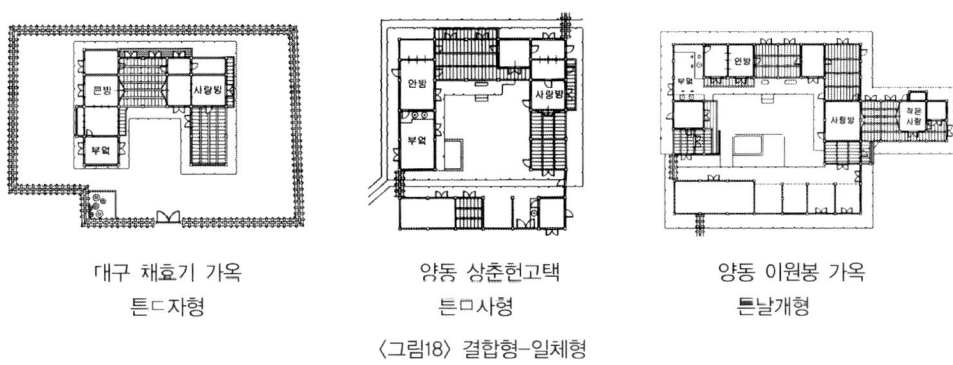

| 대구 채효기 가옥 | 양동 상춘헌고택 | 양동 이원봉 가옥 |
| 튼ㄷ자형 | 튼ㅁ자형 | 튼날개형 |

<그림18> 결합형-일체형

결합형에서 사랑채가 안채와 한 동을 이루는 '일체형'은 전체의 12%(39/330)로 적다. 안채와 사랑채가 근접하여 남녀유별에 부적합하여, 중류 계층이나 작은 규모에서만 지어졌다. 하지만 좁은 공간에서도 사랑방에서 안채로 바로 통하지 못하도록 과정적인 공간을 두었고, 좌향을 달리하여 진입동선을 분리하였다.

일체형에서 사랑채 위치는 ㄷ·ㄱ·ㅡ자형의 안채 일부에 구성되는 경우와 안채에 날개가 덧달린 경우로 대별된다. 전자는 안채와 사랑채가 한 동에 구성되어 남녀유별이라는 이상적인 주거상에 적합하지 못하고 영역 구분이 애매한데도 등장하는 이유는 첫째, 경제력과 신분이 낮은 거주자의 주택인 경우 둘째, 지역적으로 남부지방에서 머리방을 사랑채로 쓰는 경우6) 셋째, 분가(分家)할 때 지어진 건물로 완성형에 이르는 과정적인 경우7) 넷째, 근대화로 내외법 개념이 약화된 경우에 등장한다. 이때의 사랑채는 공간의 제약으로 규모가 작고 마루가 없는 경우도 있다. 후자는 대규모 저택(안동 임청각, 고성 이씨종택, 화성 정용채 가옥)에서 등장한다. 이때는 한 동으로 인한 남녀분리는 문제되지 않고 오히려 채가 영역과 마당을 구분하는 데 효율적으로 이용되었다.

　　가옥형별로 살펴보면 '튼ㄷ자형'은 사랑채의 규모가 작고 프라이버시도 떨어져 대체로 중류 이하 계층이 거주한다. 그렇지만 안채와 안마당을 외부로부터 보호하기 위해 담을 두르고 출입문 위치 선정에 신중하였다. '튼ㅁ자형'에서는 안채가 '중부형'·'영남형'인가에 따라 안방과 사랑방의 근접 정도가 다르고 '영동형' 안채에서는 구성되지 않아, 안채 구성과 상관관계가 깊다. 사랑채는 방 하나에서 복잡한 구성까지 두루 나타난다. '튼날개형'에서 사랑채는 상당한 분화를 이루어 안채로부터 독립된 생활이 가능하다. 사랑마당은 안마당과 분리될 뿐만 아니라 어느 정도 위요된다. 모든 유형에서 사랑공간은 남녀분리의 효율성과 좌향·진입·시선차단을 위해 대부분 몸채의 측면에 배치되고 사랑마당도 측면에 위치한다.

---

6) 남도지방의 중농·소농계층의 주택에는 관행적으로 상당히 큰 집까지도 사랑채를 따로 마련하지 않고 안채 머리간 부분에 사랑공간을 설정하기도 한다. 건넌방이 사랑방으로 전용되어 그 머리간에 사랑마루를 시설하여 사랑공간의 출입은 측면으로 유도한다.
7) 이상적인 주거형태인 ㅁ자형을 처음부터 완성시키기도 하고, ㅁ자형에 간을 덧붙여 날개형을 이루거나 ㅁ자형에 못 미치는 과정적 형태인 ㅡ·ㄱ·ㅁ자형 안채만 먼저 구성하기도 한다.

● 양동 상춘헌고택(賞春軒古宅, 중요민속자료 제75호) :
　경상북도 경주시 강동면 양동리 216

　양동마을 안쪽에 자리한 이 가옥은 조선 영조 6년(1730)경에 건립되었다. 전체 배치는 ㄷ자형 안채·사랑채에 一자형 행랑채가 연결된 튼ㅁ자형이다. ㄷ자형에서 안채와 사랑채는 안대청을 사이에 두고 좌우 대칭적으로 구성되었다. 이같은 사랑채의 위치는 대지의 상황을 고려하여 진입시 사랑채를 정면으로 부각시키기 위함이다. 그리고 내부적으로는 남녀유별을 유지하기 위해 사랑채에서 안채로 바로 통할 수 없게 여러 실을 두었다. 따라서 중부형 안채지만 건넌방으로 인해 안뜰에서 대청의 정면성은 깨어진다.

　사랑채는 1칸 사랑방의 들분합문을 열 경우 2칸 마루와 3칸의 통간을 이루고, 사랑마당 역시 측면에 구성된다. 사랑마당 한쪽 경사지에는 3단의 화계를 조성하고 <상춘대>라 이름 붙여 운치를 더한다.

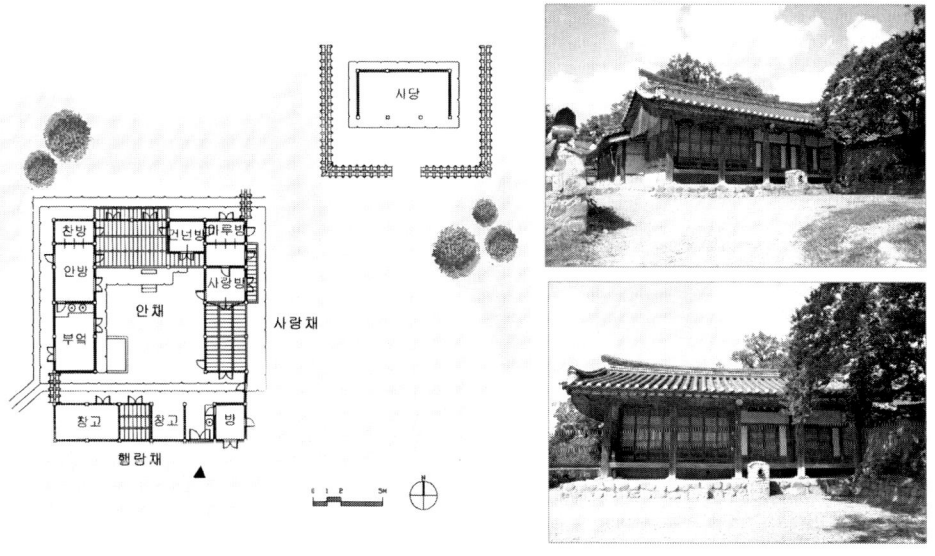

〈그림19〉 양동 상춘헌고택

(2) 연결형 사랑채

결합형에서 안채와 사랑채가 담으로 이어진 '연결형'은 29%(97/330)로, 분산성향이 짙은 전라도를 제외한 전국에 분포한다. 연결형은 첫째, 구조적으로 안채와 사랑채가 분리되어 남녀유별에 적합하고 둘째, ㅁ자형 조영시 수반되어야 하는 기술·경제문제로부터 해방되면서도 안마당이 넓어 채광과 통풍에 유리하다. 셋째, 담으로 채를 연결해 안마당을 외부로부터 폐쇄시켜 상류 계층의 요구를 충족시킨다. 즉 구조적으로 분동의 이점을 최대한 살리고 행태적으로 유교적 폐쇄성을 유지한 형이다.

가옥형은 一·ㄱ·ㄷ자형 안채와 사랑채가 서로 결합하여 형태가 다채롭고, 그 사이에 구성된 중문간의 위치에 따라 동선과 시계가 다양해진다. 사랑채는 보통 중문간에 인접하여 안채 출입을 통제한다.

가옥형별로 '튼ㄷ자형'은 집 모양 자체가 이미 트여 굳이 연결할 필요성이 적고 프라이버시도 좋지 않은 민가와 유사한 주택으로 실례가 적다. '튼ㅁ자형'은 구조의 효율성과 행태 규범의 적합성으로 전국에 분포한다. 사대부가 많은 경상도와 경기·충청도에서는 안채의 프라이버시 유지를 위해, 강원도에서는 추운 날씨에 적합하여 선호되었지만, 전라도에서는 드물다. '튼날개형'은 대부분 경상도에 분포하는데, 날개부분이 전면 혹은 측면에 위치하고 겹집으로도 구성되며 사랑대청에서의 조망은 외부로 자유롭다.

사랑채는 안채와 안마당만큼의 간격을 유지하고, 사랑마루에서 안채로 시선이 연결되지 않도록 신경을 섰다. 위치는 측면·전면·모서리 중 전면형이 가장 많다. 측면형은 안채와 사랑채간의 물리적 거리가 가까워서 남녀유별에 불리하여 ㄱ자형 안채일 때만 구성된다. 모서리형은 중규모로 ㅁ자형이 많은 경상도·강원도에만 분포한다. 전면형은 규모도 다양하고 실례도 많다. 이는 안채 형태가 ㄷ·ㄱ·一자형으로 다양하여도 별 무리가 없고, 안채를 외부로부터 가리면서 동시에 진입시 사랑채의 정면으로 인지성과 위계를 획득할 수 있기 때문이다. 날개의 위치는 전면이 많지만 채에 의해 측면에도 위치하며 별도의 지붕을 구성하는 경우도 있다.

봉화 홍의상 가옥
튼ㄷ자형

양동 수졸당
튼ㅁ자형

양동 낙선당
튼날개형

〈그림20〉 결합형-연결형

● 하회 하동고택(河東古宅, 중요민속자료 제177호) :
  경상북도 안동시 풍천면 하회 739-2

하회의 남촌과 북촌을 가르는 길가에 자리한 주택으로 헌종 2년(1836)에 지었다. ㄷ자형 안채가 一자형 사랑채, 一자형 문간채와 담으로 연결되어 튼ㅁ자형을 이룬다. 각 채는 별채지만 안마당은 위요되고 동선은 중문간-안마당-안대청으로 이어져 중축이 강하게 부각된다. 안채는 '중부형' 구성으로 안방에서 꺾이어 대청과 건넌방이 일렬로 배치하고, 건넌방 앞에는 1칸 작은마루와 다시 작은사랑방을 두어 아들이 거주하게 한 부분이 특이하다. 안채와 대각선상인 오른날개의 사랑채는, 2칸 사랑방을 분리하여 큰사랑방에는 할아버지 중간방에는 손자가 거주하고 그 옆으로 2칸 사랑대청을 놓아 사이의 사분합문을 열면 하나의 큰 공간을 이룬다. 왼날개의 문간채는 대문·광·헛간으로 구성된다. 문간채는 맞배지붕이지만 사랑채는 팔작지붕으로 위계차를 두었다.

접객 공간은 사랑채로 한정되고 뒷부분의 안채 영역을 자연스럽게 가린다. 손님의 격에 따라 접대에 차이를 두었고, 장기간 머무르는 손님은 큰사랑방에서 주인과 같이 잠을 잤으며, 바둑과 골패를 즐겨하였다. 행랑채 청지기방에 노비들이 거주하여 사랑채의 일을 거들었다. 종가인 양진당에 가서 큰제사를 드리므로 사당은 구성하지 않았다.

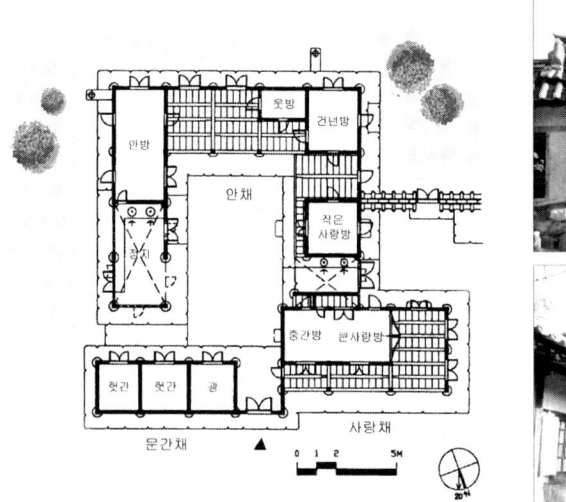

〈그림21〉 하회 하동고택

(3) 분리형 사랑채

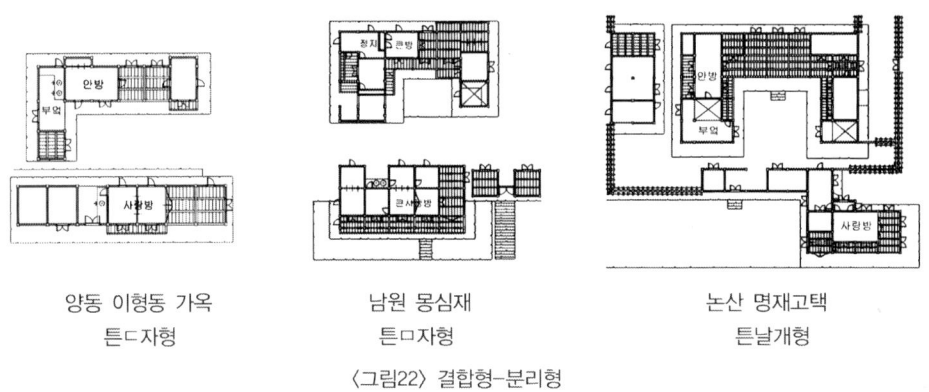

양동 이형동 가옥
튼ㄷ자형

남원 몽심재
튼ㅁ자형

논산 명재고택
튼날개형

〈그림22〉 결합형-분리형

    안채와 사랑채가 별동으로 구성된 '분리형'은 결합형 실례의 절반인 49%(161/330)이다. 이같은 분리형의 높은 선호는 첫째, 안채와 사랑채가 별동으로 남녀유별을 이루면서도 둘째, 기후·대지크기·주의식에 따라 채간의 폐합도

78 • 한국의 사랑채

를 달리할 수 있고 셋째, 경사지가 많은 우리나라 지형에서 단 차이를 극복할 수 있으며 넷째, 사랑채 자체가 담처럼 마당과 영역을 가르며 안마당을 한정지어 사대부가와 같은 폐쇄성을 유지할 수 있기 때문이다. 안채 출입은 중문간을 통하지만 채 사이로도 이루어져, 다변화된 동선으로 정면성·프라이버시가 깨어지기 쉽다. 또한 같은 분리형이라도 채의 형태와 간격, 대지 단차로 인해 안마당 공간이 다르다. 따라서 외부로부터 안채를 보호하기 위해 단 차이를 이용하거나(남원 몽심재), 사랑채 출입구를 별도로 두고(문경 김정훈 가옥), 사랑마당을 담으로 구획(달성 문정기 가옥)하여, 시계와 동선을 조절하였다.

가옥형별로 '튼ㄷ자형'은 남부 지역인 경상도와 전라도에 주로 분포한다. ㅁ자형으로 변화하는 과정일 수도 있지만, 진입 방향에 따라서는 ㅁ자형처럼 폐쇄성을 유지한다. '튼ㅁ자형'은 전국에 고루 분포하고 추운 강원도에서만 실례가 적다. 각 지역별 안채 형태(ㅁ·ㄷ·ㄱ·一자형)와 구성(중부형·영남형·호남형)에 따라 사랑채의 배치가 다양하다. '튼날개형'은 대부분 경상도에 분포하고, 날개 위치가 전면일 경우는 ☐자형으로 사랑마당과 안마당 영역이 앞뒤로 나뉘고, 후면일 경우는 ☐☐자형으로 좌우로 분리된다. 지역적으로 경상도에서는 ㅁ자형 안마당을 유지하면서 출입은 중축으로 이루어지지만, 전라도에서는 안채와 사랑채가 멀찍이 떨어져 안마당의 느낌이 다르고 채 사이로도 진입한다. 그리고 같은 경상도라도 안동권-경주권-진주·상주권으로 갈수록 분산적이다.

분리형에서 사랑채 위치는 전면형이 대부분이다. 이는 안채가 ㄷ·ㄱ·一자형의 어떤 형태라도 대응이 가능하고, 진입시 사랑채 전면이 부각되어 위계도 쉽게 살리며, 담으로 구획하지 않더라도 효율적으로 안채를 가리기 때문이다. 프라이버시가 떨어지는 측면형은 안채가 ㄱ·一자형인 대체로 작은 규모에서 나타나고, 모서리형은 안채와 사랑채가 ㄴ+ㄱ자의 대칭형으로 등장하고, 경상도와 경기·충청도에 분포한다.

● 홈실 남원죽산박씨종가(南原竹山朴氏宗家, 시도유형문화재 제180호) :
전라북도 남원시 수지면 호곡리 270-1

　급한 경사지에 자리한 홈실마을의 종가로 안채는 1841년에 지어졌고, 사랑채는 18세기 말로 추정된다. 주택은 불천위와 4대조를 모신 2개의 별묘가 집에서 가장 높은 곳에 자리하여 위계적 구성을 이룬다. 이 마을의 전형인 ㄷ자형 안채와 一자형 사랑채가 멀찍이 배치되어, 안마당은 넓고 개방적이지만 단 차이로 외부 시선은 완벽하게 차단된다.

　전면 5칸 ㄷ자형 안채는 '호남형'으로 마루 전면에 창호가 달리고 큰 정지에 정지방이 구성되며, 큰방에는 안주인이 작은방에는 큰아들과 며느리가 생활하였다. 보통 한 집에 3~4대가 거주하므로 사랑채는 대청을 제외한 3개 이상의 방이 필요하다고 한다. 사랑채는 간살이 작은 4칸 규모로 오른쪽으로부터 대청·사랑큰방·사랑작은방·청지기방을 두었다. 사랑큰방에는 할아버지, 사랑작은방에는 결혼 안한 아들이 거주하고, 청지기방은 가족 주기에 따라 손자가 사용하여 세대별 구분을 확실히 하였다. 손님도 연령에 따라 구분하여 모셨다.

　사당제는 별묘에서, 기제사는 안대청에서 행사되어 비일상시 안채까지 개방된다. 제례보다 손님이 많이 오는 상례시 빈소는 대체로 본인이 거처하는 방으로 남자는 사랑채, 여자는 안채, 별채가 있을 경우 별채를 이용하여 성별로 경계 영역을 구분하였다.

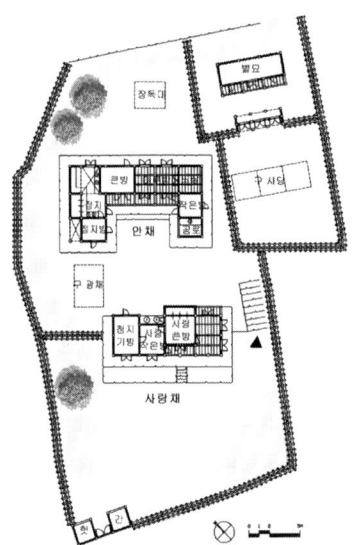

〈그림23〉 홈실 남원죽산박씨종가

(4) 별동형 사랑채

강릉 상임경당
튼ㄷ자형

유곡 안동권씨종가
튼ㅁ자형
〈그림24〉 결합형-별동형

대산동 교리댁
튼날개형

몸채와 멀찍이 떨어져 별채를 구성한 '별동형'은 규범적으로 상류 계층 중에서도 학덕과 경제력을 갖춘 경우에만 건립할 수 있어서 실례가 10%(33/330)로 적다. 몸채에 이미 사랑채가 구성되어 일상생활을 영위하는 데는 별 무리가 없으므로 별동은 집집마다 독자적인 기능—별당·서재·제청—을 가지며 형태·위치도 다양하다. 상류주택에서 결합형은 내외의 구분이 명확하지 않아 손님 접대를 위한 별도의 공간이 필요하였다.

가옥형별로 '튼ㄷ자형'은 계층적으로 낮은 거주자가 살고 증축할 수 있는 여지가 남아 있어서 별동을 건립하는 경우는 드물다. 대부분은 '튼ㅁ자형'에서 별동을 구성하였는데, 몸채는 ㅁ자형을 유지하고 부족한 공간은 별동으로 해결하였다. '튼날개형'은 날개형이 많이 지어진 경상도에서만 분포한다. 집중형과는 달리 몸채 주변도 여러 영역으로 분리한다.

● **영천 정용준(鄭容俊) 가옥(중요민속자료 제107호) :**
   경상북도 영천시 임고면 선원리 131

영일정씨(迎日鄭氏俊) 세거지(世居地)인 선원동에는 10채의 고가(古家)들이 산재해 있다. 1725년에 세운 이 집은 튼ㅁ자형으로 ㄱ자형 안채, ㅡ자형 사랑채, ㅡ자형 부속채가 연결되어 넓은 안마당을 구성한다. 그리고 집 앞 북쪽으로 50m 떨어진 개울가에 정자인 연정(蓮亭)이 있다.

사랑채는 중문의 좌우에 큰사랑채와 작은사랑채를 구성하였다. 큰사랑채는 서재·큰사랑방·사랑마루의 구성으로, 사랑마루에는 분합문을 달아 마루방 같이 꾸미고 쪽마루에 난간을 설치하였다. 작은사랑채는 벽감을 설치한 작은사랑마루와 작은사랑방이 있다. 기제사는 신주를 꺼내어 큰사랑마루에서 지내고, 차사는 제관이 여러 명 참석하기에 안마루에서 행사되기도 한다. 빈소는 사용하던 방을 원칙으로 하였다. 일반적으로 손님은 큰사랑에서 접대하지만 규모가 작아 연정을 더 많이 이용하였고, 또한 글을 배우고 가르치는 장소로도 사용하였다.

별당인 연정(蓮亭)은 정면 3칸, 측면 3칸의 ㄱ자형으로, 앞으로 돌아 흐르는 계류는 인공을 가하지 않은 자연스러운 연못을 형성하였다. 당시 정자는 학덕과 자손이 재력이 있어야 지을 수 있었고, 돈만 있다고 함부로 지을 수는 없었다. 이 마을에서 피난간 종가인 삼매동 정재영 가옥은 ㅁ자형을 구성하지만 거리를 두고 별당인 산수정(山水亭)을 건립한 것은 동일하다.

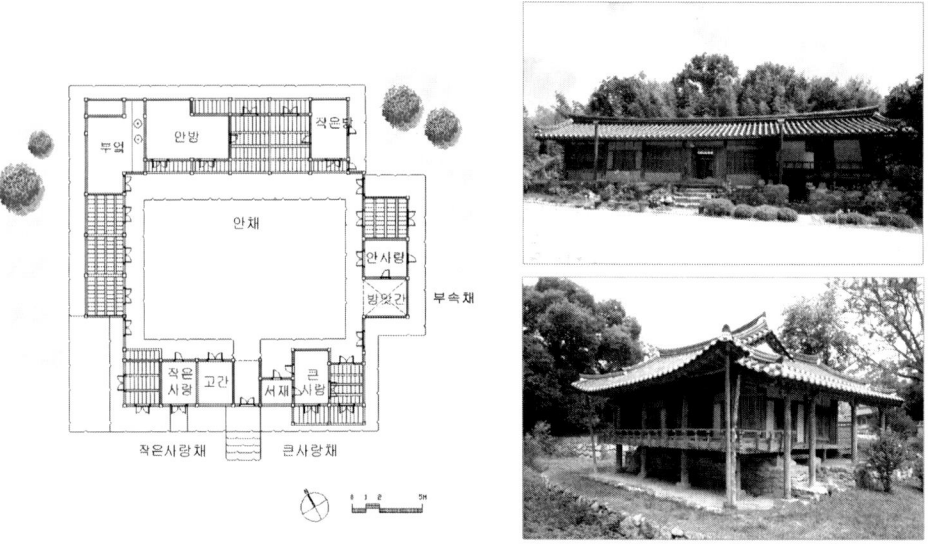

〈그림25〉 영천 정용준 가옥

4) 분산형 주택의 사랑채 배치

안채와 사랑채가 분리된 '분산형'(16%, 101/625)은 평야에 적합한 개방적인 배치이다. 가옥형은 크게 二·--·⁻_자형으로, 안채와 사랑채의 영역이 앞뒤로 구분되는 직렬형(二), 좌우로 나뉘는 병렬형(--),[8] 그리고 일정한 형태가 없는 산개형(⁻_)이 있다. 이 유형의 안채와 사랑채는 별채로 물리적 거리는 멀지만 시각적으로 트여 시선 차단을 고려하였다. 부녀유폐를 추구하는 상류주택에서 시각적 트임은 부적함에도 불구하고 기후 요인과 대지 형태로 인해 더러 구성되었다. 그래서 배치시 시선 차단을 위해 대지 형태, 안채 형태, 진입로 선정에 신중하였다. 안마당은 대부분 전면이나 측면이 트여 넉넉한 시야를 확보하고, 사랑채는 전체적으로 자유롭게 배치하며 실구성은 간략화된 순수형이 많다. 지역적으로 전라도와 경상남도에 많이 분포하는데 같은 남부지역이라도 유형차를 가진다.

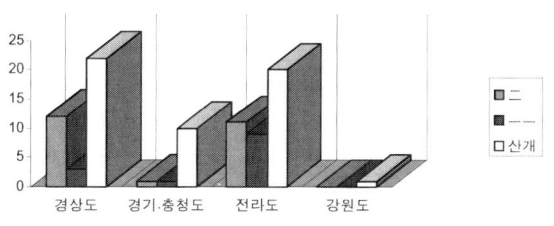

〈그림26〉 분산형 주택 구성

---

[8] 김광언, 「조선의 주거풍속」, 대한건축학회논문집, 33권 2호, 1983 : 대지에 따라서도 남북이 긴 장방형의 경우 사랑채는 전면에 안채는 후면에 배치하고 동서가 길면 사랑채는 동쪽 안채는 서쪽에 두는 것이 일반적인 배치방법이다.

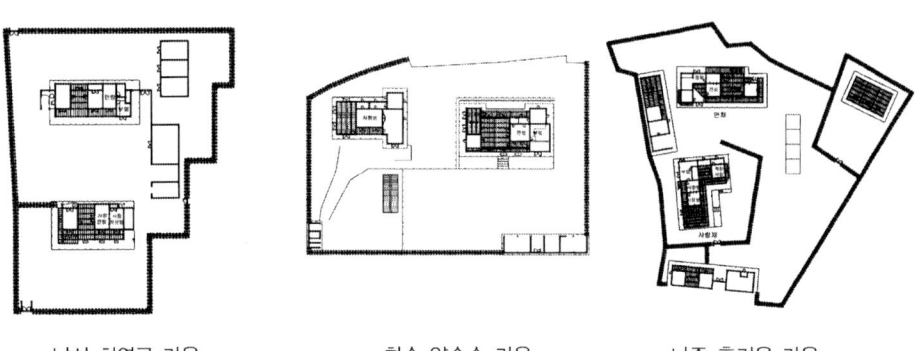

남사 하영국 가옥	화순 양승수 가옥	나주 홍기응 가옥
二자형(직렬형)	―자형(병렬형)	ㅡ_자형(산개형)

〈그림27〉 분산형-분리형 구성

〈표6〉 분산형 안채 유형

가옥형	二자형(직렬형)				―자형(병렬형)				ㅡ자형(산개형)				합계
안채형태\지역	경상도	경기충청	전라도	강원도	경상도	경기충청	전라도	강원도	경상도	경기충청	전라도	강원도	
ㄷ	·	·	·	1	·	1	3	·	·	2	3	·	10
ㄱ	2	1	3	1	1	·	1	·	2	7	2	·	20
ㅡ	12	1	11	·	3	·	5	·	22	·	16	·	70
합계	32				14				54				100

(1) 분리형

직렬형

직렬형(二)은 세로로 긴 부지에 사랑채가 전면에, 안채가 후면에 위치하는 유형으로 대부분 경상도·전라도에 분포한다. 영역이 앞뒤로 분리되어 사랑채로 인해 안채가 자연스럽게 가려지고, 적은 채로 영역을 쉽게 구분할 수 있어서 부농층에서 많이 채용하였다. 진입시 외부로부터 안채로 향하는 시선을 차단하기 위해 사랑채에 중문간을 두지 않고 우회하여 안채로 진입하게 하고, 차면담과 수목으로 막으며, 주택에 따라서는 안채와 사랑채로 들어가는 출입문을 분리하기도 한다. 그리고 사랑대청 뒷부분을 막거나 고방을 두어 시선 차단을 고려하였다.

● 나주 홍기헌(洪起憲) 가옥(중요민속자료 제165호) :
　전라남도 나주시 다도면 풍산리 198

　조선후기 부농 주택의 전형으로 대문채, 사랑채, 안채가 서향한 직선축상에 일렬로 배치되어 진입시 자연스럽게 안채가 가려진다. 사랑채는 영조 8년(1737)경에 안채와 문간채는 1910년에 지은 것이다. 안채는 6칸 앞뒤퇴집으로 정지가 발달한 호남형 구성이며, 전면 기둥은 두리기둥이다. 안마당은 좌우가 트여 넓게 사용된다.

　사랑채는 앞뒤에 퇴간을 둔 5칸으로 모방(정지방)이 있고, 대청이 측면에 위치하여 시선이 확장되지만 후면에는 고방을 두어 안채로 향하는 시선은 차단한다. 기둥머리는 당초무늬를 새긴 보아지를 끼우고 두공을 맞춤했으며 주두의 소로를 얹었고, 집의 뼈대도 대단히 장식적이어서 건축당시 위법 건물로 지적되었다고 전한다.

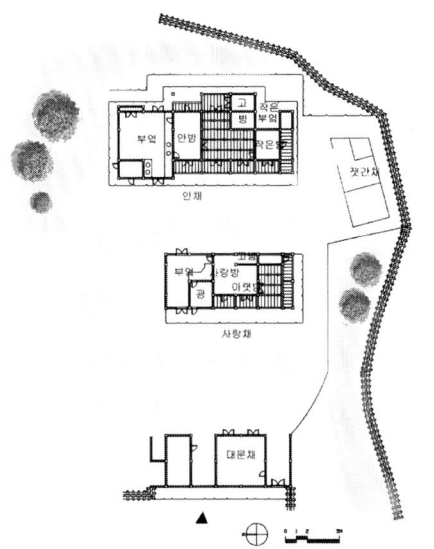

〈그림28〉 나주 홍기헌 가옥

병렬형

　병렬형(--)은 가로가 긴 부지에서 안채와 사랑채가 좌우로 구성된 유형으로, 전라도에 많이 분포한다. 넓은 대지로 안채와 사랑채의 물리적 거리는 멀지만 시선 차단까지는 힘들다. 따라서 영역별 프라이버시를 위해 첫째, 안채나 사랑채 형태를 곡가형으로 서로의 시선을 차단하고 둘째, 안채와 사랑채 사이에 부속채나 담을 두고 셋째, 사랑마루를 안채 반대편으로 구성하여 시선을 차단한다.

안채는 一자형이 다수지만 직렬형(二)에 비해서는 곡가형이 많다. 곡가형은 안마당을 위요하면서 동시에 사랑채로부터 시선 차단에도 용이하기 때문이다. 출입은 사랑마당을 거쳐 안마당에 진입하도록 하였고 때로는 출입문을 분리하기도 하였다.

- **화순 양승수(梁承壽) 가옥(중요민속자료 제154호) :**
  전라남도 화순군 도곡면 월곡리 572-1

19세기에 지어진 집으로 넓은 대지에 사랑채와 안채가 좌우로 나란한 병렬 배치이다. 공간 짜임새는 자유분방한 토호의 주택으로 부속 건물들이 중간에 헐렸을 가능성도 있다. 안채와 사랑채는 물리적으로 꽤 떨어져 있고 시각적 트임은 채 모양으로 해결하였다.

안채는 겹집 몸채에 양 끝 반 칸씩이 돌출된 H자형으로, 부엌 뒤에 부엌방과 큰방 뒤에 골방을 두고 머리간에는 갓방과 갓대청을 배치하였다. 대청의 칸 사이가 길어 구조를 긴보 5량으로 처리하였고 대청 전면에는 판장문을 단 고식기법이 남아 있다. 사랑채는 丁자형으로 건물 자체로 안채로부터 사랑 영역으로 한정하고, 사랑대청은 4분합문을 달았지만 안채 반대편으로 두어 자유롭게 외부를 조망하게 하였다.

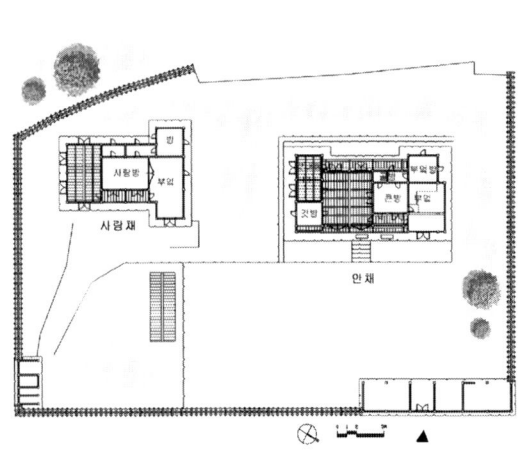

〈그림29〉 화순 양승수 가옥

산개형

　산개형(¯_)은 보통 부정형의 대지에 안채와 사랑채가 명확한 틀 없이 배치된 유형이다. 산개형은 굴곡이 많은 대지 형태의 결과물이기도 하고, 채와 담 주변 부속 시설 등이 없어진 잔존 형태인 경우도 있다. 산개형에서는 안채와 사랑채의 물리적·시각적 거리에 일관성이 없어서 대규모 주택에서는 영역 구분을 위해 첫째, 담을 두거나 둘째, 부속채를 건립하고 셋째, 경사지의 단차를 이용하였다. 전라도 지역에는 산개형이 많아 자유분방한 주의식을 드러낸다. 안채는 지역성을 반영하여 경상도와 전라도에서는 一자형이, 경기·충청도에서는 ㄱ자형이 많이 지어졌다.

●장흥 위성룡(魏成龍) 가옥(시도민속자료 제6호) :
　전라남도 장흥군 관산읍 방촌리 477

　조선후기 실학의 거장 존재 위백규(魏伯珪)가 나온 장흥 방촌마을에 자리한 이 주택은 전체적으로 동남향이고, 안채·사랑채·헛간·곳간채·사당이 자유롭게 배치되어 있다. 원래 집구성에서 4채가 없어진 상태로 현재 천관사 칠사당도 이 집에서 뜯어낸 부재로 지었다고 한다. 1910년대에 지어진 안채와 사랑채는 땅의 높낮이에 따라 여러 단으로 오르게 하고 따로 담과 사립문으로 진입공간을 구분했다. 사당은 안채의 오른쪽 가장 높은 지대에 자리하며 주변에 감나무와 대나무가 어우러져 자연의 정취가 흠뻑 배어들어 있다.

　안채는 6칸 '호남형'으로 정지가 발달하였고, 사랑채는 앞뒤로 퇴를 둔 4칸 겹집으로 측면은 2칸이지만 차양이 있어 거의 3칸 규모이다. 사랑채는 안마당 아래쪽 좌측에 배치하고 돌과 나무와 물을 이용한 정원은 선비의 정취를 물씬 풍기며, 누마루에서 연못을 바라볼 수 있게 하였다. 연못물은 맑아서 사람들이 비칠 정도였고 사랑채 안은 그림으로 치장되어 불을 안 켜도 훤했다고 한다. 대부분 사랑 공간에서 손님 접대를 하였고, 방 한 칸에는 일꾼들이 거주해 여러 허드렛일을 도왔다. 따라서 큰아들은 안채의 작은방에서 기거했다. 사랑마당은 정적 공간이지만 안마당은 결혼식 등이 이루어지고 그 옆에 비워진 넓은 공간에서 여러 농사일을 하였다.

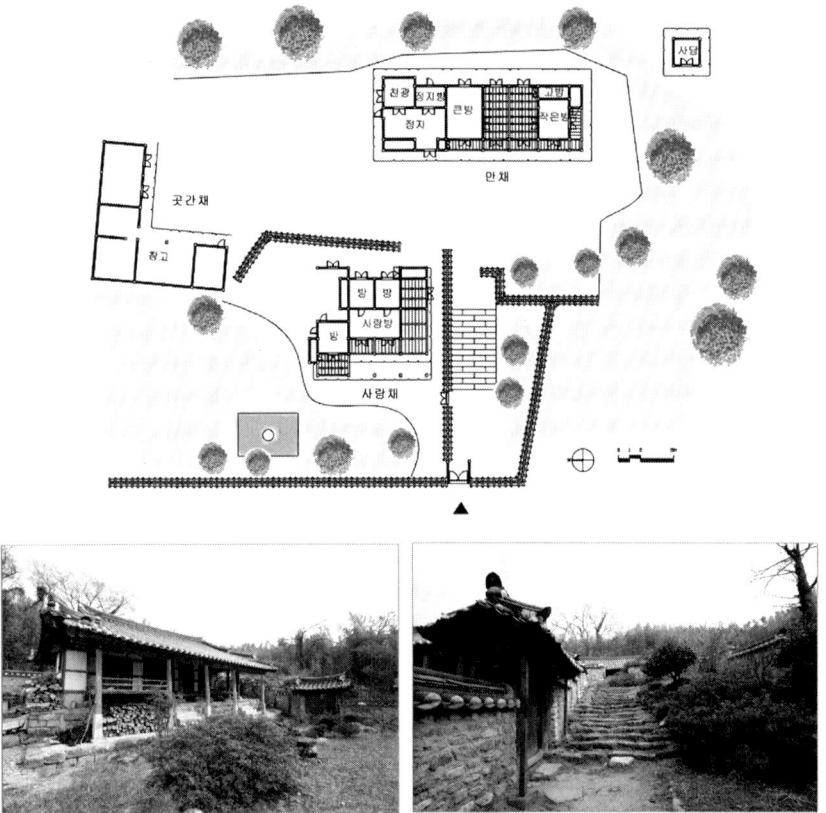

〈그림30〉 장흥 위성룡 가옥

2. 사랑채 구성

1) 분류의 기준

안채가 '중부형'·'영남형' 구성에 따라 주의식·주생활이 크게 다른 것을 감안한다면, 사랑채 역시 구성에 따른 차이를 미루어 짐작할 수 있다. 앞에서 가옥형과 안채 유형에 따른 사랑채 배치를 살펴보았고, 여기에서는 '사랑채 구성'에 집중하여 고찰한다.

〈표7〉 사랑채 구성 유형분류

대상주택	반 가			
건립연대	조선 전기 ←———————→ 조선 후기			
계 층	중 류 ←———————→ 상 류			
분화정도	기본형	일반형	분화형	
실 구 성	방	측면마루형 중앙마루형 모마루형	방 모방형 뒷방형 측방형 건넌방형	누마루 측면돌출형 전면돌출형 모마루형
기 능	혼용	혼용	생활·접객·의례	

사랑채에서 이루어지는 생활은 단실에서도 영위되지만 조선 전기보다는 후기가, 중류 계층보다는 상류 계층이, 지가(支家)보다는 종가의 사랑채가 기능별로 분화되어 독자적인 영역을 확보한다. 그래서 사랑채 분화 정도에 따라 기본형·

일반형·분화형으로 분류하였다. 사랑방만으로 이루어진 '기본형'과 사랑방과 사랑마루가 결합되어 어느 정도 안채에서 독립된 기능을 확보하는 '일반형', 여기에 책방·침방·청지기방·감실·누마루 등의 실이 분화하거나 별동의 채가 분리한 것을 '분화형'으로 구분하였다.9)

사랑방만으로 이루어진 '기본형'은 중류주택과 민가에서 구성되었다. 다만 강원도에서 추위를 견디기 위해 일부 상류주택에 등장하기도 한다. 이것은 지역 특성에서 다루기로 하고 기본형은 따로 언급하지 않는다.

'일반형' 사랑채는 사랑방과 사랑마루의 구성으로 사랑마루 위치에 따라 측면마루형·중앙마루형·모마루형으로 나눈다. 측면마루형은 방+방+마루 구성으로 방은 한쪽으로 치우쳐 실 간의 프라이버시는 떨어지지만, 마루는 독립된 사회적 공간으로 3면이 외접하여 개방적이다. 중앙마루형은 방+마루+방 구성으로 각 방의 프라이버시가 좋지만, 마루는 방으로 들어가는 동선 공간을 겸하고 1면만 외면하여 개방감은 떨어진다. 모마루형은 방+마루+방이 곡가형(曲家形)으로 구성되어 각 방은 프라이버시를 유지하고 마루는 동선 공간이면서도 2면이 외면하여 조망을 확보하는 중앙마루형과 측면마루형의 중간형이다. 각 유형별 마루의 성격은 배치·규모·벽체의 폐합 정도에 따라 다양해진다. 그리고 일반형 사랑채에서는 여러 기능들이 혼재되어 사용된다.

측면마루형
외면하는 면 : (3)

모마루형
(2)

중앙마루형
(1)

〈그림31〉 일반형 사랑채의 구성

---

9) 최일, 『조선 중기이후 남부지방 중상류주거에 관한 연구』, 서울대학교 박사학위논문, 1989, pp.42~44
 : 사랑채의 실구성은 단일 기능만으로 실이 구성된 단순형과 이에 부속채가 부가된 복합형, 누마루가 첨가된 누마루형으로 3분하고 있다. 그리고 단순형을 대청중앙형, 대청측면형, 직교형으로 나누고 있다.

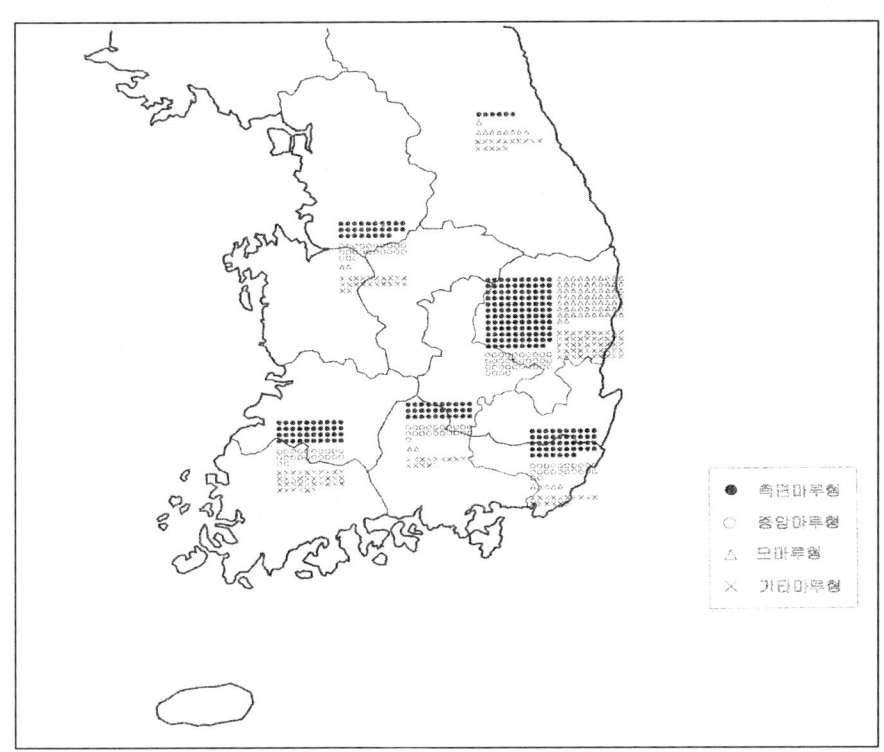

〈그림32〉 사랑마루 유형별 분포

〈표8〉 분화형 사랑채의 구성

방 마루	일반형	분화형			
		모방형	뒷방형	측방형	건넌방형
측면마루형	양동 낙선당	한개 월고택	견지동 윤씨가	홈실 박헌수	
중앙마루형	영광 신호준	양동 이향정	영주 만취당		남사 하영국
모마루형	양동 서백당	묘동 삼가헌		강릉 권씨가	묘동 삼가헌

'분화형' 사랑채는 '일반형' 사랑채(측면마루형·모마루형·중앙마루형)의 특성을 지니면서도, 유형별 특성이 강화되는 개별화와 다른 유형이 중복되는 복합화 양상을 띤다. 이때 사랑방이 분화하면서 모방형·뒷방형·측방형·건넌방형으로 세분된다. '모방형'은 사랑방 옆의 간살이 짧은 방으로 외면하면서 함지아궁이에 근접되고, '뒷방형'은 사랑방 뒷방으로 외부에서는 잘 인식되지 않지만 안채와는 연결이 쉽고, '측방형'은 사랑방 옆방, '건넌방형'은 사랑마루 너머에 방이 구성된 것이다. 그리고 누마루는 크게 전면돌출형·측면돌출형·모서리형으로 나뉜다. 전면돌출형은 3면이 외접하여 독립된 공간을 확보하며 정면성이 뛰어나고, 측면돌출형은 누마루 공간이 대청에 연접되어 독립적이지는 않지만 개방적이고, 모서리형은 앞선 유형들보다 개방성은 떨어지지만 대청과는 독립된 공간을 이룬다.

'분화형' 사랑채에서는 기능별로 생활·접객·의례공간이 명확하게 구분되거나 특정 기능 1~2개가 부각된다. 생활공간(生活空間)으로는 상류주택에서 대가족생활과 사적생활 영위를 위해 작은사랑채, 책방, 서재 등을 구성하고, 접객공간(接客空間)으로는 손님 접대를 위해 풍류적 유희를 즐길 수 있는 누마루나 접객형 별당이 발달하였다. 의례공간(儀禮空間)으로는 감실을 두거나 명문의 종가에서는 불천위 같은 큰제사를 치르기 위해 넓은 제청(祭廳)을 조영하였다.

2) 일반형 사랑채

측면마루형 구성

측면마루형 사랑채는 방+방+마루의 구성으로, 사랑채 중 가장 선호된 유형이며 전국에 분포한다. 측면마루형의 특성은 첫째, 외향적인 구성으로 양적(陽的) 공간을 추구하는 사랑채의 주거관(住居觀)과 부합된다. 주의식에서 안채는 구심적·내부수렴적 구성(凹), 사랑채는 외향적·외부발산적 구성(凸)을 추구하였다. 둘째, 도교적 풍류와도 연계되어 손님 접대에 적합한 유희 공간을 조성한다. 다른 방으로부터 독립되고 3면이 외접하여 개방적인 사랑마루에서 시각 구조는 사랑채-마당-외부세계, 즉 원경(遠景)의 자연 및 사회로 확장된다. 셋째, 방은 방끼리, 마루는 마루끼리 통합되어 작은 규모에서도 실의 쓸모가 높다. 다른 유형에 비해 가로 칸수가 길지 않은 이유이다. 넷째, 부자유친에 적합한 방의 연접으로 모든 기능에 동시적으로 대응된다. 2칸 사랑방 사이에 장지문을 두어 큰사랑·작은사랑으로 구분하지만 언제든지 하나로 통합하여 부자의 긴밀한 관계를 유지하고 넓은 접객공간으로도 사용한다. 이상에서, 측면마루형은 외향적인 특성으로 생활보다는 접객에 적합한 유형이라 할 수 있다.

사랑채에서 측면마루 위치는 남녀구분을 위해 안채와는 최대한 원거리에 배치하여 물리적·시각적으로 차단하고, 접객에 용이하게 외부와 통하는 대문에 근접시키며, 조망이 좋은 곳에 구성하거나 주변에 볼거리를 조성하였다. 측면마루 벽체는 개방되거나, 창호가 있는 판장벽, 창호지문, 들어열개문, 4분합문 등으로 다양하여 조망을 끌어들인다. 창호의 문양은 집안 품격에 맞추어 화려하게 조형하기도 하였다. 측면마루는 외부 조망을 즐기기도 유리하지만 동시에 안채가 보일 가능성도 높아 창호와 담, 수목 등으로 시계를 차단하였다.

● 보성 이용욱(李容郁) 가옥(중요민속자료 제159호) :
　전라남도 보성군 득량면 오봉리 243

조선 헌종 1년(1835) 이재 이진만이 지었다고 전하는 이 집은 넓은 대지에 안채, 사랑채, 곳간채, 행랑채, 중문간채, 아래채가 배치되고 집 앞에 연못을 갖추고 있다. 안채는 당초 초가로 지었으나 퇴락하여 손자인 원암 이방희가 와가로 개축하였고, 솟을대문은 3칸이었던 것을 1940년 원암의 손자인 연암 이진래가 5칸으로 개축하였다. 중문간채와 사랑채의 배치가 약간 어긋나서 대문간채·바깥마당·중문간채-사랑마당·사랑채-안마당·안채-아래채의 4개 영역이 크고 작게 분화되다. 안채는 '오남형' 구성으로 왼쪽부터 작은방, 대청, 큰방, 부엌이 있고 특히 부엌은 간살이 넓고 뒷쪽에 부엌방이 있었다고 하며, 대청의 전면에는 문을 달아 폐쇄적이다.

사랑채는 왼쪽부터 부엌, 사랑방(아랫사랑방), 사랑윗방(갓사랑방), 대청으로 구성된다. 측면마루는 안채의 원거리에 놓이고 후면에 고방을 두어 안채로 향하는 시선을 차단하고 있다. 반면 전면의 넓은 사랑마당 쪽으로는 시야가 넓게 전개된다. 사랑부엌 위치도 아궁이를 관리하고 안사람이 사랑채의 동정을 파악하는 데 요긴하였다. 기제는 안대청에서 행사되어 비일상시에는 안채가 개방되었다.

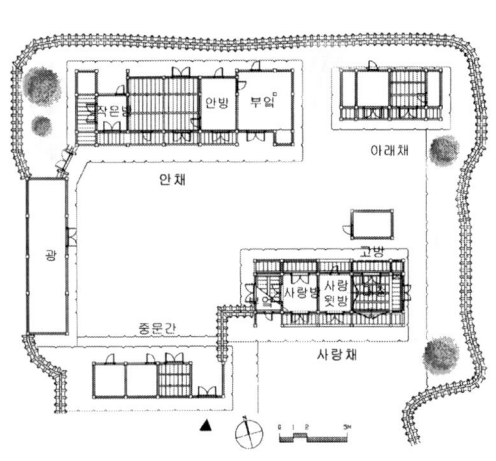

〈그림33〉 보성 이용욱 가옥

중앙마루형 구성

　중앙마루형 사랑채는 방+마루+방의 구성으로 전국에 분포하지만 측면마루형에 비해서는 덜 선호되었다. 중앙마루형의 특성은 첫째, 마루가 부차적인 사회적 공간으로 각 방에 들어가는 동선공간을 겸한다. 둘째, 개인생활과 접객을 원활하게 하기 위해 큰사랑과 작은사랑의 영역이 분리되어 있다. 셋째, 실이 세분되어 작은 규모보다는 큰 규모에 적합하다. 칸수가 최소 4칸에서 최대 7칸까지 길게 구성된다. 안대청은 성스러운 의식 공간이며 시어머니와 며느리 사이에 프라이버시를 유지시켜주지만, 사랑채에서는 부자유친에 따라 아버지와 아들의 공간을 근접시켜 중앙마루의 구성이 적었고 사랑유형 중 가장 조망 확보가 낮은 것도 비선호의 요인으로 보인다. 즉 중앙마루형은 접객보다는 생활에 유리한 구성으로 세대별 분리가 뚜렷하다.

　중앙마루는 외면하는 면이 적어 상대적으로 시선의 고려를 덜하였다. 다만 안채로 통하는 후면은 벽으로 막거나, 반침을 구성하고, 문을 꺾거나, 차면담(회덕 동춘당)을 설치하였다. 또는 사랑채를 안채의 좌·우로 편중시켜 시각적 자유를 부여하였다.

● 영광 신호준 가옥(시도민속자료 제26호) : 전라남도 영광군 영광읍 입석리 373

이 가옥은 상량문에 의하면 사랑채는 1856년에 건립되었고 안채도 비슷한 시기에 조영되었다. 안채를 비롯한 사랑채, 사당, 곡간채 등 총 11동으로 구성된 큰 규모의 저택이다. 대지는 크게 2단으로 윗단은 안공간, 아랫단에는 사랑공간을 이루며, 안공간은 방앗간채로, 사랑공간은 중문간채로 진입하게끔 동선이 구분된 상류주택 공간 구성의 특성이 잘 나타난다.

안채는 '중부형' ㄱ자형이지만, 대청에 문이 달리고 건넌방 전면도 벽장으로 폐쇄시켜 지방색이 드러난다. 사랑채는 앞뒤퇴를 둔 ―자형 4칸집이다. 좌로부터 큰방, 대청, 작은방을 두고, 후퇴에는 골방을 두었으며, 대청은 각 방으로 들어가는 동선공간이고 1면만 외접할 뿐만 아니라 전면에 창호를 달아 개방성이 떨어진다. 사랑채에서 안채로 향하는 시선은 석축과 골방으로 인해 자연스럽게 가려진다.

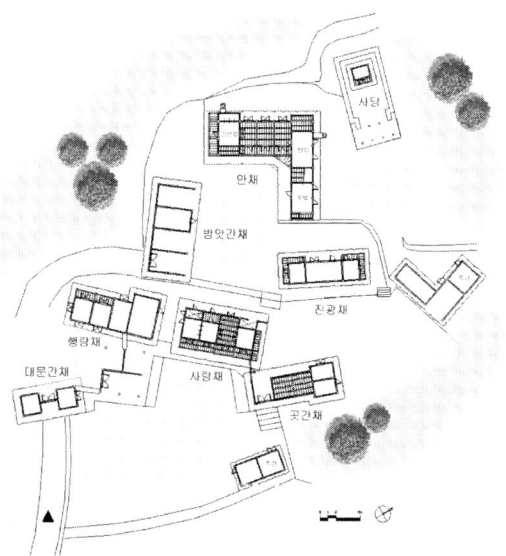

〈그림34〉 영광 신호준 가옥

모마루형 구성

모마루형 사랑채는 방+마루+방이 곡가형에 구성된 유형으로 집중형이 많은 경상도와 강원도에 분포한다. 이 유형의 특징은 첫째, 사랑마루는 사랑방에 들어가는 동선 공간이면서 2면이 외접하여 조망이 가능하다. 즉 중앙마루형과 측면마루형의 성격이 교묘히 결합되어 있다. 둘째, ㅁ자형계 주택에서 구성되므로 사랑채는 안방에서 가장 먼 대각선상에 위치하여 남녀유별을 이루고 동시에 안마당도 한정한다. 셋째, 안채로 향하는 벽체가 적어 다른 유형보다는 차면 처리가 수월하다. 넷째, 큰사랑과 작은사랑은 마루에 의해 세대분리를 이룬다.

모서리형은 제한된 ㅁ자형 내에서 사랑채의 기능성과 풍류성을 최대한 충족시킨 오랜 경험의 결과이다. 큰사랑방을 중심으로 생활·접객이 이루어지고, 넓은 공간을 확보하기 위해서 사랑방에 마루를 연접시키고 창호로 융통성을 높였다. 작은사랑은 큰아들의 생활 공간이며 비일상시 빈소가 차려지는 등 가족 주기에 따라 전용되기도 하였다.

● 양동 서백당(書百堂, 중요민속자료 제23호) :
경상북도 경주시 강동면 양동리 223

양동마을 내에서 깊숙이 자리한 이 집은 양민공 손소(孫昭, 1433~1483)가 창건하였고, 그의 외손이며 동국18현으로 문묘(文廟)에 배향된 회재 이언적(李彦迪)이 이 집에서 탄생하여 유명하다. 그리고 ㅁ자형 주택의 원형으로 간주되는 1458년의 건물로서 건축사적으로 중요한 가치를 지닌다. 一자형 대문채, ㅁ자형 몸채, 우측에 담장을 두른 사당이 있다. 대문채는 행랑채의 구실을 하고 과거에는 외거노비의 가랍집이 산 밑에 있었다고 한다.

ㅁ자형 몸채는 전면 5칸×측면 6칸으로, 중문간의 오른쪽에 큰사랑방, 사랑대청, 작은사랑방의 사랑채가 구성되었다. 안방에서 가장 원거리이고, 외부로 향하는 대문, 성역인 사당과 긴밀히 연결된다. 또한 1칸 사랑대청은 누마루처럼 높고 후원과 마을의 안산인 성주봉을 바라다볼 수 있는 것이 이 집의 독특한 가경(佳景)이라 하겠다. 대청에 면한 큰사랑방과 작은사랑의 문호는 井자살 방형(方形) 불발기창으로 꾸민 사분합들문으로 구성하였다. 또한 <서백당>과 <송첨(松簷)>이라 쓰인 현판을 걸었는데, '소나무 처마'라는 정취어린 송첨은 사랑마당의 크고 멋진 노향나무에서 유래한 것이라 한다. 사랑어른은 큰사랑, 아들은 작은사랑에서 생활하며, 자손이 없을 경우 작은사랑은 침방으로 전용되기도 하고 상례시 빈소 공간으로도 사용되었다. 기제사는 사랑대청에서 행사된다.

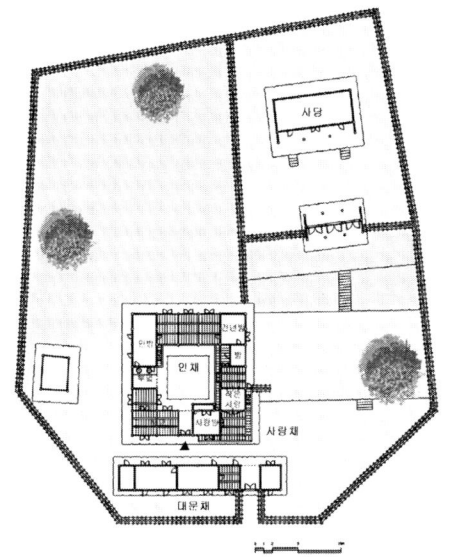

〈그림35〉 양동 서백당

3) 분화형 사랑채

인간은 자신의 환경을 소유함으로써 실존적 공간의 위계적 단계를 이룬다. 조선시대 주택에는 성속에 따라 비주거 영역인 사당과 주거 영역인 몸채로 분리하고, 몸채는 다시 남녀유별에 따라 안채와 사랑채로, 사랑채는 장유유서에 따라 큰사랑과 작은사랑으로 분리하는 틀이 내재한다.

사랑어른의 신분이 높을수록 주거공간은 더욱 분리되고 위계적 구성을 이룬다. 분화형 사랑채는 대부분 4칸 이상의 규모로 사랑방과 사랑마루를 기본으로 책방·침방·청지기방·누마루·감실·제청 등이 차별적으로 부가된다. 이들 구성에는 지역, 계층, 가문에 따른 다양한 생활양식, 접객문화, 가가례 그리고 개인의 독특한 취향까지도 함축되어 나타난다. 사랑채 속에는 생활·접객·의례공간이 서로 혼재되어 우리는 단지 좀 더 눈에 띄는 부분만을 포착할 수 있을 뿐이다.

(1) 유형별 사랑채 구성

측면마루형 사랑채의 구성

접객에 유리한 측면마루형 사랑채는 실례가 가장 많고 전국에 고루 분포하여 사랑채에서 추구한 주의식을 반영한다. 앞서 일반형에서 언급하였듯이 측면마루의 선호는 양적(陽的)인 주거관에 부합된 외향적 구성으로 접객에 유리하고, 방끼리 마루끼리 통합되어 실의 효율성이 높고, 부자유친에도 적합하기 때문이다. 큰사랑방을 중심으로 방들이 집중되어 마루는 독립된 공간으로 외향적인 유희 공간을 이룬다. 마루는 외부와도 상호 관입되고, 들문을 열 경우 내부에서도 통간을 이루는 통합성을 가진다. 측면마루에서는 폐쇄보다는 개방에 대한 소망이, 나누고 구획하는 것보다는 통일된 것에 대한 소망이 나타난다.

사랑채 규모는 실이 통합되어 대부분 4~5칸이다. 이때 큰사랑방은 대부분 2칸이지만 대청은 칸수에 따라 유동적이다. 같은 측면마루라도 경상도에서는 한 실로 통합되어 크고 개방적이며, 전라도에서는 여러 실로 분화되어 작고 폐쇄적이다. 후기로 갈수록 마루에 창호가 달리고 겹집화한다. 겹집구성에서는 마루가 많은 유형과 방이 많은 유형으로 이분되는데 전자는 경상도를 중심으로 한 강원도, 경기·충청도 지역과 사대부 주택에, 후자10)는 전라도 지역과 부농주택에 많이 지어졌다.

측면마루형은 큰사랑방을 중심으로 한 방의 분화(모방, 뒷방, 측방 등)로 형태, 규모, 기능이 달라진다. '모방형'은 간살이 짧은 방으로 아궁이와 근접하고 형태상 겹집에서는 구성되지 않는다. '뒷방형'은 사랑방에서 출입하므로 부속실의 의미가 크다. 홑집에서는 뒷방의 부가로 곡가형을 이루고 겹집으로 이어진다. '측방형'은 사랑방에서 연속적으로 분화한 것으로 드문데, 대종가급인 의성김씨 내앞종가나 하회 양진당과 같은 겹집에서 나타난다. 5칸까지는 작은사랑방이 큰사랑에 근접하지만, 6~7칸에서는 큰사랑과 작은사랑 사이에 정지·고방·샛방 등을

---

10) 전봉희, 「조선후기 주거사에 있어서 겹집화 현상에 관한 연구」, 대한건축학회논문집, 12권 10호, 1996, pp.193~201 : 사랑채에서 비교적 이른 시기부터 나타나는 2칸 집은 보칸이 두 칸으로, 한쪽 혹은 양쪽의 마구리면은 앞뒤면 방을 두고 나머지 부분은 마루로 처리한 것을 말한다. 이러한 평면형은 정자에서 많이 발견되는 것으로 사랑채가 가지는 정자의 성격을 반증하는 것이라 할 수 있다.

두어 세대별로 분리한다. 이때 세대별 프라이버시를 위해 중앙마루가 더해지기도 한다. 측면마루형에서 누마루 구성은 측면돌출형이 주류이다. 개방적인 측면마루를 그대로 연장하여 누마루를 겸하여 실의 효율성을 높였고, 때로는 측면마루와 누마루에 단 차이를 두어 실 성격을 구분한다. 전면돌출형 누마루는 드물고, 모서리형 누마루는 충청도 지역에서만 일부 나타난다.

측면마루형은 사랑채 유형 중 가장 주변 경관과 긴밀한 관계를 가지면서 내외로 상호 관입된다. 따라서 측면마루는 전망 좋은 곳에 자리하거나 인위적으로 주변에 조경을 하였다. 역으로 풍광이 좋은 곳이면 측면마루형을 지었다. 일례로 산등성이에 자리한 양동 관가정의 사랑마루는 마을의 전경을 포용한다. 결과적으로 측면마루형은 마루의 독립성을 유지시키는 방향에서 방이 분화하고 누마루가 구성된다.

〈표9〉 측면마루형 사랑채 구성

방 칸수	일반형	분화형		
		모방형	뒷방형	측방형
4칸	양동 낙선당	김효병 가옥	경주교동 최경	홈실 박환수
	-	-	경주 교동 최대식	의성김씨 내앞종가
5칸	회덕제월당	한개 월고택	견지동 윤씨가	
	-	-	홈실 동심재	하회 양진당

●경주 교동 최대식 가옥 : 경상북도 경주시 교동

경주최씨 동족마을에 자리한 이 집은 구 종가인 최경 댁과 같은 구조로 '영남형' ㄷ자형 안채와 ㅡ자형 사랑채가 튼날개형을 이룬다. 채는 별채로 구성되지만 담으로 인해 사랑마당과 안마당 영역이 명확히 구분된다. 가족의 실사용을 보면 ㄷ자형 안채에서는 안방물림이 이루어져 안방에는 안주인, 정지아랫방에는 할머니, 건넌방에는 새색시가 나누어 기거한다. 반면 남자 가족들은 사랑방과 침방과 책방에서 생활하여, 남녀의 생활공간에서 분산과 집중의 대비를 보여준다. 재미있는 것은 큰아들이 새색시방인 건넌방에 갈 경우 안마당을 거치지 않고 출입할 수 있는 우측에 별도의 통로를 마련해놓았다는 점이다.

사랑채는 전면 4칸×측면 2칸의 겹집 구성이다. 사랑방 후열에 침방·책방이 구성되어 상호간 왕래가 자유롭다. 3칸 규모의 사랑대청은 안채로 향하는 시선 차단을 위해 우측으로 치우쳐 배치하였고 사랑대청에 고방을 두기까지 철저하였다. 후기의 특색으로 대청 벽체에 문이 달렸다.

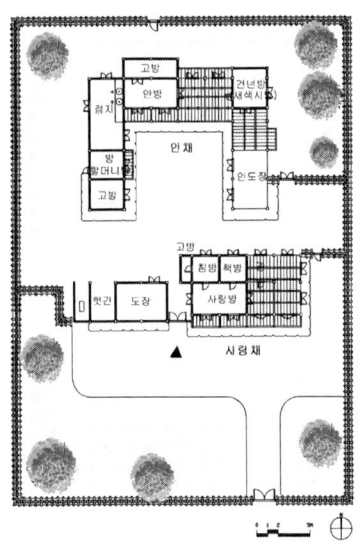

〈그림36〉 경주 교동 최대식 가옥

중앙마루형 사랑채의 구성

중앙마루형 사랑채는 전국적으로 분포하지만 측면마루형 사랑채에 비해서는 수가 적다. 중앙마루의 선택은 작은사랑방을 사용하는 아들의 사적공간을 중요시한 것으로 접객보다는 생활의 편의를 중시한 주거관의 표현이다. 사랑마루는 양 방에 들어가는 동선공간으로 덜 외향적이고, 안채로 향하는 시선 차단이 수월하여 안채를 담으로 폐쇄시키지 않은 분리형에 많이 구성된다.

규모는 큰사랑과 작은사랑의 분리로 가로 칸수가 긴 편이다. 4칸에서는 큰사랑방 2칸, 대청 1칸, 작은사랑방 1칸으로 구성되고, 5칸에서는 사랑대청이 확대되거나 큰사랑에 부속실들이 첨가되고, 6~7칸에서는 작은사랑 부분이 분화된다. 사랑마루는 대부분 1~2칸으로 측면마루형에 비해서는 작은 편이다.

중앙마루형에서 방 분화는 모방형, 뒷방형, 건넌방형이 나타난다. 큰사랑방을 중심으로 여러 부속방이 분화되는 것은 측면마루형과 동일하지만 일정규모 이상에서는 작은사랑방도 분화한다. '모방'은 큰사랑에 인접되어 서실·청지기방으로 사용하고 뒤에는 함실아궁이를 두고, '뒷방'은 큰사랑방에서 출입이 쉬워 책방·침방·골방으로 사용하며 직렬형 → 곡렬형 → 겹집의 과정을 밟기도 한다. '건넌방'은 큰사랑방과 작은사랑으로 세대별로 분리하거나 사랑방과 책방으로 기능별로 분리하기도 한다. 중앙마루형에서 누마루는 독립성과 개방성이 높은 '전면돌출형'이 주류여서 사랑채에 강한 정면성을 부여한다. 이는 중앙마루가 개방감이 적고 동선 공간으로 사용되어 독립 공간에 대한 요구도가 높았기 때문이다.

중앙마루형에서도 장호에 따라 실 성격차이가 크다. 고정된 벽일 때는 생활공간으로 활용도가 높고, 분합문일 때는 개방시켜 행사공간으로 사용되었다. 안동 오류헌과 상주 우복종가의 사랑채에서는 창호개방시 넓은 5칸 통간을 이루고, 양동 이향정에서도 큰사랑과 대청이 연결되어 4칸 통간을 이룬다. 외접하는 면이 적은 중앙마루형의 구성은 주변에 수려한 경관이 없을 경우 경관 부족에 대한 자각의 수를 줄이는 일환이기도 하였다.

⟨표10⟩ 중앙마루형 사랑채 구성

방칸수	일반형	분화형		
		모방형	뒷방형	건넌방형
4칸	영광 신호순	-	김성수 家	남사 하영국
	-	-	홍실 박완기	-
5칸	반송재	회덕 동춘당	영주 만취당	
		-	의성김씨 소종가	-
6칸		양동 이향정	-	-
			하회 충효당	
7칸	-	전남 윤박	상주 의암고택	영광 김성훈

●영천 만취당(晩翠堂, 중요민속자료 제175호) :
경상북도 영천시 금호읍 오계동 271

조선 선조 때의 성리학자인 지산(芝山) 조호익(曺好益)의 7세손으로 정조 5년(1781) 전라도 병마절도사를 지낸 조학신(曺學臣, 1732~1800)이 젊은 시절에 오종동(五宗洞, 현 오계동)에 자리를 잡아 마을 주위에 송림을 조성하고 살림집을 건축하였다. 안채와 사랑채는 튼날개형을 이루며 우측에 사당이 배치되고, 전면에 광명헌(光明軒)이 있고, 체천위(遞遷位)를 봉사하는 별묘와 보본제(報本齊)는 후대에 추건(追建)된 것으로 전해진다.

안채는 ㄷ자형 '영남형'으로 뜰 폭이 4칸으로 넓어서 안방과 대청에서 채광이 좋다. 사랑채는 만취당(큰사랑채), 작은사랑채, 광명헌(새사랑채)의 3채로 분화되어 있다. 만취당은 좌측으로부터 큰사랑방, 대청, 제방으로, 큰사랑방 후열에 책방과 골방이 구성되고, 제방의 뒷벽에는 양개살문을 달아서 뒤쪽의 사당과 연결된다. 내부로는 대청에 면한 분합문을 열 경우 5칸 통간을 이루고, 외부로도 사랑대청에서 판장문을 열면 시선은 앞뒤로 자유롭게 관통한다. 중사랑채는 중문간 좌측에 배치되어 안채를 외부로부터 차단시키고 지붕은 큰사랑채보다 한 단 낮게 처리하여 차별을 두었다. 새사랑채인 광명헌은 담으로 구획하고 별도의 출입문을 두어 독립된 공간을 이룬다. 접객에 필요한 광면헌이 마련되어 큰사랑채는 의례공간으로 남을 수 있었다.

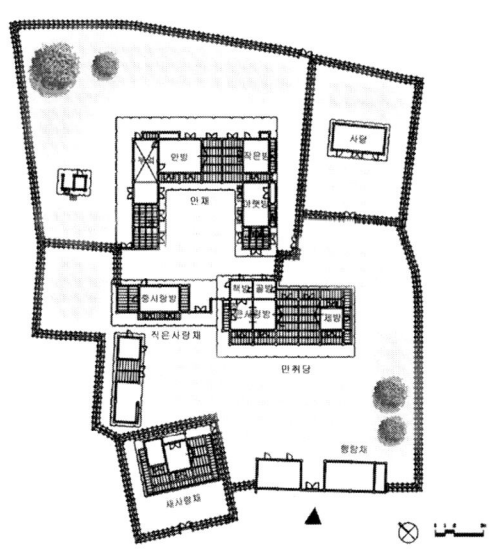

〈그림37〉 영천 만취당

모마루형 사랑채의 구성

모마루형 사랑채는 경상도(안동권·경주권)와 강원도 지역의 ㅁ자형에 주로 구성된다. 모마루형 사랑채는 안방과 원거리에 위치하여 안마당을 폐쇄시키면서 동시에 외부에는 개방되어 방어와 수용이라는 양 기능을 가지고, 사랑마루는 동선 공간의 기능성과 조망을 하는 풍류성을 동시에 추구한다.

규모는 대략 가로 2~5칸, 세로 3~4칸 범위이다. 큰사랑방은 대부분 2칸이고, 사랑대청은 1칸(양동 서백당)에서 4칸(달성 삼가헌)까지 다양하지만, 전체적으로 ㅁ자형 내라는 제한을 받고 겹집은 거의 구성되지 않는다.

〈표11〉 모마루형 사랑채 구성

방 칸수	일반형	분화형		
		모방형	측방형	건넌방형
2칸	양동 서백당	-	-	-
3칸	무섬 김덕진	-	호지 대남댁	강릉심씨가
4칸	-	-	강릉 권씨가	유곡 권충재
5칸	-	묘동 삼기헌	-	-

사랑마루는 2면이 외면하여 조망에 유리하고, 때때로 창호를 열면 방과 3~4칸의 통간을 이루어 효율적이다. 안채로 향하는 시선은 쉽게 차단되고 외부로의 조망은 좋다. 양동 서백당의 사랑마루는 좁은 1칸이지만 경관이 좋은 쪽으로 사랑마당을 두어 조망은 시원스럽다. 같은 모마루형이라도 경상도에서는 마루 면적이 크고 개방적이지만 강원도에서는 면적이 작고 폐쇄적이다. 경상도 마루는 가로면이 길고 큰사랑방의 들문을 열면 4칸 통간을 이루지만 강원도는 세로면이 길고 마루에 대부분 창호를 달았다.

방의 분화는 큰사랑방에 인접된 '모방'에 책방·침방·청지기방이 놓이고, '건넌방'인 작은사랑 부분에 서고·작은사랑마루가 분화되기도 한다. 누마루는 ㅁ자형을 흐트리므로 대부분 건립되지 않는다.

● 강릉 김윤기(金潤起) 가옥(문화재자료 제57호) : 강원도 강릉시 죽헌동 389

현 소유주의 조부가 1919년에 건립한 가옥으로 전면에 긴 행랑채를 둔 ㅁ자형 집이다. 몸채는 안채와 사랑채로 구분되며, '영동형' 안채는 마루가 없는 부엌·큰방·건넌방 구성으로 큰방 뒤에 골방을 둔 겹집이며 전면에는 툇마루를 두어 실간 이동을 하였다. 사랑채는 전면 4칸으로 목방, 큰사랑, 작은사랑, 대청으로 구성된다. 큰사랑에는 시할아버지가 자녀교육을 위해 모신 훈장과 같이 생활하였고, 작은사랑에는 시아버지, 시동생들은 뜰아랫방에 살면서 사랑채에 손님이 오면 대청을 통해 들어갔으며, 이곳은 사랑채에 음식을 내가던 통로이기도 했다. 목방에는 머슴이 거주하면서 소를 돌보고 다른 머슴은 문간채에 머물렀다. 증언을 해준 종부 김윤기 씨 부인은 칠남매의 맏이에게 시집올 당시 식구가 거의 30명에 이르렀다고 한다.

4촌까지는 안채에 들어와서 상을 받았는데, 두 분이 오시면 겸상, 한 분이 오시면 홀상으로 대접하였다. 과객은 대부분 자고 가기에 작은사랑방에 재우고 시아버님이 뜰아랫방으로 오신다. 거지는 음식만 대접하는데 문전손님이라 해서 대접을 채워서 주었다. 집 규모에 따라 음식을 잘 대접해야 소문이 좋게 난다고 여겼다. 제사는 사랑대청에서 치러지며 기제사시 70~80명에 이르는 제관들로 꽉 찼다고 한다. 빈소는 사랑대청에서 혼례는 안마당에서 치러졌다.

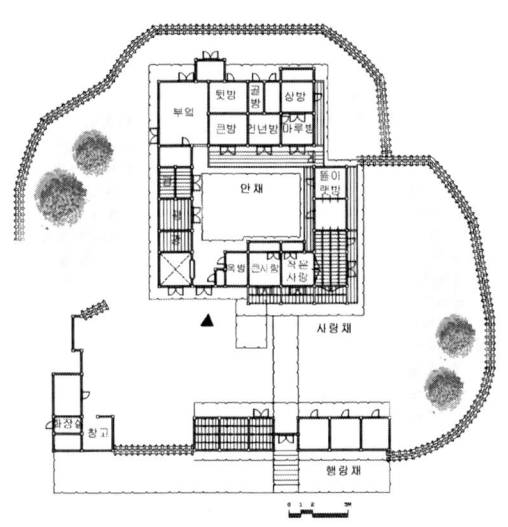

〈그림38〉 강릉 김윤기 가옥

(2) 사랑채의 용도별 구성

사랑채에서 생활공간 구성은 유사하지만 접객공간은 가옥 유형, 사랑채 유형, 지역, 계층에 따라 다양하다. 이는 양반들의 생활은 유교 원리에 기반한 동질성을 가지지만, 접객은 경제력·취향 등에 따라 차별화되기 때문이다. 특히 의례공간은 일부 지역에서만 구성되는 문화적 차이를 가진다.

사랑채의 모든 유형에서 생활공간 구성은 비슷하다. 책방은 큰사랑방에 근접된 모방·뒷방 혹은 뚝 떨어진 건넌방에, 침방은 외부에서 보이지 않고 안채에 근접되는 뒷방에, 청지기방은 대부분 중문에 가깝고 외접하는 모방에 구성된다. 반면 접객공간 구성은 유형별 차이가 뚜렷한데 측면마루형에서는 측면돌출형 누마루가 주류로 대청과 통합되고, 중앙마루형에서는 전면돌출형 누마루를 많이 구성하여 독립된 공간을 이루고, 모마루형에서는 ㅁ자형을 유지하기 위해 누마루가 등장하지 않는다. 의례공간은 특정 지역 사랑채에만 형성되며, 감실과 제청을 구성한다. 감실은 작은사랑의 근처 벽감을 이용하거나, 제청은 보통 사랑대청의 기능을 겸한다.

① 생활공간 구성

책방

　문(文)을 숭상한 사회상의 반영으로 선비의 사랑채에는 책방을 많이 구성하였다. 책방의 성격은 책만 보관하는 장서고와 책도 보관하고 볼 수도 있는 서재로 나뉜다. 그리고 위치는 큰사랑방에 근접시켜 수시로 책을 꺼내 볼 수 있게 하거나, 일정한 간격을 두어 한적한 분위기를 조성하였다. 책방은 학문공간과 자녀의 생활공간을 겸하는 유동성을 가지며, 분화형에서 고루 나타난다.

　툇마루로 출입하는 '모방형'은 대부분 마루를 깔아 장서고로 사용하고 측면마루형(대산동 교리댁)과 중앙마루형(양동 이향정)에서 모두 큰사랑방에 인접하여 구성된다. '뒷방형'은 사랑방에서 수시로 왕래할 수 있고(영천 만취당, 대산동 한주종택) 서고 외에 자녀의 교육공간을 겸하는(경주교동 최경 가옥) 등 효율성이 높아, 홑집과 겹집에서 고루 나타난다. '건넌방형'은 큰사랑에 손님이 들더라도 책방에서 공부할 수 있도록 배려한 것으로(남사 하영국 가옥) 모마루형에서도 구성된다. 특수한 예로 회랑 부분(의성김씨 내앞종가)과 익랑 연결 부분(예천 권씨종가, 궁집)에 책방을 구성하기도 한다. 측면마루형에서 뒤로 돌출한 부분에 위치하여 정적인 뒷사랑마당을 위요하기도 한다(구례 운조루).

　책방의 확보에서 더 나아가 별동의 서재를 구성하여 일상으로부터 분리되어 공부에 전념할 수 있게 하였다. 한개마을 교리댁은 대문간 옆에 서당이 자리하여 마을의 학동들이 공부하였고, 북비고택은 사랑마당에 별도의 담으로 두른 서재를 두었으며, 유곡 권씨종가는 청암정이 있는 아름다운 연지의 전면에 서재인 충재를 조영하였다.

〈표12〉 사랑채 책방 구성

방 마루	모방형	뒷방형	측방형	건넌방형	특수형
측면마루형	한개 교리택	경주교동 최경	-	-	구례 운조루
	-	홈실 몽심재	의성김씨 내앞종가	-	영천 정재종
중앙마루형	양동 이향정	영주 만취당	-	남사 하영국	-
	-	한개 한주고택	-	-	-
모마루형	-	-	요동 삼가헌	-	-

침방

　침방 구성으로 주인의 사적공간을 확보하여 사랑방을 온전히 공적공간으로 활용할 수 있었다. 침방은 외부 사람들에게는 잘 인식되지 않으면서 안채와는 연결이 가능한 사랑방의 뒷방이나 측방에 구성되었다. 가장 사적인 공간으로 외부에서 바로 진입하기보다는 사랑방을 거쳐 침방에 들어가도록 하였다. 손님이 갑자기 들더라도 침방에서 몸가짐을 챙길 수 있도록 한 배려이다. 침방도 가족주기와 비일상시에는 다른 공간으로 전용되기도 하는데 거주자가 많은 경우에는 자손의 생활공간으로, 거주자가 적을 경우에는 큰사랑의 부속 공간인 침방으로서 1인의 공간을 넓게 사용하였다.

침방은 측면마루·중앙마루, 홑집·겹집을 막론하고 대부분 사랑방의 '뒷방'에 구성된다. 사랑방에서 출입이 수월한 점 등 상기의 조건을 만족시키기 때문이다. 드물게 '측방'에 구성되는데 강릉 권씨가는 ㅁ자형 내라는 한계로 외부에서 침방이 보인다. 침방의 가변성을 살펴보면, 가족주기에 따라 강릉 최근배 가옥에서는 큰사랑방에 중노인이 거주하고 침방에 때로 상노인이 거주하였으며, 성주 의암고택에서는 침방에 자제들이 기거하였다. 양동 서백당에서 거주하는 자손이 적을 경우 작은사랑방을 침방으로 사용하였다. 비일상시 하회 충효당에서는 침방을 빈소가 차려지는 의례공간으로 사용하였다.

〈표13〉 사랑채 침방 구성

방 마루	모방형	뒷방형	측방형	건넌방형	특수형
측면마루형	–	견지동 엄씨가	강릉 최근배	–	공주 교동 최온
	–	경주 교동 최대식	의성김씨 내앞종가	–	–
중앙마루형	–	성주 의암고택	영광 김영호	–	–
	–	하회 충효당	–	–	–
모마루형	–	–	강릉 권씨가	양동 서백당	–

청지기방

청지기방은 사랑어른의 생활을 보조하고 손님들이 올 경우 잔심부름을 하는 이의 거주처로 흔히 문간채나 행랑채에 두지만 편의를 위해 사랑채에 구성하기도 하였다. 사랑채에서 청지기방은 상노인이 기거하는 큰사랑방에 인접하여 잔심부름을 하고, 중문간에 근접하여 외부인 출입 파악과 손님 접대를 도우며, 정지에 인접하여 아궁이를 관리하고, 안채와도 긴밀한 연락이 가능한 곳에 구성하였다. 청지기방 명칭은 영남에서는 청지기방, 호남에서는 복직이방, 영동에서는 목방이라 부른다.

청지기방은 대부분 큰사랑방 옆, 칸살이 작은 '모방'에 구성되어 심부름을 하고 아궁이의 불을 관리하며 중문에 근접하여 안채로 들어가는 손님 출입을 살피고 소관리도 하였다(정읍 김동수 가옥, 상주 의암고택). 추사고택에서처럼 '측방' 구성은 드물고, 홈실 몽심재에서 볼 수 있는 청지기방의 구성은 가족 주기에 따른 가변성의 결과이다. 특수형으로 나주 홍기응 가옥에서는 큰사랑과 작은사랑 사이에 청지기가 기거하는 골방을 두어 두 영역을 분리하면서 동시에 보좌한다.

〈표14〉 사랑채 청지기방 구성

방 마루	모방형	뒷방형	측방형	건넌방형	특수형
측면 마루 형	정읍 김동수	–	홈실 박환수	–	–
중앙 마루 형	상주 의암고택	–	추사고택	–	도래 홍기응
모마 루형	묘동 심기헌	–	–	–	–

② 접객공간 구성

누마루

사랑채에서 누마루 유형은 위치에 따라 전면돌출형·측면돌출형·모서리형으로 나뉜다. 전면돌출형 누마루는 대청이나 툇마루를 거쳐 들어가고, 문을 달아 통제하거나 단 차이를 두어 독립성이 높다. 또한 지붕의 정면성을 강조하고 세련된 난간, 높은 누하주, 활주도 첨가한다. 측면돌출형 누마루는 대청과 연접하여 구분이 명확치 않지만 일상공간과 차별화시키기 위해 장식된 난간이나 누하주로 한정적 영역을 표현하고 있다. 모서리형 누마루는 앞선 유형들보다 개방성은 떨어지지만 사랑채 내 대청과 완전히 분리되어 구성된 것이다.

접객에 유리한 측면마루형에서 누마루의 부가는 동일한 성격의 확장으로 대청과 통합되기도 하고(양동 관가정, 안동 의성김씨 내앞종가), 때때로 바닥 높이와 벽체의 개방을 달리하여 실을 구분하는(구례 운조루, 하회 류시언 가옥, 서울 박영효 가옥) 측면돌출형 누마루가 주류이다. 기호지방에 한정되어 사랑방을 사이에 두고 대청과 누마루를 분리하는 모마루형이 분포하며, 대청공간과 분리된 전면돌출형은 드물다(강릉 열화당, 양주 궁집).

생활에 적합한 중앙마루형에서 풍류를 위한 누마루의 부가는 사랑채의 성격을 접객 중심으로 변화시킨다. 중앙마루는 개방성이 낮아 독립된 마루에 대한 요구가 커서, 누마루는 사랑마루와 분리된 전면돌출형이 많다. 전면돌출형 누마루는 대문 진입시 정면성이 부각되는데(고창 김성수 가옥, 양동 무첨당), 정온고택에는 눈썹지붕을 덧달아 특히 인상적이다. 때때로 부농층 주택에서는 툇마루를 변형한 간략화된 누마루가 등장하기도 한다(남사 이상택 가옥, 최재기 가옥, 하영국 가옥). 중앙마루형에서 측면돌출형은 기호지방에만 한정되어 나타난다. 중앙마루형에서 누마루는 모두 대청과 분리되어 대청과 누마루의 기능 차이를 반영한다. 모마루형에서는 누마루를 건립하는 경우가 드물다.

<표15> 측면마루형의 누마루 구성

누마루칸수	툇마루형	측면돌출형		전면돌출형	모서리형	특수형
4칸	-	양동 관가정	건지농 윤씨가	벽화당	-	-
5칸	-	의성김씨 내앞종가	-	-	수희동 김씨가	하회 류시민
6칸	-	구례 운조루		-	-	영천 정재영

<표16> 중앙마루형의 누마루 구성

누마루칸수	툇마루형	측면돌출형	전면돌출형	모서리형	특수형
4칸	남사 하영국	안재학생가	장수 정상원	-	빙앙교동 조병문
5칸	-	괴산 김기응	김성수 家	-	-
6칸	-	-	양동 무첨당	-	-
7칸	-	양동 이향정	허삼둘 가옥	-	-

112 • 한국의 사랑채

③ 제례공간 구성

감실

사랑채에 감실을 구성하는 지역은 경상도와 강원도이다. 감실의 규모는 반반 칸에서 2칸까지 다양하며, 바닥도 방과 마루로 구성된다. 위치는 자유롭지만 대부분 큰사랑방이 아닌 작은사랑방과 대청 근처에 신주를 모신다(영덕 만괴헌, 영천 만취당, 안동 오류헌). 구성에서 단순히 벽감만 설치하거나(해저 만회고택, 성주 정발 가옥), 감실방뿐만 아니라 제청마루까지 마련하기도 한다(안동 오류헌, 양동 이원봉 가옥).

〈표17〉 사랑채 감실 구성

방 마루	모방형	뒷방형	측방형	건넌방형	특수형
측면 마루 형	-	무성 김두한	최상학 가옥	-	강릉 최근배
중앙 마루 형	-	-	양동 이원봉	영주 만취당	해저 만행고택

제청

제청을 따로 건립하는 경우는 불천위를 가진 명문의 종가들이 대부분이다. 의례가 이루어지는 제청은 가문의 상징으로서 독립된 영역으로 따로 구획하거나, 상징적인 자리에 위치하거나, 독특한 형태로 독자성을 추구한다. 이들은 대부분 6칸 대청의 웅장한 규모를 이룬다. 구성면에서 별동의 제청을 마련한 경우(유곡 권씨종가, 옻골 백불고택)와 본채와 연결된 경우(의성김씨 내앞종가, 예천 권씨 종가) 등이 있다. 기능면에서 순수한 제청인 경우(유곡 권씨종가, 옻골 백불고택)

와 사랑채 역할을 겸하는 경우(양동 무첨당, 쌍벽당)로 구분된다.

〈표18〉 사랑채 제청 구성

마루				
측면마루형	하회 양진당	의성김씨 내앞종가	-	-
중앙마루형	양동 무첨당	양동 이원봉	-	-

제3장
지역별 사랑채

1. 경상도 사랑채

경상도는 지리(地理)가 가장 아름답다. ……조선에 와서도 선조(宣祖) 이전에는 국정을 잡은 자는 모두 이 도 사람이고, 문묘(文廟)에 종사(從祀)된 사현(四賢)도 또한 이 도 사람이다. ……옛날 선배가 남긴 풍습과 혜택이 지금까지 없어지지 않아, 풍속이 예의와 문학을 숭상하며 지금도 과거에 많이 합격하는 것은 여러 도에서 으뜸이다. 좌도는 땅이 메마르고 백성이 가난하여 비록 군색하게 살아도 문학하는 선비가 많다. 우도는 땅이 기름지고 백성이 부유하나 호사하기를 좋아하고 게을러서 문학에 힘쓰지 않는 까닭으로 훌륭하게 된 사람이 적다.

『택리지(擇里志)』

경상도는 지역문화의 보수성이 어느 곳보다도 강하고 험한 지형에 의해 서로 교류하기 힘들어 상이한 여러 지역문화가 공존하고 있다. 문화상으로 안동권·경주권·상주권·진주권으로 분류되고, 지리상으로 낙동강을 기준으로 우도(右道)·좌도(左道)로 이분되지만, 문화의 기층을 이루는 것은 유교적인 엄격함과 절제성이다. 이에 따라 건축 조형의 주류는 고전적 경향으로써 다른 지역에서도 종종 전형적인 형식으로 수용되었음을 볼 수 있다.1) 이 책에서는 경상도 주택을 안동권(집중형)·경주권(결합형)·상주권과 진주권(분산형)으로 3분하여 살펴보았다.

<표19> 경상도의 계수관구역(界首官區域) 구분(출처: 이수건, 1979를 재구성)

계수관(界首官) \ 군현(郡縣)	소령군현(所領郡縣)
안동부(安東府)	안동, 예안, 봉화, 영해, 영덕, 순흥, 영천, 기천, 예천, 영천, 하양, 청송, 의성, 인동, 의흥, 신령, 진보, 비안
경주부(慶州府)	경주, 흥해, 영일, 청하, 장기, 밀양, 청도, 울산, 언양, 양산, 동래, 기장, 대구, 경산, 창녕, 영산, 현풍
상주목(尙州牧) · 진주목(晋州牧)	상주, 함창, 용궁, 문경, 군위, 성주, 선산, 합천, 초계, 고령, 금산, 개령, 지례 진주, 김해, 창원, 함안, 함양, 고성, 사천, 거창, 거제, 비남, 진해, 하동, 진성, 칠원, 산음, 안음, 의령, 삼가

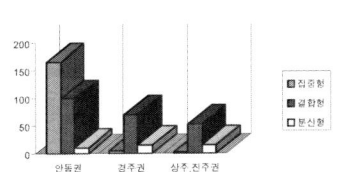 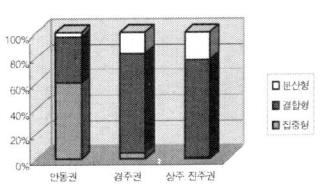

<그림39> 경상도 문화권별 주택 집중도(좌: 실례수, 우: 100%)

1) 경상도 주택의 구성

(1) 경상도 안동권(安東圈) 주택의 구성

경상도 안동권의 사회적 배경에는, 경험적 세계의 현실문제보다는 도덕적 원리에 대한 인식과 그 실천을 중요시하는 주리론(主理論)을 주장한 영남사림파의 영향과, 정약용이 언급했듯이 선조의 사우(祠宇)를 짓고 그곳을 근거로 삼아 살면서 가문을 공고히 했던 특징이 있다. 안동은 이처럼 공동의 욕구, 공동의 동기, 협동의 요구 등 수단적 근접성이 높은 지역으로, 사회적 상호작용의 높은 빈도에 대응하기 위해 주택을 축과 대칭으로 영역을 명확히 분리하였다. 또한 안동의

---

1) 김봉렬, 『한국의 건축』, 공간사, 서울, 1988, pp.179~181

독특한 양반문화 형성에는 무엇보다도 도학을 강조하고 끊임없이 벼슬에서 은퇴를 자청한 퇴계의 영향이 내재한다. 16세기 퇴계학파가 형성된 이후, 산림에 은둔하며 내성(內省)과 덕행(德行)에 힘쓰는 산림처사(山林處士)나 재지사족(在地士族)이 많이 나왔다.[2] 근기(近畿)지방과는 달리 경상도 지역은 전장(田莊)을 마련하기 쉬웠고 피병(避病)·피세(避世)하기에 유리한 지세여서, 가세(家勢)를 오래 보존하며 학문을 할 수 있었기 때문이다. 이로 인해 주택 내 도학적 공간인 별당이 발달하는 등 사랑채 공간의 확대 양상이 두드러진다.

〈표20〉 경상도 안동권 주택의 형태

집중도 집형태 연결상태	분산형			결합형			집중형		합계
	一자형	--자형	二자형	ㄷ자형	튼ㅁ자형	튼날개형	ㅁ자형	날개형	
일체형	·	·	·	7	8	5	70	70	**160**
연결형	·	·	·	3	27	22	·	·	52
분리형	2	3	5	3	15	3	·	·	31
별동형	·	·	·	·	3	3	15	11	32
합계	2	3	5	13	53	33	85	81	275
	10			99			166		

안동권 주택의 특징은 첫째, 집중적인 ㅁ자형과 날개형을 선호하였다. '집중형'의 건립은 산지가 많아 대지가 좁기도 하지만, 유교 원리에 따라 여성공간인 안채를 외부로부터 구획하려는 의지와 남성들의 지위 강화에 따른 사랑채 기능 확대의 결과이다. 남성들의 잦은 사회적 교류는 안채를 더욱 폐쇄시키고 사랑채를 크고 개방적으로 구성하였다. 이 지역에 많이 지어진 날개형은 조선중기 이후 행랑채와 담장이 소멸되고 신분 유지에 바탕이 되는 농작업 마당의 요구에 부합하려는 기능성도 가지지만, 이것 역시 집중하려는 지역적 성향의 반영이다. 보수성이 높은 지역이라 특수형 주택도 집중적인 문자형(日·月·用·민)을 지어 독자성을 추구하였다. 둘째, 경상도 지역이지만 '중부형' 안채가 실례의 66%(181/275)를

---

[2] 이종호, 『안동의 선비문화』, 아세아문화사, 서울, 1997, pp.17~55

차지한다. '중부형' 안채를 가진 주택은 중문간-안마당-안대청으로 이어지는 중축을 중심으로 남녀영역이 좌우로 구분되며, 진입에 따른 정면을 중시해 집 모양은 전체적으로 대칭적이다. 즉 '중부형' 안채의 선호는 명분을 중시하는 주의식의 반영이다. 그렇지만 지역성이 배어나는 '영남형' 안채와는 오랜 교류를 통하여 구성에 서로 영향을 미쳤다. 셋째, 사랑채 구성은 측면마루형(46%) > 모마루형(20%) > 중앙마루형(14%)의 순이다. ㅁ자형에서는 모마루, 날개형에서는 측면마루가 많이 구성되어 안채로 향하는 시선은 자연스럽게 차단하며 외부를 바라보는 조망을 확보하였다. 그리고 사랑채 내 책방을 많이 부가하였다.

주택전체는 폐쇄적이지만 안대청과 사랑대청이 넓고 개방적이어서 겨울과 여름의 삶이 가능하였다. 규범적으로 안마당을 중심으로 한 열린 내부공간에는 외부인의 출입이 불가하였다. 가족이라도 들어가기 어려워서, 손님의 접대는 대부분 사랑채에서 이루어졌고, 몇몇 주택에서는 많은 손님과 친척이 참석하는 의례공간이 안채에서 사랑채로 옮겨졌다.

〈표21〉 경상도 안동권의 의례장소

의례 \ 마을	상 례	제 례
안동 하회	사 랑 채	안채, 사랑채
영덕 호지	남자: 사랑채 여자: 안 채	안채, 사랑채
영주 무섬	사 랑 채	안채, 사랑채
봉화 해저	사랑마루	사랑방
봉화 유곡	작은사랑	안대청

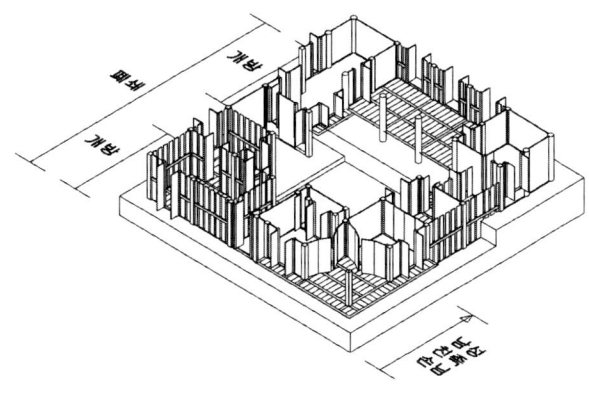

〈그림40〉 경상도 안동권 주택의 경계구조

● 괴시동 대남댁(槐市洞 台南宅, 문화재자료 제197호) :
  경상북도 영덕군 영해면 괴시리 353

호지 아랫마을의 큰 집으로 300년 전에 지어졌다고 한다. ㅁ자형에 '중부형' 안채로 구성되었고 뜰은 2×3칸으로 세장(細長)하고, 사랑채는 안채에서 가장 원거리인 모서리에 자리한다. 넓은 행랑마당에는 과거 머슴이 살았던 초당이 있었다고 하고, 출입문은 가족이 이용하는 안대문과 손님이 이용하는 사랑대문이 분리되어 있다.

사랑채는 모마루형으로 사랑마루를 중심으로 큰사랑에는 상노인, 웃사랑에는 중간노인, 아랫사랑에는 청년들이 기거하였다. 사랑방에는 다양한 손님들이 왕래하기에 보통 세대별·신분별로 구분하여 접대하였다. 글을 통한 선비 교류는 안동·대구·경주 지역까지 있었고, 동네 사람들과는 바둑을 두며 각 집의 사랑방을 돌며 즐겼다.

초상(初喪)과 혼례의 손님은 남녀에 따라 안채와 사랑채로 구별하였고 남자는 가까운 촌수만 안채에 들어갈 수 있었다. 기제사는 보통 4대조까지 모시는데 전후처(前後妻)가 있으므로 항상 15손 정도를 안마루에서 행사(行祀)했다. 상방 앞의 통래간마루에 난 바라지문은 사당에 음식을 나를 때 사용하였다. 빈소는 아랫사랑에 차려지고 윗사랑에서 문상을 하였다고 한다.

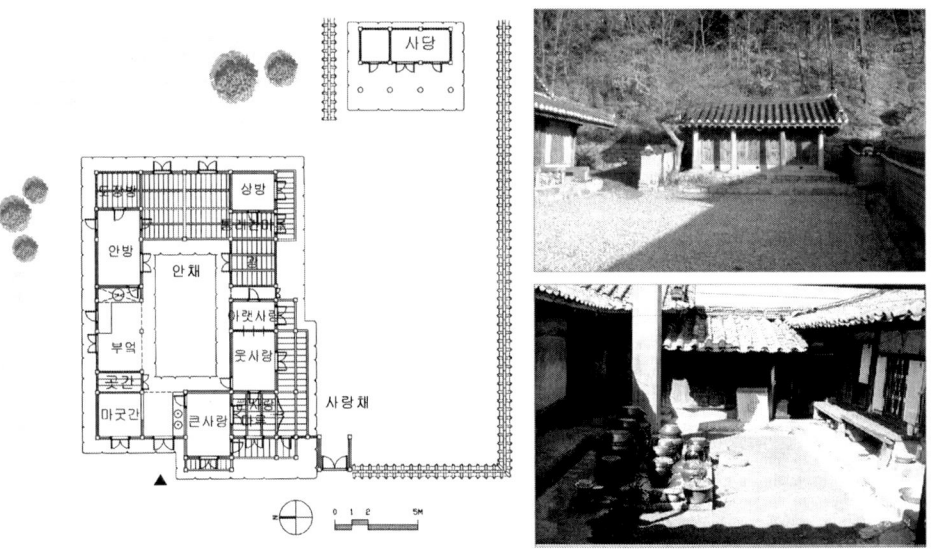

〈그림41〉 괴시동 대남댁

● 무섬 김두한(金斗漢) 가옥 : 경상북도 영주시 문수면 수도리 232

250~300년 정도의 연륜을 가진 날개집으로 주변 담은 홍수로 인하여 현재는 흔적만 남아 있고, 3×2칸 폭의 안뜰은 바닥의 단차가 크다. 중문간-안마당-안대청의 중심축이 강하게 부각되지만 3칸 안대청은 두지방으로 인해 정면성이 깨어지고 있다. '중부형' 안채에서 안방에는 시어머니가, 안상방에는 며느리가 생활하였다.

사랑채는 큰사랑방·감실·대청의 측면마루형이다. 말을 타고 와서 며칠씩 놀고 가는 손님들은 사가(私家)나 친구로서 떡·어구·제문 등의 기정을 들고 왔다고 한다. 사랑 공간이 부족할 경우 이웃의 타성집에 가서 지내기도 하였는데, 사랑손은 다른 집에 가도 별 허물이 없었다고 한다.

손님의 다소(多少)는 초상·혼례·기제 순이며 초상 기간은 보통 1개월간이지만 벼슬을 하고 글을 잘 한 어른의 경우 3개월간 지내기도 하였다. 조상의 유언으로 가묘를 설치하지 않았기에 큰사랑방 뒤에 감실을 두고 사랑채에서 제례를 치루고 빈소도 차려진다. 따라서 안채는 외부에 대해 가장 폐쇄적이고, 사랑채에는 생활·접객 외에 의례의 기능이 수용되었다.

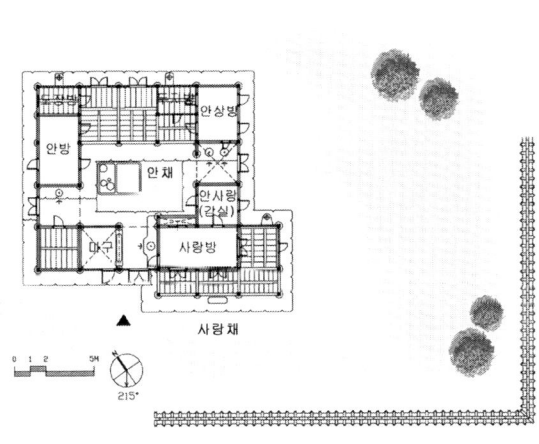

〈그림42〉 무섬 김두한 가옥

(2) 경상도 경주권(慶州圈) 주택의 구성

〈표22〉 경상도 경주권 주택의 형태

집중도 집형태 연결상태	분산형			결합형			집중형		합계
	一자형	--자형	二자형	ㄷ자형	튼ㅁ자형	튼날개형	ㅁ자형	날개형	
일체형	·	·	·	2	1	1	2	1	7
연결형	·	·	·	1	3	5	·	1	10
분리형	13	·	4	14	31	2	·	·	**64**
별동형	·	·	·	1	6	1	1	·	9
합계	13	0	4	18	41	9	3	2	90
	17			68			5		

경주권 양반문화 역시 유교적인 엄격함과 절제성이 기층을 이룬다. 그래서 경주권도 ㅁ자형을 사대부가의 원형(原型)으로 삼지만, 안동지방의 뜰집과는 달리 안마당이 넓고 평지에 구성되어 안대청의 높이도 낮고 '영남형' 안채를 많이 구성하였다. 시기적으로 조선 전기에 지어진 서백당, 무첨당, 관가정, 향단, 독락당 등은 집중도가 높은 ㅁ자형인 '통말집'3)으로 중앙·안동권과 연계된 사대부가의 독자성과 대표성을 드러내고, 그 이후의 주택들은 대부분 튼ㅁ자형인 '반말집'으로 지역성을 드러낸다.

경주권 주택이 유교 원리를 유지하면서도 만들어내는 지역적 특색은 첫째, '결합형' 주택이 78%(70/90)로 내외 경계가 애매하지만 규칙적인 배치와 담의 이용으로 영역을 명확히 분리한다. 2~4채로 구성된 튼ㅁ자형의 샛공간들은 통로, 물건의 보관 장소 혹은 샛문을 달아서 출입구로 사용하는 등 집에 따라 다양하였다. 이러한 틈 사이로 개방적인 안채의 프라이버시가 침해될 수 있으므로, 채들이 안마당을 위요하면서도 영역을 분리하도록 신경을 썼고 담을 적극 이용하였다. 사랑채에서 안채로는 시선 차단을 위해 창호를 아예 두지 않거나 차면담으로 보완하였다. 둘째, 명분보다는 실생활의 효율을 강조한 '영남형' 안채가

---

3) 김봉렬, 앞의 책, p.207 : 양동마을에서는 ㅁ자형을 통말집, 튼ㅁ자형은 반말집으로 호칭하고 있다.

87%(79/90)를 차지한다. '영남형' 안채는 남녀영역이 전후로 나뉘므로 진입하는 동선축이 깨지고 주택은 비대칭이고 안채와 사랑채는 물리적으로 근접되지만, 각 채는 채광과 통풍에 유리하다. 셋째, 사랑채 구성은 측면마루형(52%, 47/90) > 중앙마루형(24%, 22/90) 순이며, 마루는 크고 개방적이다. 사랑채 위치는 안채의 전면이나 날개 부분으로 사랑대청에서 외부로 시선이 확장된다.

규범적으로 많은 손님이 참석하는 상례와 가까운 친척이 참석하는 제례가 사랑채에서 행사되는 것은 안동권과 유사하다. 차이점은 안채에 안사랑을 구성하여 가까운 손님을 접대하였고 되도록 안마당을 거치지 않고 진입하도록 하였다.

〈표23〉 경상도 경주권의 의례장소

의례 \ 마을	상 례	제 례
밀양 교동	사 랑 채	안 대 청
경주 교동	남자 : 사 랑 방 여자 : 안사랑방	사랑마루
경주 양동	사 랑 채	사 랑 채
대구 옻골	남자 : 사랑방, 작은사랑방 여자 : 안방, 중사랑	사랑마루

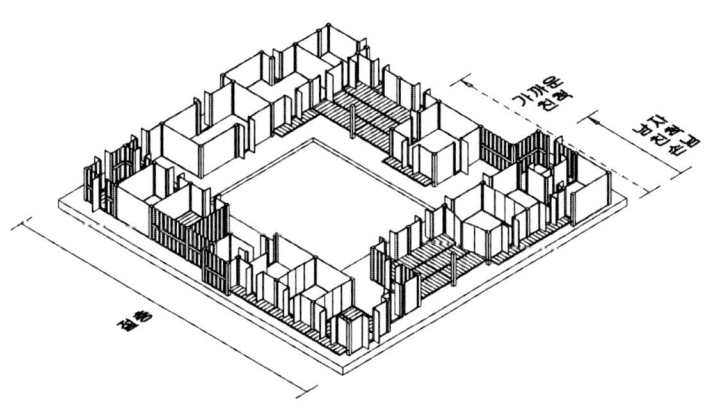

〈그림43〉 경상도 경주권 주택의 경계구조

● 달성 삼가헌(三可軒, 중요민속자료 제104호) : 대구 달성군 하빈면 묘동 800

사육신(死六臣) 박팽년(朴彭年, 1417~1456)의 후손이 1769년에 건축한 사대부 주택이다. 살림채와 별당채가 담에 의해 좌우로 이분되어 있다. 오른쪽의 살림채 영역은 ㄷ자형 안채와 ㄴ자형 사랑채가 튼ㅁ자형을 이루며, 안채는 '영남형'으로 안방에 안주인, 윗상방에 며느리, 아랫상방에 할머니가 거주한다. 왼쪽의 별당채 영역은 아담한 별당과 넓게 펼쳐진 방지(方池)의 조화가 별당 건축의 극치를 보여준다.

사랑채인 삼가헌은 '모마루형'으로 4칸 대청을 중심으로 2칸 큰사랑방과 툇마루에 연하여 청지기방을 두고, 안쪽으로 마루방인 서고와 중사랑이 위치한다. 사랑채에서 안채로는 창호 하나 없이 차단되고 중문간도 꺾여 있어 안채 영역과는 완전히 분리된 접객공간을 이룬다. 별당인 하엽정(荷葉亭) 역시 귀한 손님의 접대와 여름의 취침공간, 손님이 없을 경우 서당으로 활용되었다. 또한 할머니가 거주하는 아랫상방이 안사랑의 기능을 겸하기에 안마당을 거치지 않고 우회할 수 있도록 배려하였다. 제례 시 서고에 구성된 벽감에서 안대청으로 신주를 내어가고, 빈소는 이곳에 차려졌다. 따라서 친척이 참석하는 제례는 안채에서, 외부 손님이 많이 오는 상례는 사랑채에서 행사되었다.

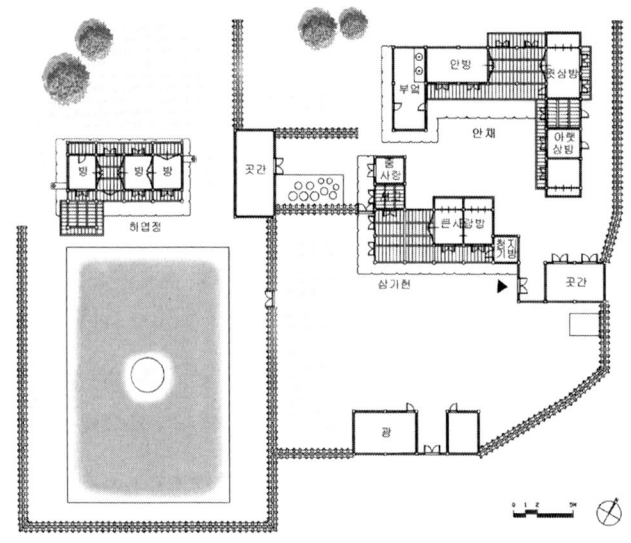

〈그림44〉 달성 삼가헌

●경주 교동 물봉진사댁(최경 가옥) : 경상북도 경주시 교동 69

경주향교가 있는 마을에 자리한 이 집은 1644년에 지어졌고, 원래는 최씨종가였다. 그러나 집의 규모가 협소하고 격식이 낮아서 옆에 현종가인 최준댁(崔俊宅)을 다시 지었다. 이 마을은 구·현 종가를 가장 북측에 두고 전면으로 발전해나간 위계적 구성을 이룬다. 이 집은 ㄷ자형 안채와 一자형 사랑채가 튼날개형을 이루고, 대문간과 담에 의해 마당이 행랑마당-사랑마당-안마당으로 구획된다. 중문 앞에는 1.8m 높이의 차면담(채담)을 설치하여 사랑마당에서 안채 영역이 보이지 않게 배려하였다.

사랑채는 일부 겹집화된 '측면마루형'으로, 큰사랑방은 부자(父子)간의 공간을 분리하고 후열에 잠방과 책방을 두었다. 사랑대청은 더 효과적인 접객을 위해 안채로 향하는 시선을 차단하려고 몸채보다 우측으로 치우쳐 있다. 그리고 할머니가 거주하는 중사랑에 가까운 손님이 안마당을 거치지 않고 사랑채를 우회해서 지나갈 수 있는 통로를 두었고, 이 길은 상방까지 이어진다. 이것은 이웃집에서도 공통적으로 나타나는 특성이다.

안채로의 시선이 차단된 2칸 사랑대청에서 모든 제례가 행해진다. 즉 사랑채에 의례 기능이 더해지면서 주택의 경계구조는 더욱 엄격해진 것으로 보인다.

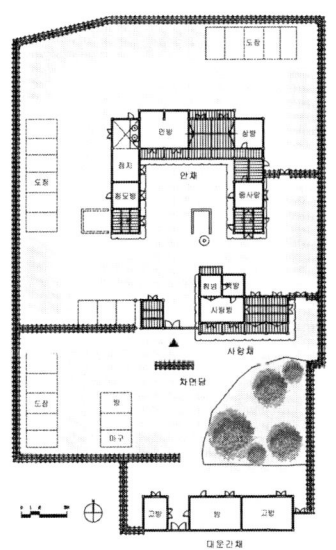

〈그림45〉 경주 교동 물봉진사댁

(3) 경상도 상주권 · 진주권 주택의 구성

경상도의 우도(右道)인 상주권과 진주권은 낙동강 유역을 따라 기름진 평야가 발달하였다. 특히 상주권은 19세기 말까지 문경과 충주를 거쳐 서울까지 가는 가장 빠른 육상교통로였고, 낙동강의 뱃길은 위로는 안동과 밑으로는 김해를 이어주었다. 이에 따라 상주는 조선시대에는 행정의 중심지였고, 교통과 군사의 요충지로서 큰 역할을 담당하였다. 사림파도 처음에는 경상우도부터 형성되어 좌도(左道)로 확산되어갔다. 건축에서는 문화적으로 안동권의 폐쇄적이고 토호적인 산지형 건축 유형과 지역적으로 선산(善山)지방의 평야에 적합한 개방적인 유형이 동시에 등장한다. 여러 건축 유형이 혼재하나 실례는 많이 남아 있지 않은 실정이다. 진주권은 지리산을 중심으로 고유 문화권을 형성하는데, 민가형식 또한 경남 서부형이라 부를 만큼 독특하다.

〈표24〉 경상도 상주권 · 진주권 주택의 형태

집중도 집형태 연결상태	분산형			결합형			집중형		합계
	一자형	ㅡ자형	二자형	ㄷ자형	튼ㅁ자형	튼날개형	ㅁ자형	날개형	
일체형	·	·	·	3	·	·	·	·	3
연결형	·	·	·	3	·	1	·	·	4
분리형	10	1	5	10	25	2	·	·	53
별동형	·	·	·	·	7	·	1	·	8
합계	10	1	5	16	32	3	1	0	68
	16			51			1		

상주권 · 진주권의 주택 특징은 첫째, 대부분 一자형의 채들이 '결합형'과 '분산형'을 이루어 경주권보다 더 분산적이다. 남부지역의 특색으로 개방적이지만, 안동권과 경주권의 영향으로 배치와 동선에 일정한 규칙을 유지하여 안채와 사랑채는 서로 분리된다. 개방성이 높아서 대지 모양, 진입 방향 등을 더욱 신중히 고려하였다. 둘째, 안채구성은 '영남형'이 88%(60/68)로 압도적으로 많다. 안채

형태도 一자형이 62%(42/68)를 차지해 지역성을 반영하고, 형식보다는 실리를 우선시했음을 알 수 있다. 셋째, 사랑채의 구성은 측면마루(44%, 30/68) > 중앙마루(31%, 21/68)의 순이고 모마루형은 드물다. 독특하게 이 지역에서는 높은 기단을 구성하거나 아랫부분을 필로티로 대처한 고상식 주택이 등장한다(상주 우복 종가, 상주 양진당).

규범적으로 손님들의 접대는 사랑채에 한정되고, 친척들이 참석하는 의례공간이 사랑채로 옮겨가는 경상도의 동질성을 가지지만 분산적인 채처럼 규범이 약화되어 있다.

〈표25〉 경상도 상주권·진주권의 의례 장소

마을 \ 의례	상 례	제 례
상주 우산	남자 : 사랑작은방 여자 : 상 방	안대청, 사랑채
성주 한개	남자 : 사랑채 여자 : 안 채	안 대 청
산청 남사	사랑채	사랑채

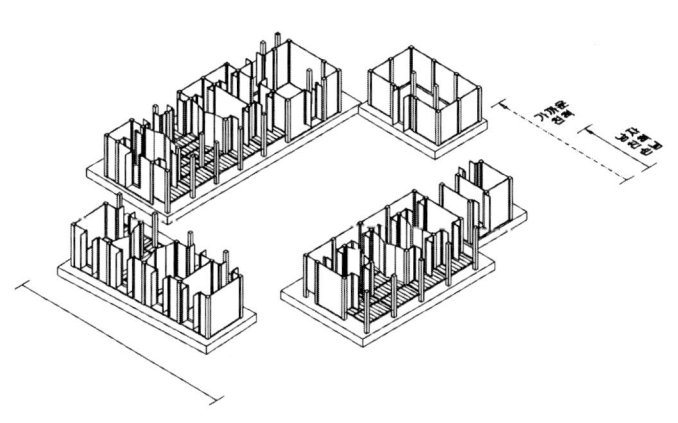

〈그림46〉 경상도 상주권·진주권 주택의 경계

● 대산동 교리댁(校理宅) : 경상북도 성주군 월항면 대산리 411

　이 가옥은 현 거주인의 고조가 홍문관 교리를 지냈다고 하여 교리댁이라 불린다. 8동의 건물들이 튼ㄴ자개형을 이루어, 크게 사당영역·안채영역·사랑채영역·서재영역의 4부분으로 나뉜다. 사랑마당을 거쳐 안마당으로 진입하며, 안채는 간살이 넓은 7칸 '영남형' 구성이고 부속채가 있었던 자리는 현재 텃밭으로 사용하고 있다. 안채에는 안방물림이 이루어진 상태로 안주인이 안방, 며느리가 건넌방, 할머니가 아래방에 거주한다.

　사랑채의 위치는 대문·안채·사당 출입을 감시할 수 있는 곳이며, 몸채에서 벗어나 있어서 사랑대청에서 시선은 앞뒤로 자유롭다. 사랑채는 전면 5칸 '측면마루형'으로 사랑방 옆 모방에 서고를 구성하였다. 서재는 마을 학동들이 와서 공부할 수 있도록 외부에 놓았고 담으로 차면시켜 아늑한 분위기를 이룬다. 혼례는 안대청, 여자의 빈소는 아랫마루방, 남자의 빈소는 사랑채, 차례와 추석은 사당에서, 기제사는 안대청에서 지낸다.

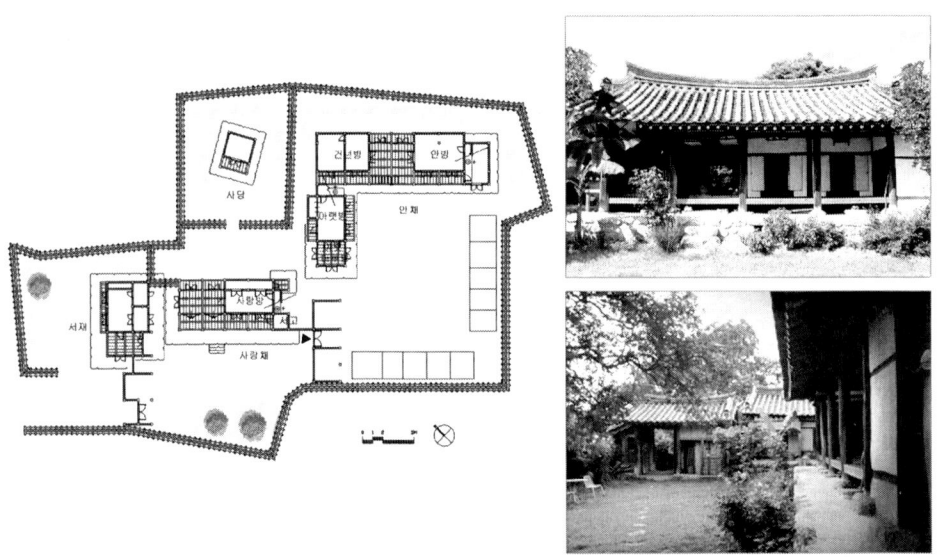

〈그림47〉 대산동 교리댁

- ●산청 남사리이씨고가(문화재자료 제118호) :
  경상남도 산청군 단성면 남사리 340-7

두그루의 나무가 X자형으로 겹쳐 서 있는 골목의 돌담끝에 위치한 이 주택은 다성(多姓)마을인 남사마을의 성주이씨(星州李氏) 종가이다. 一자형 안채·사랑채·익랑채·곡간채의 4채가 튼ㅁ자형을 이루고, 동쪽에 사당이 위치하였다. 마을 진산인 이구산의 능선을 따라 집터를 잡았기 때문에 집 전체가 남동향하며, 세장한 대지에서 사랑채·안채 영역이 전후로 나뉜다.

18세기에 지어진 안채는 6칸 '영남형'으로, 정지는 사당과 반대 방향이 일반적인데 이 집은 사당 쪽에 지어져 기존 방위에 대한 인식이 깨어져 있고 건넌방 툇마루를 약간 높여 그 아래로 아궁이를 설치하였다. 화려한 사랑채는 4칸 '중앙마루형'으로 금세기 초에 남사마을 부농들이 경쟁적으로 집을 지을 당시의 것으로 규모와 장식이 과장되어 있다. 사랑방 앞 툇마루를 변형시킨 누마루는 이 마을에서 공통적으로 나타난다.

손님은 급에 따라 접대공간을 사랑채와 행랑채로 분리하였고, 장유에 따라 큰사랑방과 작은사랑방으로 분리하였다. 혼례는 안마당에서 행하였고 상례와 제례는 주로 사랑대청에서 행하였다. 손님과 친척이 진입할 수 있는 경계가 사랑채에 한정되는 것은 경상도의 특성이다.

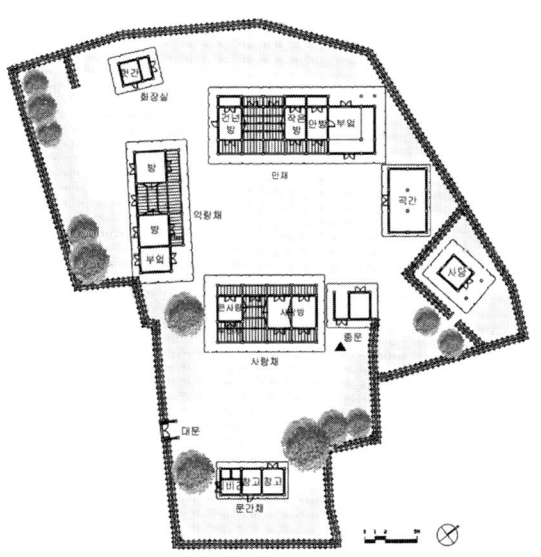

〈그림48〉 남사리이씨고가

2) 경상도 사랑채의 특성

(1) 경상도 안동권(安東圈) 사랑채의 특성

대지와의 관계

안동권의 주택은 ㅁ자형, 날개형으로 집중적이다. 그렇지만 외국의 ㅁ자형 도시주택과는 달리 외부마당을 취한 回자형으로 중정과 외정을 동시에 가져서, 사랑채는 반개방적이고 안채는 더욱 폐쇄적이다. 완결된 ㅁ자형은 분산형에 비해서는 대지 형태의 영향이 적고, 배산임수(背山臨水)로 인한 경사지 문제는 기단 높이로 조절하였다. 그리고 통풍을 위해 안채와 사랑채의 벽체는 개방적이며, 채광을 위해 안마당이 '중부형' 안채에서는 세로로 '영남형' 안채에서는 가로로 길다. 특히 사랑채에서 실이 필요할 경우 안동권에서는 집중적인 성향으로 별동보다는 날개형을 선호하였다. 대부분의 날개는 ㄇ자형인데 이는 넓은 전면을 이루어 인지도를 높이고 수문과 채광에도 유리하기 때문이다.

안채 구성에 따라 '중부ㅁ자형'에서는 중문간-안마당-안대청이 중축(中軸)상에 위치하여 남녀공간이 좌우로 나뉘고, 진입시 채와 실 구성이 정면성을 이룬다. 그리고 주택 형태가 전체적으로 대칭적이다. '영남ㅁ자형'에서는 중부형에 비해 대지의 형태와 출입방향에 많은 영향을 받으며 날개 위치는 전면뿐만 아니라 후면과 중간에도 자리하고, 대문간도 중축상 외에 측면에도 구성되어, 동선 이동에 따른 정면성이 깨지기도 한다. 그래서 집 형태가 日·⼞⼞·⌐⼞·品 등으로 다양하며 비대칭형이 많다.

몸채는 집중적이지만 안채와 사랑채의 벽체는 개방적이어서 가족이라도 안채에 출입하기가 어렵고 친척이 참석하는 제례공간이 사랑채로 옮겨가면서, 사랑채는 씨족과 문중의 구심점이 된다. 안동권의 주택은 일상과 비일상의 경계구조가 엄격한 주택 규범을 이룬다.

안채와의 거리

유교를 신봉하는 상류 계층의 주택에서 남녀구분은 절대적인 준수 사항이지만 이를 해결하는 모습은 지역·계층에 따라 각양각색이다. 안채·사랑채가 한 동을 이루는 ㅁ자형주택에서는 안채 유형에 따라 뚜렷한 차이를 가진다.

대칭성이 중시되는 '중부ㅁ자형'에서 여성공간과 남성공간은 중축을 중심으로 좌우로 분리되어, 물리적·시각적 거리를 유지한다. 중부ㅁ자형의 고형(古形)으로 보이는 측면형에서 사랑채는 안채와 안대청만큼의 거리로 띠워져 있다. 이 구성은 중국 사합원과 비슷하고 여칸형 민가와도 밀접한 관련을 가진 듯하다. 사랑채가 채광이 좋은 전면형과 모서리형에 지어지는 것은 사랑채를 사용하는 남성의 위계 상승과 접객공간의 성격이 더해진 것으로, 남녀균분상속이 장남우열상속으로 변화하고 유교 강화에 따라 여자의 출입이 통제되며 가례가 중시되는 것과 무관하지 않은 듯하다. 전면이라도 안방과 가장 먼 거리인 대각선상에 자리 잡아 안마당을 완충공간으로 확보한다. 사랑채 방위는, 측면형에서는 서쪽이 많고, 나머지 유형에서는 동쪽이 많아 비거주공간인 사당과 거주공간인 안채를 매개한다.

'영남ㅁ자형'에서 사랑채 배치는 전체적으로 중부형과 유사하지만 차이점도 가진다. 비대칭적인 영남형 안채에서 사랑채는 대부분 전면에 자리하여, 안채와 사랑채가 전후로 분리된다. 사랑채는 안방선상과 대각선상에 모두 자리하여, 안채와의 물리적 거리는 무시한 채 시각적 교차만을 피한다. 채광을 중시한 안채 구성처럼 사랑채 배치 역시 실리를 중시하여 대지 형태에 민감하고, 전면 전체를 사랑채로 사용할 경우 출입이 중앙이 아닌 측면에서 이루어지기도 한다.

더불어 재미있는 실 구성으로서 집집마다 사랑채와 안채를 연결하는 다양한 통로가 있는데 미로처럼 구성되어 외부인에게는 잘 인식되지 않으면서도 내부인에게는 요긴하게 사용되었다.

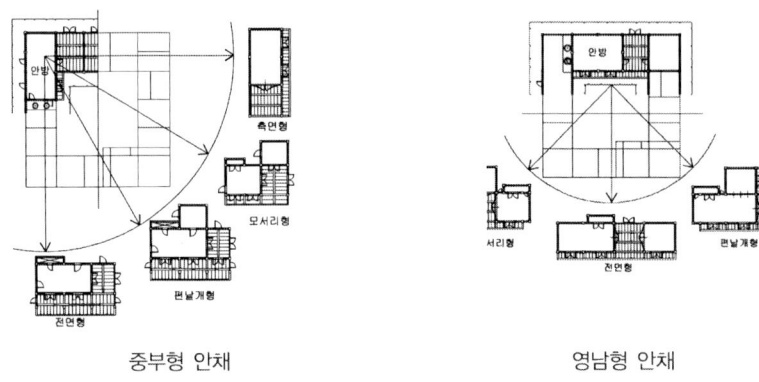

〈그림49〉 안채유형에 따른 사랑채 배치

사랑채의 특색

'집중형' 주택은 되도록 몸채에서 모든 공간을 수용하려 한다. 그래서 사랑채 구성은 ㅁ자형에서는 '모마루형', 날개형에서는 '측면마루형'이 선호되었고, 사랑 대청은 규모가 크고 벽체가 개방적이다.

사랑채의 생활공간에서 큰사랑채와 작은사랑의 구분 양상을 살펴보면 '모서리형'에서는 마루를 중심으로 각 사랑방이 분리되고, '중부ㅁ자형'에서는 중축상의 대문을 중심으로 큰사랑과 작은사랑이 분리된다. 상대적으로 공간 여유가 있는 날개형에서는 양 날개를 큰사랑과 작은사랑으로 구분하였다. 그리고 책방이 많이 부가되었다.

효율적인 접객을 위해서는 대부분 외향적인 측면마루형을 구성하였다. 그리고 별동은 '중부ㅁ자형'에서는 모서리형과 양날개형에서, '영남ㅁ자형'에서는 모서리형과 편날개형에서 지어졌다. 전자는 대칭성을 유지하기 위해 양날개가 된 이후에야 별동을 건립하였지만, 후자는 비대칭적인 안채처럼 집 전체에서도 대칭성을 유지하려는 의식이 약하다.

제례가 사랑채에서 행사되는 곳이 많아 제청과 감실을 사랑채에 구성하였다. 특별한 사례로 제청인 사랑채가 안채와 회랑(廊)으로 연결되어 문자형(文字形)을 이루기도 하였다(예천 권씨종택, 의성김씨 내앞종가 등). 이러한 유형의 사랑채는 일반 사랑채와 성격차를 가진다.

(2) 경상도 경주권(慶州圈) 사랑채의 특성

대지와의 관계

경주권에서 조선전기에 지어진 사대부가는 상류주택의 전형인 ㅁ자형('통말집')이고, 후기의 주택은 튼ㅁ자형('반말집')이다. 안채 구성도 형식적인 '중부형'보다는 이 지역에 널리 분포하는 민가형인 '영남형'을 취한다. 이처럼 경주권 주택은 점차 토착화되지만, 대의와 명분을 중시하는 안동권의 영향으로 담을 적극 이용하여 영역 경계를 명확히 하였다. 그래서 안채와 사랑채의 개방적인 벽체에도 불구하고 각 영역이 자연스럽게 보호된다.

구조적으로 안채와 사랑채는 별채지만 담으로 연결되어 행태적으로 집중형과 동일하게 각 내외부공간의 영역이 차단된다. 따라서 안채는 밝고 개방적이면서도 외부에 대해서는 폐쇄적이어서, 사랑채에서 주로 접객이 이루어지고 빈소뿐만 아니라 제례장소도 안대청에서 사랑채로 다수 옮겨간다. 따라서 일상과 비일상시 주택의 유동성은 적다. 하지만 안채에 구성된 안사랑채에서 가까운 친척들을 접대하여 안동권보다는 남녀유별의 엄격성이 약화되어 있다.

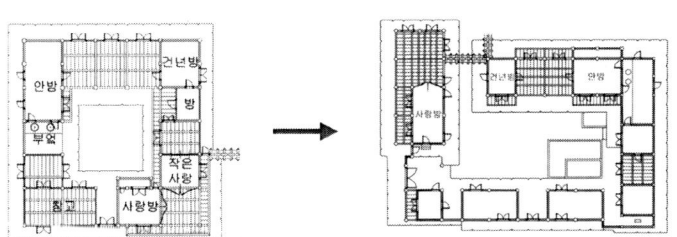

〈그림50〉 경주권 주택의 변화상

안채와의 거리

경주권의 안채 구성은 '영남형'(87%, 79/90)이 다수로 안방과 대청이 동시에 뜰에 접해 전면이 비대칭이지만 지붕형태를 통해 정면성을 확보한다. 안채 형태는 一자형(70%, 63/90) > ㄱ자형(13%, 12/90) 순이다. 안대청이 개방적이므로 시선 차단을 위해 사랑채를 전면에 배치하고 담을 이용하였다. 안채와 사랑채가 별채로, 안채 형태(ㄷ·ㄱ·一자형)에 따라 사랑채 형태도 달라져 가옥형이 다양하다. 사랑채에서 안채를 직접 볼 수 없게 뒷벽을 폐쇄시켜 시각적으로 차단하며, 그럴 가능성이 있는 곳에는 반드시 차면벽, 내외담 또는 반침을 설치하였다.

사랑채의 특색

경주권의 사랑채는 풍류에 적합하도록 크고 개방적인 '측면마루형'과 '중앙마루형'이 주류이고, 안동권의 영향으로 '모마루형'도 나타난다. 그리고 책방, 침방, 청지기방 등이 부가된 순수형이 많다.

사랑채에서 생활공간은 부자유친과 장유유서로 큰사랑방에 작은사랑방이 근접되면서도 규모차를 가지며 세대별로 분화되는 일반적인 양상이다. 규모가 클수록 큰사랑 외에 작은사랑의 영역을 확보하기 위해 정지나 차면벽을 두거나 작은사랑채를 따로 지었다. 그렇지만 작은사랑방의 성격은 고정적이기보다는 가족 주기에 따라 청지기방·책방으로 전용되었다. 접객공간은 도학과 풍류의 영향으로 화려한 별당과 누마루 혹은 크고 개방적인 사랑마루로 표현되었다. 별당영역을 따로 구획하여 화단과 연지를 구성한 주택이 많다(달성 삼가헌, 경주 독락당). 그리고 외부인이 많이 참석하는 의례공간이 사랑채로 옮겨가서 사랑채에 감실과 제청을 많이 구성하였다. 감실방은 벽감·제방을 구성하거나(영천 만취당), 작은 감실방과 제청마루를 마련하였다(양동 상춘고택). 제방은 큰사랑방이 아닌 작은사랑에 위치하여 사랑방이 여러 기능 수행에 불편이 없도록 하였다. 그리고 별동의 제청을 건립하여 가문의 위상을 뽐내기도 하였다(양동 무첨당, 대구 백불고택).

(3) 경상도 상주·진주권(尙州·晋州圈) 사랑채의 특성

대지와의 관계

경상도 상주·진주권 주택들은 넓은 대지에 一자형 채들이 二자형·튼ㅁ자형을 이루고 담으로 연결되지 않아, 다른 경상도 지역에 비해 평야에 적합한 개방적인 형이다. 안채와 사랑채의 벽체가 개방되어 배치를 통해 물리적·시각적 거리를 유지하였다. 분산형에서도 사랑채가 안채를 가릴 수 있는 전면형을 선호하였다. '결합형'과 '분산형'의 공간구성은 대지 형태와 진입 방향에 영향을 많이 받으며, 대문에서 멀수록 위계가 높아진다. 세로로 긴 대지에서는 日자형, 가로로 긴 대지에서는 ☐☐자형을 이룬다.

안채와의 거리

상주·진주권 안채는 대부분 一자형이어서 사랑채의 형태와 배치의 가능성은 풍부해진다. 각 채들은 넓은 대지에 분산적으로 배치되지만, 경상도라는 상황에서 일정한 물리적 거리를 확보하고 영역을 명확히 분리하려고 한다. 또한 안채는 '영남형'의 개방적인 대청을 가져서, 사랑대청에서 안채로 향하는 시선을 차단하기 위해 사랑채 배치와 구성에 많은 고려를 하였다. 사랑채 뒤에 수목·차면담을 설치한다든지 사랑채 후퇴에 반침을 두거나 벽체를 폐쇄시키고, 사랑채의 문을 안채가 보이지 않는 곳에 설치하였다.

사랑채의 특색

상주·진주권 사랑채는 '측면마루형'이 다수를 차지한다. 사랑마루는 외접하고 큰사랑방 쪽에 모방과 뒷방이 부속된 곡가형에서 점차 겹집으로 발전한다. 이때 부속실로는 책방이 많다. 큰사랑과 작은사랑은 중문간을 중심으로 분리되기도 하고, 안채와 사랑채가 한 동인 집에서는 좌향을 달리하여 동선을 구분한다. '중앙마루형'은 큰사랑과 작은사랑이 비슷한 규모를 이루며 4칸 이상에서는 큰사랑에 정지방·책방·침방·골방 등이 부가되고, 더 큰 규모에서는 작은사랑 부분도 확장된다. '모마루형'은 큰사랑·사랑마루·작은사랑이 각 1칸인 일반형 규모에서 가로, 세로 혹은 양면으로 확장된다. 안채로 향하는 시선을 가리기 위해 큰사랑방의 후퇴에 골방을 설치하고, 사랑마루의 뒷부분에는 창호를 두지 않기도 한다. 안채와 일체형이 아닌 연결·분리형이 많아 사랑방에 모방이 덧붙여지는 등 실구성이 어느 정도 자유롭다.

생활공간구성은 넓은 대지로 인해 큰사랑채와 작은사랑채가 많이 분리되었다. 접객공간구성은 누마루로 권위를 드러내거나 눈썹지붕으로 장식을 하고(거창 정온고택), 연당과 접객형 별당을 마련하였다(고려동종택, 대산동 한주종택). 사랑채에 의례공간이 더해지면, 큰사랑마루나 작은사랑마루에 반 칸 폭의 벽감을 구성한다. 특별히 상주 지역의 몇몇 주택들은 높은 기단과 필로티 형태로 고상식을 이루기도 한다. 경상도 별당은 一자형에서 ㄱ·ㄲ자형까지 다양하지만, 사랑대청이 크고 개방적이며 통합하려는 특색은 동일하다.

〈표26〉 경상도 상류주택의 별당

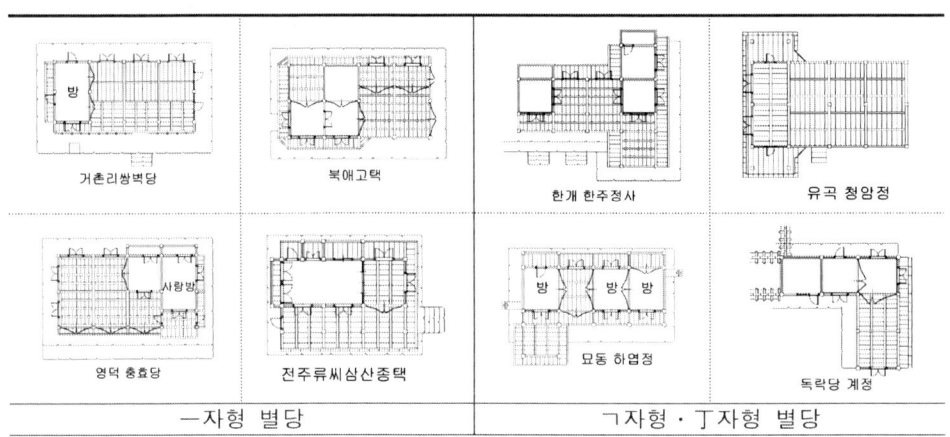

2. 경기·충청도 사랑채

1) 경기·충청도 주택의 구성

서울은 사색(四色)이 모여 살므로 풍속(風俗)이 고르지 못하다. ……충청도의 물산(物産)은 영남·호남에 미치지 못하나 산천이 평평하고 예쁘며, 서울 남쪽에 가까운 위치여서 사대부들이 모여 사는 곳이 되었다. 그리고 여러 대를 서울에 사는 집으로서 이 도에다 전답과 주택을 마련하여 생활의 근본 되는 곳으로 만들지 않는 집이 없다. 또 서울과 가까워서 풍속에 심한 차이가 없음으로 터를 고르면 가장 살 만하다.

『택리지』

경기·충청 지역인 기호(畿湖)지방은 삼국·고려·조선시대를 거치는 장구한 기간 동안 한반도의 중심부였다. 따라서 이 지역 주택에는 궁궐과 사대부들의 영향, 지방 문화의 집중·확산 현상, 외국 교류에 의한 문물의 수용, 상류층을 이루는 훈구파(勳舊派)의 현실적인 경험을 중시하는 주의식 등이 사회적 요인으로 나타난다. 기호지방에는 각 지방 출신의 사대부가 집결하여 그들의 수단적·사회적 근접성이 높다. 그래서 다양한 주택형이 분포하는 문화의 집중 현상으로 일면 고유한 지방색이 없는 것처럼 비치기도 하고 사대부가에서는 파격적이고 선진적인 양상을 드러내기도 한다.

〈표27〉 경기·충청도 주택의 형태

집중도 집형태 연결상태	분산형			결합형			집중형		합계
	ㅡ자형	ㅡㅡ자형	二자형	ㄷ자형	튼ㅁ자형	튼날개형	ㅁ자형	날개형	
일체형	·	·	·	3	3	2	5	5	18
연결형	·	·	·	·	8	3	·	·	11
분리형	9	1	2	3	19	2	·	·	36
별동형	·	·	·	1	4	2	2	·	9
합계	9	1	2	7	34	9	7	5	74
	12			50			12		

주택 구성은 첫째, 지역적으로 집중형·결합형·분산형이 고루 나타나고 안채·사랑채가 ㄴ+ㄱ자형의 튼ㅁ자형인 '결합형'이 많다. 즉 안채와 사랑채는 별동으로 구조의 편리와 도덕 원리에 따른 영역 구분을 동시에 추구하였다. 둘째, 안채 구성은 '중부형'이 65%(48/74), 안채 형태는 ㄱ자형이 51%(38/74)를 차지하여 이 지역에 분포하는 민가형과 유사하다. 그리고 중부지방으로 남부지역과 달리 안대청에 분합문을 달아서 프라이버시와 보온을 함께 고려하였다. 셋째, 사랑채 구성은 '측면마루형'·'중앙마루형'·'무마루형'이 비슷하게 나타나고, 사대부가의 특징인 침방과 누마루가 많이 부가되었다. 경기·충청지방에서 별당은, 경상도의 정자 기능과는 달리 한양에서는 딸의 공간, 충청도에서는 접객을 위한 공적인 공간으로 사용되었다(회덕 동춘당, 제월당).

규범적으로 손님 접대는 사랑채에 한정되고 친척은 의례시 안채까지 들어갈 수 있는 우리나라 전형적인 경계구조를 가진다.

〈표28〉 경기·충청도의 의례장소

마을 \ 의례	상 례	제 례
회덕	남자 : 사랑채 여자 : 안 채	안 대 청
외암리	사 랑 채	안 대 청

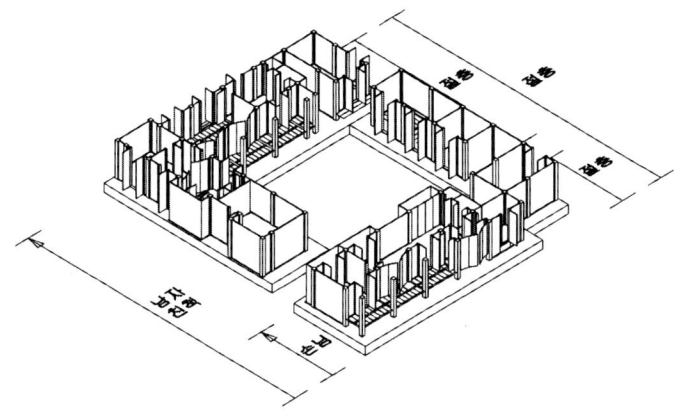

〈그림51〉 경기·충청도 주택의 경계구조

● 아산 외암리 참판댁(參判宅, 중요민속자료 제195호) :
  충청남도 아산시 송악면 외암리 88

조선 숙종 때의 학자였던 외암 이간(李柬, 1677~1727)의 고택으로 ㄱ자형 안채와 ㄴ자형 사랑채가 튼ㅁ자형을 이루고 사당과 8칸 행랑채가 있다. 넓은 바깥마당을 거쳐 사랑마당에 진입하고 우측면에 치우친 중문간을 통해 안마당에 들어갈 수 있다. 안채는 '중부형'의 전형으로서 안방은 생활의 편의상 여러 실로 분화되고 안방과 건넌방 사이에는 분합문이 달린 2칸 대청을 구성하였다. 아랫방은 상대의 안노인이 거주하였다.

사랑채는 '중앙마루형'으로 2칸 큰사랑방의 좌측에 사랑마루와 작은사랑이 놓이고 우측에 수청방을 구성하였다. 특이하게 사랑방 앞에 반 칸의 분합마루방을 두어 더위가 가시지 않은 늦은 가을에 사랑어른이 임시 거처하며 더위를 식혔다. 큰사랑방은 칸을 나누어 아들은 사랑웃방에 거주하면서 사랑아랫방에 나이든 아버지를 수발하고 보살핌을 받았다. 접객공간은 손님의 지위와 나이에 따라 큰사랑, 작은사랑, 사관(별채)에 순차적으로 모셨고, 손님이 많이 오는 회고(會考) 때는 큰사랑방의 들문을 들어 3칸의 넓은 통간으로 사용하였다.

이 지역에서는 제례가 안대청에서 지속적으로 행사되는데, 왕에게 하사받은 안대청의 분합문은 기제사시 병풍의 기능을 겸한다. 안대청에서 치루어지는 제사 때는 8촌까지 참석하지만 평상시는 안채에 4촌까지만 출입이 가능했다고 한다. 반면 외부 손님이 많이 참석하는 빈소는 사랑방·문간채·여막 등 외부공간에 차려진다.

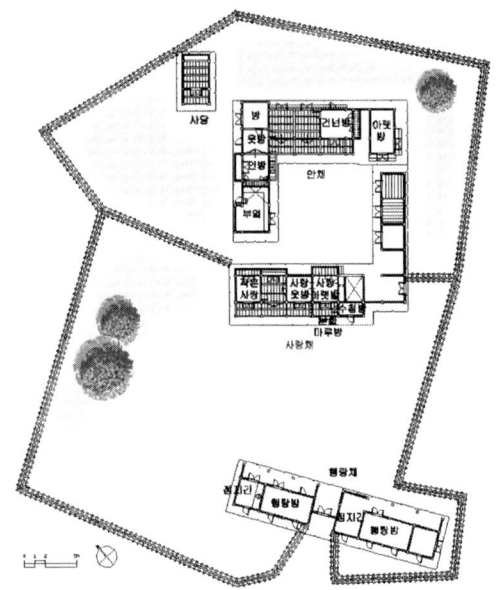

〈그림52〉 외암리 참판댁

●회덕 제월당(霽月堂, 시도유형문화재 제9호) : 대전시 대덕구 읍내동 74-4

제월당은 숙종 때의 문신인 송규렴(宋奎濂)의 거처로, 별당인 제월당과 가묘, 행랑채, ㄷ자형의 안채와 사랑채로 구성되는데, 최근 ㅡ자형 부속채를 덧붙여 ㅁ자형을 이룬다. 가묘는 몸채 우측의 한 단 높여진 지대에 자리하며 3×1.5칸 규모로 앞퇴에 툇마루를 깐 것은 이 지방의 특색이다. 2칸 안방에는 시할머니와 시어머니가 거주하였고 3칸 안대청 중앙 부분에 기둥이 있어서 과거 창호가 있었는지 의문을 가지게 한다. 안마당은 가로가 넓어 채광에 유리하다.

사랑채인 옥오재(玉吾齋)[4]는 정면 5칸×측면 1칸 반의 '측면마루형'으로 홑처마 팔작지붕집이다. 좌로부터 2칸 대청과 2칸 사랑방, 1칸 부엌, 이어서 안채로 들어가는 중문이 있다. 아버지와 아들은 사랑아랫방과 사랑웃방에서 일상생활을 영위하였다.

---

[4] 옥오재(玉吾齋)란 송상기(宋相琦, 1657~1723)의 호로 그 뜻은 명나라 유학자 방정학(方正學)의 '차라리 기와로서 온전할지언정 깨지는 옥은 되지 않겠노라'는 말의 반론으로, "천하에 훼손되지 않는 기와가 어디 있겠는가! 구차하게 온전하기를 바라기보다는 깨지더라도 옥을 선택하겠다"라고 하여, 도를 지키기 위해서는 죽음도 불사하겠다는 의연한 기개가 담겨 있다.

사랑채 앞에 담을 두른 별당인 제월당은 우암 송시열(宋時烈), 동춘당 송준길(宋浚吉)과 함께 3송으로 칭송을 받던 제월당 송규렴(1630~1709)이 숙종2년(1676)에 세웠다. 1674년 종3품의 사간(司諫)이 되었으나 기해예설(己亥禮說)을 주도한 스승 송시열과 송준길이 남인의 공격으로 남해로 유배되자 벼슬을 버리고 고향으로 내려와서 지은 것이다. 정면 3칸, 측면 2칸의 팔작지붕집으로 4칸 대청과 2칸 온돌방을 들였다. 별당 구성은 이웃한 동춘당, 은진송씨 종가인 쌍청당(1432)과 유사하다. 이곳은 생활을 하지는 않고 벼슬하는 할아버지가 낮에 공부하면서 방문하는 손님을 접대하는 공적 공간이었다. 음식은 중문을 통해 조달되었다.

기제사는 안대청에서 행사되어 집안사람은 안대청에 들어와서 음복을 하였다. 상례는 빈소가 차려지는 특정한 장소가 정해져 있지 않아서 방 또는 대청에 병풍을 치고 행사하였다. 따라서 일상과 비일상시에 따른 손님의 출입으로 주택의 경계구조는 유동적이었다.

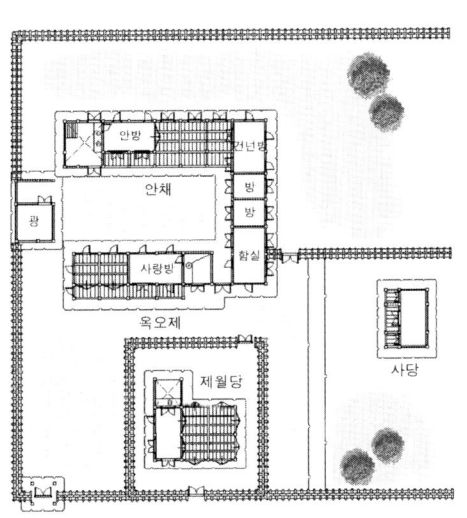

〈그림53〉 회덕 제월당

2) 경기·충청도 사랑채의 특성

대지와의 관계

기호지역은 도시주거와 농촌주거의 모습이 상당한 차이를 가진다. 한양의 도시주거는 제한된 대지에서 채에 담이나 회랑을 둘러 영역을 명확히 구획하고 마당에서 농작업이 제외되었다. 충청도의 농촌주거는 평야지대의 평평한 대지에 채들이 넓게 자리 잡은 튼ㅁ자형이 많으며, 가옥형은 대지 형태와 진입 방향에 많은 영향을 받았다.

1700년대 이전 기호지방의 상류주택은 ㅁ자형의 몸채와 별동을 구성하였다. 몸채에 사랑채가 위치한 경우 별동은 동춘당·제월당·쌍청당 같이 접객에 유리한 청이 넓은 '측면마루형'이고, 사랑채 자체가 별채일 경우는 예산 이참판댁과 추사고택처럼 생활에 유리한 '중앙마루형'을 취한다. 1800년대 이후 상류주택은 전시대의 양상이 지속되면서도 파격적인 유형이 등장한다. 부여 민칠식 가옥과 여주 김영구 가옥은 날개의 위치가 특이하고, 특수한 문자형을 이루거나(윤택영 재실-元자형), 분산화의 양상이 짙다.

일상시 사랑채에만 한정되던 접객공간은 비일상시 안채까지 연장되고, 불천위가 있는 집에서는 주택 전체가 제장으로 사용된다. 집중과 분산의 중간형인 '결합형'이 많아 손님의 경계구조가 가장 정형을 유지하고 있다. 안채의 대청에는 프라이버시와 기후를 고려해 반투명한 창호지문을 설치하기도 한다.

안채와의 거리

안채 형태는 경기도에서는 ㄱ자형, 충청도에서는 ㄱ·ㄷ자형이 많고, 구성은 이 지역 민가형인 '중부형'이 많다. ㄱ자형의 '중부형' 안채가 많아 사랑채 위치는 전면이 가장 선호되었고 측면과 모서리에도 구성되었다.

기호지방에서는 안채에서 제사를 행한다. 그래서 몇몇 집에서는 안채에 벽감이 있는 사당방을 구성하였다. 회덕 제월당은 현 종부에 의하면 안채의 안방 2칸, 대청 3칸은 5대의 신주를 한 칸에 하나씩 놓을 수 있도록 봉제사를 위해 설계된 것이라 한다.5) 안채에서 제례를 행하는 대표 가문인 회덕 동춘당에는, 동춘(송준길, 1607~1689)의 불천위를 모신 별묘(別廟)와 사대봉사를 위한 대묘(大廟)를 구성하였다. 사당에서 출주(出主)로부터 제사가 시작되며 건넌방 전면간을 통하여 안대청으로 신위가 들어온다. 대청 북쪽에 상을 차리고 신위를 놓은 후에 참사자(參祀者)들에 의한 제례가 행하여진다. 여성들은 제사에 참여하지만 대청이 아닌 안방의 웃방에 서열하고, 아헌시(亞獻時)에는 안주인인 종부(宗婦)가 주체가 된다. 동춘의 불천위제사에는 많은 인원이 참여하여 제례공간이 사랑마당까지 확대되기도 하였다.6) 즉 기호지방에서는 지금까지 안채에서 제례가 이루어져서, 비일상시 안채는 외부인에게 개방되고 사랑채에 제례를 위한 공간구성은 엿볼 수 없다.

사랑채의 특색

경기·충청지역 사랑채의 특징은 첫째, 사대부가의 영향으로 누마루가 많이 구성되고, 이것은 사랑대청의 기능 분화로 이어졌다. 이 지역에서는 측면돌출형 누마루가 주류로 측면마루에 연이어 구성되기도 하고(서울 연경당, 서울 박영효 가옥, 견지동 윤씨가), 중앙마루형에서 종종 건립되기도 하였다(괴산 김기응 가옥). 전면돌출형 누마루(궁집과 운현궁)는 드물다. 작은 사랑채에서도 간소화된 누마루가 등장하기도 한다. 충청도 지역에 분포하는 모서리형 누마루는 마루방과 누마루의 성격이 복합된 것이다(논산 명재고택, 수하당 김씨가). 둘째, 궁궐과 사대부 주택이 많은 지역적인 배경으로 공사를 구별하려는 의식이 강하여 침방을 많이 구성하였다. 침방은 성격상 외부에 폐쇄적이고 안채와는 긴밀한 관계를 가지므로, 보통 사랑방의 후열에 구성되어 사랑채가 곡가형을 이루는 원인이 되었다. 이것은 튼ㅁ자형이 유행하는 이 지역성과도 관련된다. 셋째, 충청도에서만 등장하는 분합마루방(회덕 동춘당, 예산 이참판, 외암리 참판댁)은 사랑방 전퇴에 마루를 깔고 문을 설치한 곳으로 사랑어른이 가을 늦더위를 식히는 공간

---

5) 박선희, 앞의 책, p.176
6) 김기주, 앞의 책, p.92

이었다. 이처럼 전퇴를 활용한 유사한 예로 사당에 전퇴를 구성하였다. 넷째, 규모가 커질수록 겹집을 짓기보다는 홑집의 곡가형을 이룬다. 이는 사대부층이 두터워 겹집화로 인한 프라이버시 침해를 원치 않았기 때문으로 보인다. 동선상 편의를 위하여 안채와 툇마루로 연결하기도 하였다.

'측면마루형'에서 모방과 뒷방을 구성하고 마루가 외접하는 것은 다른 지역과 동일하지만, 기후의 영향으로 대다수 사랑마루에 들분합문을 두어 공간의 활용도를 높였다. 사랑대청에서 마루방을 따로 분리하려는 기능 분화가 강하게 나타나, 측면마루의 규모는 한계를 지닌다. '중앙마루형'은 一자형이 일반적이고, 별도의 누마루를 많이 구성하였다.

〈표29〉 경기·충청도 상류주택 사랑채

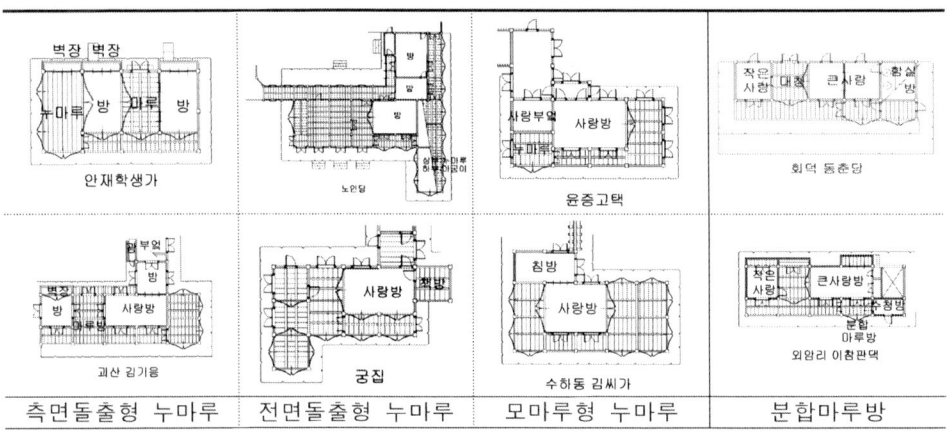

3. 전라도 사랑채

1) 전라도 주택의 구성

전라도는 물산이 풍부하며, 산골 고을이라도 냇물로 관개하는 까닭으로 흉년이 적고 수확이 많다. ……문학을 대단치 않게 여기는 까닭에 과거에 올라 훌륭하게 된 사람의 수효가 경상도에 미치지 못한다. ……오직 과시 제봉의 자손, 기씨 고봉의 자손, 윤씨 고산의 자손 등 서너 집 외에는 크게 나타난 자가 없다.

『택리지』

〈표30〉 전라도 주택의 형태

집중도 집형태 연결상태	분산형			결합형			집중형		합계
	一자형	ㄱ자형	二자형	ㄷ자형	튼ㅁ자형	튼날개형	ㅁ자형	날개형	
일체형	·	·	·	3	1	·	·	1	5
연결형	·	·	·	·	2	2	·	·	4
분리형	21	9	15	12	17	·	·	·	74
별동형	·	·	·	·	3	·	·	·	3
합계	21	9	15	15	23	2	·	1	86
	45			40			1		

조선시대 전라도 양반의 처지를 표현한 것 중에 존재(存齋) 위백규(魏伯珪, 1727~1798)가 언급한 삼벽(三僻)이란 말이 있다. 지벽(地僻)은 호남사람에게는

벼슬을 잘 내려주지 않고 푸대접했던 당시 상황에서 호남 시골에서 태어나 생을 마침을 이르고, 인벽(人僻)은 궁벽진 고을에 살다 보니 글 가르쳐줄 선생을 제대로 만날 수 없고 학문이나 세상의 일을 잘 아는 사람들과는 어울릴 수가 없음을 이른다. 성벽(姓僻)은 위씨가 비록 벼슬할 수 있는 조건이어도 조선조에 들어와 도통 벼슬다운 벼슬 한 자리 얻을 수 없었던 것을 뜻한다.7) 이처럼 호남문화는 반지배적·서민적 특성으로 모든 분야가 비주류의 양상을 가지며, 송강 정철(鄭澈), 고산 윤선도(尹善道) 등의 유배·은둔 성향은 이 지역 건축문화의 기층을 형성하였다.8)

전라도의 주택 특징은 첫째, 주택 배치는 '분산형'이 대부분이다. 외부공간에 대해 안마당을 확연하게 구분하는 것은 사대부가나 오래된 집 또는 태백산맥 줄기의 산간지대에서 나타나는 문화 현상이다. 전라도 지역에서 조선중기에 지어진 구례 운조루가 ㅁ자형이고 해남 녹우당과 그 이후에 지어진 윤탁 가옥, 이동훈 가옥이 튼ㅁ자형이고 이를 제외한 대다수 주택은 채가 널찍이 떨어진 분산적인 배치로 남부의 지역성을 나타낸다. 전라도 주택의 배치에는 명분보다는 유배된 사대부의 유희와 여유가 깃들어진 자유로움이 드러나고, 대단위 토지에서 수확한 곡식의 수장공간을 구성하고, 안채와 사랑채의 벽체는 폐쇄적이다. 둘째, 안채 구성은 '호남형'이 72%(62/86)를 차지하고 형태는 一(62%, 53/86) > ㄷ(23%, 20/86)자형 순이다. ㄷ자형 비율이 높은 것은 채들이 떨어져 있어도 안채의 익랑으로 시선을 가리고 아늑한 안마당을 마련할 수 있기 때문이다. 셋째, 사랑채 구성은 '측면마루형'(44%, 38/86) > '중앙마루형'(26%, 22/86)의 순이고 '모마루형'은 나타나지 않는다. 사랑마루는 사랑대청·마루방·누마루로 분화하려는 성향이 짙고, 사랑채 자체의 배치가 자유로워 주택 내 별당은 발달하지 않았다. 대신 사랑채 근처에 여러 수종으로 꾸며진 화단과 연지(蓮池)를 조성하였다.

---

7) 이이화, 『이야기 한국인물사』, 한길사, 서울, 1993, pp.117~118
8) 김봉렬, 앞의 책, p.149

규범적으로 큰아들은 안채의 건넌방에 거주하고, 제례도 안대청에서 행사된다. 손님은 사랑채에서 대접하는 것이 원칙이지만 귀한 손님은 안채에 가까운 별당을 이용하였다. 이 같은 경계 구조는 타 지역과 비교해 가장 개방적이다. 따라서 안채와 사랑채는 시선 차단을 위해 폐쇄적인 벽체를 가진다.

〈표31〉 전라도의 의례장소

마을 \ 의례	상 례	제 례
나주 도래	남자: 사랑채 여자: 안채	안대청
장흥 방촌	남자: 사랑채 여자: 안채	안마루
남원 홈실	남자: 사랑채 여자: 안채 때로는 별채 이용	안마루

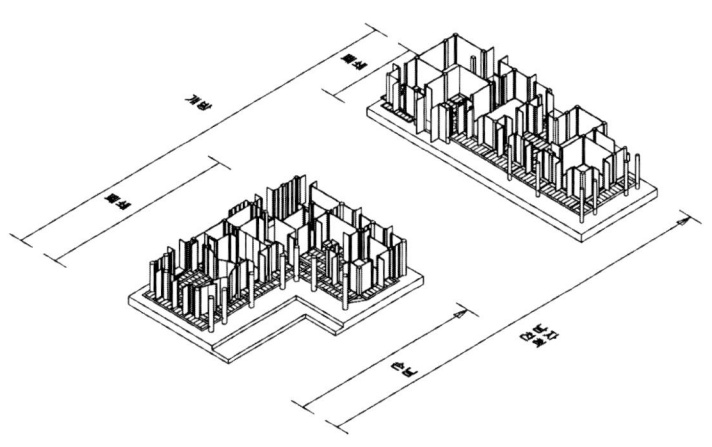

〈그림54〉 전라도 주택의 경계구조

● 나주 홍기응(洪起膺) 가옥(중요민속자료 제151호) :
　전라남도 나주시 다도면 풍산리 180

도래마을에 자리한 남양홍씨(南陽洪氏) 종가로 고종 29년(1892)에 건립되었다. 대문채, 사랑채, 안채, 그 우측에 사당이 널찍이 배치되었고, 사당 앞의 별당과 대문채 옆의 행랑채는 현재 헐려 없어진 상태다. 행랑마당-사랑마당-안마당-사당마당의 4

영역이 담으로 구획되는데, 종손 홍기응 씨는 사랑마당은 글 읽고 시를 짓는 정적공간으로, 행랑마당은 나락을 두고 일꾼들이 일하는 동적공간으로 구분하였다. 6칸 안채는 一자형 '호남형'으로, 정제가 넓고 정제방이 구성되며 대청마루는 문이 달리고 이분되어 있다.

사랑채는 남향한 ㄱ자형으로 전체적으로 별당식 구성이다. 사랑대청과 누마루가 분화되어 있어 거주인의 계층성을 드러낸다. 위·아랫사랑으로 분리된 큰사랑방에서 분합문을 열면 누마루까지 4칸 통간을 이루어 큰 행사시에 사용하였다. 꺾인 부분에 있는 정지와 골방(청지기방)은 큰사랑과 작은사랑의 영역을 분리하고, 사랑손님에게는 잘 인식되지 않으면서도 안채에서 사랑채의 동정을 파악하는 데 요긴하였다.

접객공간은 손님의 급에 따라 귀한 손님은 안채에 근접된 별당에, 일반 과객은 사랑채에, 급이 낮은 손님은 대문간채, 그리고 거지들은 집 밖의 호지집에서 구분하여 대접하였다고 한다. 설·보름·추석에는 대소가들의 사람들이 모여 사당에서 제사를 지내고, 4대조를 모시는 기제는 안대청에서 행사한다.

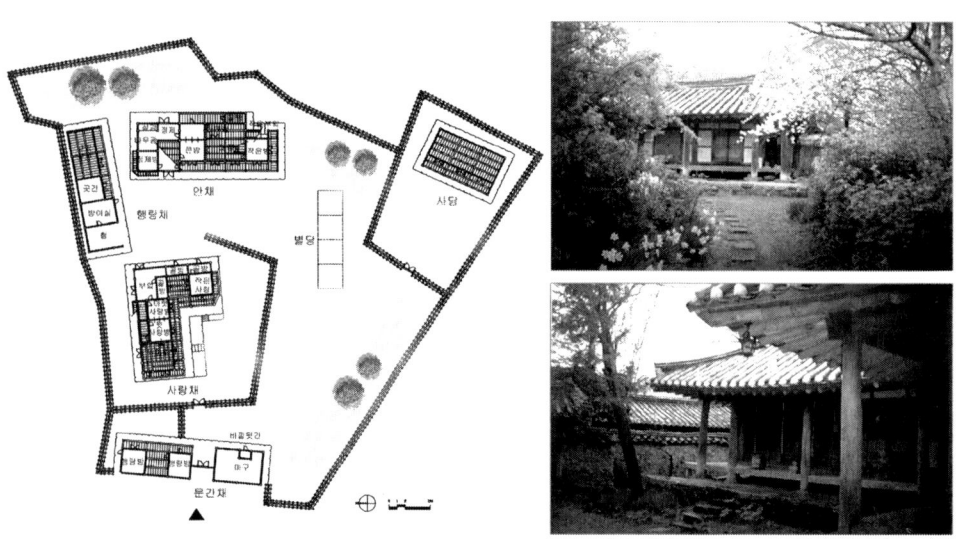

〈그림55〉 나주 홍기응 가옥

● 남원 몽심재(夢心齋, 중요민속자료 제149호) :
전라북도 남원시 수지면 호곡리 769-3

죽산박씨(竹山朴氏) 충현공(忠顯公)의 후손들로 이루어진 홈실마을은 가파른 경사지에 위치하고 주택들은 이를 적극 활용한 구성을 하고 있다. 몽심재는 이웃한 박환수 (종가), 박환진, 박완기, 박천식 가옥과 더불어 18~20세기 초에 걸친 시대적 변화상을 순차적으로 보여준다.9) 집 구성은 이 마을에서 흔히 나타나는 ㄷ자형 안채와 一자형 사랑채이며, 넓은 대지에서 위요된 작은 안마당은 색다른 공간감을 연출한다. 안채는 ㄷ자형 '호남형'으로 부엌 부분이 특히 발달하였고 작은방 앞에 함실을 꾸몄다. 안대청과 사랑대청 전면에는 분합문을 달아 폐쇄적이다.

대문에 들어서면 경사지를 이용한 높은 기단 위에 사랑채가 웅장하게 자리 잡고 있다. 정면 5칸×측면 2칸 구성으로 종가의 사랑채가 홑집인 데 반해 후기적 특색으로 겹집을 이룬다. 대청보다 방이 많은 구성으로 오른쪽으로부터 대청, 큰사랑방, 중방, 서방, 후열에는 책방, 골방, 함실, 뒷방이 자리한다. 전면에 툇마루를 두었는데 서방 앞에는 한 단을 높여 난간을 둘러 누마루 같은 분위기를 연출한다. 장유유서에 따라 큰사랑방에 1대, 중방에 2대, 서방에 3대가 거주하고 접객도 연령과 계층에 따라 차별을 두었다. 이는 이웃집에서도 공통적이다. 대문채에도 마루를 두어 손님들이 연못을 보며 즐기도록 배려한 점이 이채롭다.

집에 상이 났을 경우 빈소공간으로는 서방을 사용하고, 제례는 안채에서 행사되어 비일상시 친척은 안채까지 들어갈 수 있었다.

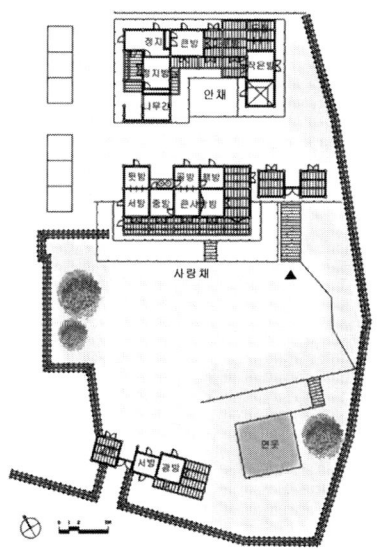

〈그림56〉 남원 몽심재

---

9) 김봉렬, 『조선 후기 한옥변천에 관한 연구』, 서울대학교 석사학위논문, 1982, pp.45~52

2) 전라도 지역 사랑채의 특성

대지와의 관계

전라도 상류주택은 넓은 대지에 채들이 분산되어 있고, 벽체는 문을 설치해 폐쇄적이다. 이것은 경상도 지역이 집중적인 배치에 개방적인 벽체와는 상반되는 구성이다. 경상도 주택은 개방적인 벽체를 해결하기 위해 중축을 중심으로 한 엄격한 배치를 이루지만 전라도 지역에서는 벽체의 폐쇄성이 높아 배치가 자유롭다. 배치에서 영남은 대의와 명분을 중시하고 호남은 실리를 중시한다고 하겠다. 하지만 폐쇄와 개방의 상대적 차이에도 불구하고 음·양의 조화로운 구성으로 합일된다.

전라도의 대표 사대부 주택인 해남 녹우당과 구례 운조루는 집중도가 높은 ㅁ자형으로, 이들의 원류를 찾으려면 소백산맥을 넘어가야 한다. 그외 대부분의 주택은 분산적인 배치로 사대부가라 하더라도 공간 짜임새가 후기에 오면 오히려 향반계층의 주택처럼 자유분방하다. 대지가 넓어 사랑채는 안채와 물리적 거리는 멀지만 시각적으로 트여 벽체에 창호를 달아 프라이버시를 유지하며, 몇몇 상류주택에서는 안채의 전면이 드러나는 것을 막기 위해 동선을 꺾거나 채와 담을 이용하여 영역을 구획하였고, 중류주택에서는 상대적으로 구획이 적어 개방된 마당을 이룬다.

영역의 경계는 타지역에 비해 안채공간이 타인에게 가장 개방적이며, 일상시 큰아들이 안채의 건넌방에서 생활하여 가족간의 경계도 약하다. 그리고 접객은 나주 홍기응댁 설문조사시 사랑채, 별당, 문간채, 집밖 호지집의 네 곳에서 이루어지는데, 안채 근처의 별당에서 가장 위계가 높은 손님을 접대하여 손님이 안채공간까지 들어온다. 비일상시의 제례는 안대청과 안채 근처인 사당[10]에서 치러져서 대소가의 친척들에게 안채는 개방적이다. 즉, 일상시 안채에서 남자가족이 생활하고 가까운 손님을 접대하며, 비일상시에도 안대청에서 제례가 행사되었다.

---

10) 사당의 규모는 1칸도 있고 3칸 이상은 3대 이상 연속적으로 벼슬을 했을 경우에 건립하였다 한다.

따라서 분산 배치로 안채와 사랑채는 물리적으로는 멀리 떨어져 있지만 시각적으로는 연결될 수 있기 때문에, 프라이버시 침해로 인한 불만을 줄이기 위해 더운 남부 지역이지만 벽체를 달아 폐쇄적으로 처리하였다.

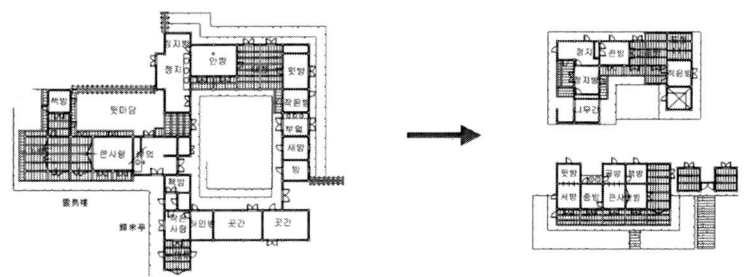

〈그림57〉 전라도 주택의 변화상

안채와의 관계

전라도에서 안채는 一・ㄷ자형의 '호남형'이 다수를 차지한다. 대청 전면에는 4분합문・판장문을 달아 폐쇄적이다. 안대청 전면에 분합문을 다는 것은 경상도에서는 드물지만 전라도, 경기도, 충청도 지역에서는 흔한 특징이다. 그렇지만 전라도에서는 정면성에 관한 의식이 달라 벽장이 전면으로 돌출하거나(고창 김성수 가옥), 심벽으로 전면을 처리(화순 양승수 가옥)하지만, 一・ㄷ자형의 지붕으로 대칭성・정면성을 확보한다.

사랑채는 안채가 폐쇄적인 벽체를 가지므로 시각적으로 자유롭고, 넓은 대지에 배치되어 물리적으로도 자유롭다. 이같은 특성은 '분산형'이 많이 등장할 수 있는 배경이 되었다. 분산형에서도 병렬형과 산개형이 많이 등장한다. 그리고 사랑마루의 후퇴에 골방을 두거나 사랑마루를 안채로부터 먼 쪽에 위치시켜 자연스럽게 시선을 차단하였다.

사랑채의 특색

전라도 지역 사랑채는 一자형이 많고, '측면마루형' 구성이 우세하지만 다른 지역에 비하여 '중앙마루형'도 많은 편이다. 그로 인해 가로칸이 길고 전면돌출형 누마루가 많다. 사랑채 칸 넓이에 대한 입면 높이는 영남 지역에 비해 낮은데 이는 백제 계통의 평지에 낮게 깔리는 조형성이 내재된 것으로 보인다.

전라도 사랑채의 특징은 첫째, 혼합형·겹집화·퇴간 구성의 다변화를 들 수 있다. 넓고 기름진 옥토를 기반으로 한 많은 부농(토호)들은 사랑채에 수장공간인 창고, 고방을 부가한 혼합형을 조성하였다. 수장공간 확보를 위해 일찍부터 겹집화가 이루어졌고 방의 비율이 높아서 작은사랑채를 별채로 구성하는 경우는 드물다. 홑집에서도 퇴가 발달되어 머슴방, 광, 반침 등 다양한 용도로 활용하였다. 둘째, 사랑대청이 여러 개로 분화되고, 분합문이 달려 폐쇄적이다. 구례 운조루에서 연속적인 사랑대청과 누마루는 바닥의 높이차와 개방의 정도를 달리하여 차별화하였고, 나주 홍기응 가옥의 사랑채에서는 누마루와 중앙마루가 분리되었다. 그리고 대청이 수장공간으로 이용되기도 한다(영암 최성호 가옥). 셋째, 이 지역 안채에서 정지 부분이 발달한 경향은 사랑채까지 연장되어, 중앙부엌을 두어 양쪽 방을 난방하였다. 화순 양동호 가옥에서 사랑정지는 큰사랑과 작은사랑 사이에 자리하여 양 영역을 분리하면서 동시에 난방을 하고, 외부로는 판장벽으로 처리하여 손님들은 잘 인식하지 못하였다. 나주 홍기응 가옥에서도 ㄱ자형 모퉁이에 정지가 구성되어 사랑방의 불을 관리하고 손님의 동정을 살피는 데 요긴하였다. 넷째, 사랑채에 장식과 기능을 살린 차양11)을 많이 설치하였다(해남 녹우당, 장흥 위성룡 가옥, 화순 양동호 가옥). 겹집에서는 전열에 마루를 구성하여 깊이감으로 차양 효과를 내기도 한다.

사랑채에서 생활공간 구성은 전국적으로 동일하여, 부자유친·장유유서의 규범이 지켜진다. 다만 겹집구성이 많아 작은사랑채를 따로 짓기보다는 중앙마루로 세대를 구분하였다. 퇴간의 골방을 다양한 용도로 활용하고 경제력을 과시하는 머슴방을 많이 구성하였다. 접객공간 구성은 사랑대청이 여러 개로 분화되고 폐쇄적이며 수장 용도로도 사용되어, 크고 개방적인 영남지역 마루와는 차이를

---

11) 주남철, 앞의 책, p.213 : 『조선왕조실록』 세종 31년 가사규제에 기록된 '유차양사랑(有遮陽斜廊)'으로 미루어 조선 초기부터 널리 건축되었음을 알 수 있다.

가진다. 일부 사대부가에서는 누마루를 조영하지만, 향반층 주택에서는 툇마루를 변형시켜 약식화하였다. 눈에 자주 띄는 차양은 평지에 낮게 드리우는 태양을 차단하면서 사랑채 전면을 넓게 확보하고 장식적인 효과도 겸하였다. 이 지역의 사랑채에 머물렀던 손님들로 다수가 화가들을 언급하여, 경제력을 바탕으로 많은 예술인이 들끓어서 서편제의 본향이기도 했던 모습을 엿볼 수 있다(구례 운조루 사랑채의 벽지는 그림으로 꾸며져 있다). 조경으로 사랑마당에는 다양한 수종을 심고 때로는 높은 기단에 화계를 구성하기도 하였다. 연지는 대문 밖(구례 운조루, 장흥 위계환·위성룡 가옥, 보성 이용욱, 이금재 가옥)에 배치하거나 문간채 내에 두더라도 사랑채에서는 멀찍이 떨어져(남원 몽심재) 수련을 심고 물고기를 식용으로 키우기도 하였다. 주택 내 별당이 발달하지 않은 것은 전국에서 정자가 가장 많은 지역이라는 것과 관련이 있어 보인다. 전라도 사랑채에는 의례공간이 구성되지 않는다. 이 곳은 지금까지도 차례(茶禮)는 사당에서, 기제(忌祭)는 안대청에서 치러지기 때문이다. 일시적인 빈소는 가끔 사랑채에서 차려지나 이때는 서방이나 작은사랑방을 잠시 전용하기에 공간의 조정은 없었다. 오히려 몇몇 집에서는 안채에 의례공간을 구성하였다.

〈표32〉 전라도 상류주택 사랑대청의 특징

사랑대청의 마루방화	사랑대청의 분화	누마루의 분화
감골 이용욱	이규헌 가옥	장수 정상윤
영광 신호준	현종식 가옥	김성수 家

4. 강원도 사랑채

1) 강원도 주택의 구성

　북쪽 회양에서 남쪽 정선까지 모두 험난한 산과 깊은 계곡이며 물은 서쪽 한강으로 들어간다. 화전(火田) 경작이 많고 수전(水田)은 지극히 적다. 기후가 차고 땅이 메마르다. 골짜기 마을은 비록 시냇물과 기이한 경치가 있지만 한때 피난처로 적당한 곳이지 여러 대를 내려 살기에는 합당치 못하다. ……노인들이 기악과 술, 고기를 싣고 호수와 산 사이에서 흥겹게 놀며, 이것을 큰 일로 여긴다. 그러므로 그들의 자제도 놀이하는 것이 버릇이 되어 문학에 힘쓰는 자가 적다. 지역이 또한 서울과 멀어서 예로부터 훌륭하게 된 사람이 적다. 오직 강릉에는 과거에 오른 사람이 제법 나왔다.

『택리지』

　태백산맥을 중심으로 영서(嶺西)지방은 기호 지역과 유사한 문화를 갖지만, 영동(嶺東)지방은 동해안을 통로로 함경도와 경상도의 문화가 접목되는 요충지로 고유한 건축적 특성을 키워왔다. 예로부터 가거지(可居地)가 거의 없다고 말해질 정도로 농경지가 적고 척박하여, 이곳의 주택들은 열악한 자연환경에서 살아남기 위한 조형 의도가 곳곳에서 배어난다.

<표33> 강원도 주택의 형태

집중도 집형태 연결상태	분산형			결합형			집중형		합계
	ㅡ자형	——자형	二자형	ㄷ자형	튼ㅁ자형	튼날개형	ㅁ자형	날개형	
일체형	·	·	1	2	·	·	8	1	12
연결형	·	·	·	1	13	1	·	·	15
분리형	·	·	·	1	1	·	·	·	2
별동형	·	·	·	1	1	·	1	·	3
합계	·	·	1	5	15	1	9	1	32
	1			21			10		

　　강원도의 주택 특징은 첫째, 강릉을 중심으로 한 토호·유림세력들은 반가의 전형인 ㅁ자형이나 튼ㅁ자형을 취하고, 추위에 대응하기 위해 창호를 달아 벽체가 폐쇄적이며, 담을 근접하게 둘러 날개집을 짓지 않았다. 주기 공간 내에 외양간, 봉당 등이 집중되며 수장공간의 비율이 타 지역보다 높고 부엌도 큰 편이다. 둘째, 영동권 주택에서 안채는 '중부형'이 등장하지만, '영동형'[12]이 전체 실례의 72%(23/32)로 많아서 남녀영역이 전후로 분리되고, 진입시 정면성이 약하다. 하지만 안채 전면은 넓고 폐쇄적이어서 채광과 보온에 유리하다. 이러한 '영동형' 안채의 선호는 집권양반의 배출이 적었던 사회환경과 추운 기후의 자연환경이 강한 결정 요소로 작용하였다. 안채 형태는 영동민가형과 유사한 ㄱ자형(50%, 16/32), ㅁ자형(31%, 10/32)이 선호되어, 사랑채와 연결·일체를 이룬다. 셋째, 사랑채 구성은 무마루형(47%, 15/32) > 모마루형(28%, 9/32) > 측면마루형(19%, 6/32)의 순이다. 이 지역 안채처럼 마루가 없는 기본형이 많고, ㅁ자형을 유지하기 위해 '모마루형'을 구성하였으며, '측면마루형'은 대부분 문을 달아서 개폐의 가변성을 가진다. 사랑대청이 없거나 작은 관계로 사랑방에서 접객이 이루어져

---

12) 조성기, 「영동지방 민가의 조사연구(Ⅰ)」, 대한건축학회논문집, 2권 5호, 1986, pp.15~22 : 영동형 민가의 실 구성을 살펴보면 외양간이 덧붙여진 큰 정지 옆에 주 침실인 구들이 자리하고 부 침실인 뒷방과 수장공간, 가장의 공간이며 접객장소인 사랑이 덧붙여진다. 규모와 지역에 따라 마루가 놓이기도 한다.

침방의 요구가 컸고, 마구간이 근접하여 목방을 사랑채 근처에 두었다. 그래서 별당을 마련해 개방적인 여름공간을 확보하였다. 영동권에는 살림집에 딸린 별당건물이 빼어나고, 이들은 조선 초기의 간단한 평면 구성을 이룬다.

사랑채의 규모가 작아서 남자가족들의 생활공간이 안채까지 확장되었다. 접객이 사랑채에 한정되는 것은 다른 지역과 동일하지만 별당을 많이 구성하였고, 제례공간으로 사랑채가 사용되는 것은 경상도와 유사하다.

〈표34〉 강원도의 의례장소

마을 의례	상 례	제 례
금산리	남자: 사랑채 여자: 안채	사랑채(별당)
노암동	사랑채	사랑채

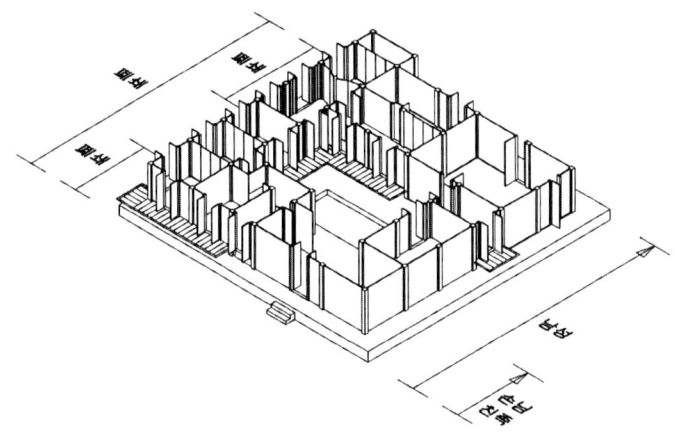

〈그림58〉 강원도 주택의 경계구조

● 금산리 상임경당(上臨鏡堂, 시도유형문화재 제55호) :
  강원도 강릉시 성산면 금산리 620

　이 가옥은 ㄷ자형 몸채와 별당인 상임경당 그리고 사당으로 이루어진다. 안채는 겹집의 '영동형'으로 전열에 안방·상방이 후열에 뒷방·도장·웃사랑이 있고, 그 전면에 사랑채가 배치된다. 사랑채는 마루가 없는 작은 규모여서 안채의 상방과 웃사랑을 남자가족이 사용하였다. 손님이 오면 보통은 사랑에서 접대하고, 여름과 귀한 손님들이 와서 바둑을 둘 경우에는 좌측의 상임경당을 이용하였다. 상임경당은 높은 석축 위에 정면 3칸, 측면 2칸의 단층 팔작기와집으로 민도리계 구조의 별당 건축이다. 건물 내에는 율곡(栗谷, 1536~1584)의 <호송설(護松說)>을 새긴 현판과 추사 김정희의 아버지인 서당 김로경(金魯卿, 1766~1840)이 쓴 <임경당> 현판이 걸려 있다. 제사는 사당과 상임경당의 넓은 대청에서 치러지고, 혼례 역시 안마당과 상임경당 대청에서 이루어져 협소한 공간에 적응한 행태라 하겠다.

　이웃한 임경당과 상임경당을 비교해보면, 건립시기가 조선중기와 후기이고 벽면처리가 폐쇄·개방이라는 차이를 가진다. 그렇지만 같은 김열(金說)의 후손이 지었고 몸채의 좌측에 별당을 두고 그 후면에 사당을 둔 동일한 배치이며, 별당구성 역시 대청 2칸 방 1칸에 사랑마루는 몸채의 반대편에 자리하고 제례가 별당에서 이루어지는 동질성을 가진다.

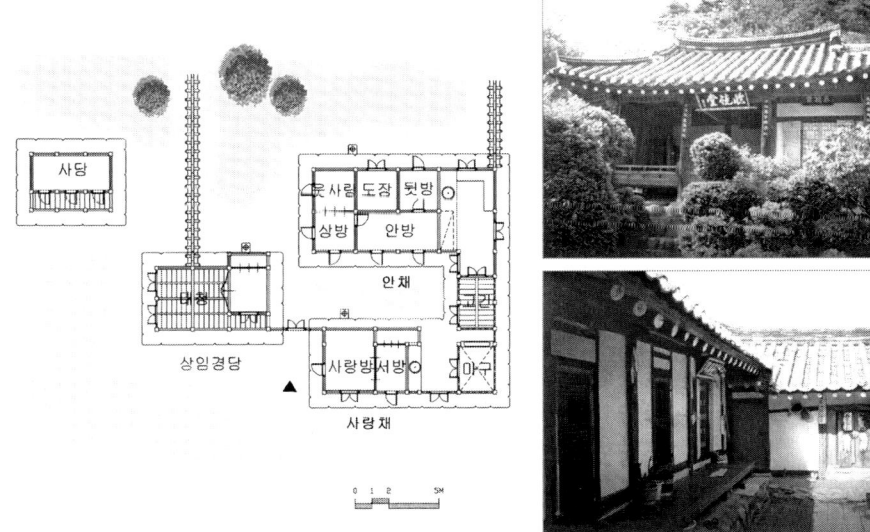

〈그림59〉 금산리 상임경당

● 강릉 최근배(崔根培) 가옥(문화재자료 제55호) : 강원도 강릉시 노암동 1

이 가옥은 1916년에 상량(上樑)하였다는 기록이 있으며 사랑채 위치에 대해서는 기존 연구와 집에 사는 종부의 의견에 차이가 있어 실제로 설문한 종부의 의견에 따라 기술한다. 주택은 '영동형' 안채, 육자방과 광을 둔 아래채와 그 맞은편에 곳간을 배치하였으며 전면에는 사랑채를 두어 튼ㅁ자형을 이루고 있다. 안채는 겹집구성인데, 큰 정지의 우측으로 전열에 안방·새이방·웃상방을 두고 후열에 뒷방·마루방을 배치하였다. 새이방은 원래 마루방이었다고 한다. 여러 방들은 가로로 긴 뜰에 접해 채광에 유리하고 폐쇄적인 벽체로 추위를 해결하였다.

사랑채는 전면 4칸, 측면 2칸 규모의 '측면마루형'이다. 2칸 큰사랑방을 중심으로 좌측 전열에는 일꾼방인 목방이 있어 농사와 소여물을 관리하였고 후열은 침방으로 할아버지가 기거하였다. 우측에는 사웃방으로 불리는 사랑대청이 있고 뒷벽에 감실을 구성하였다. 손님이 많이 올 경우 남자가족들은 육자방에 와서 잠을 청하였고 제사는 사랑채의 사웃방에서 치러지고 빈소는 큰사랑에 차려진다고 한다.

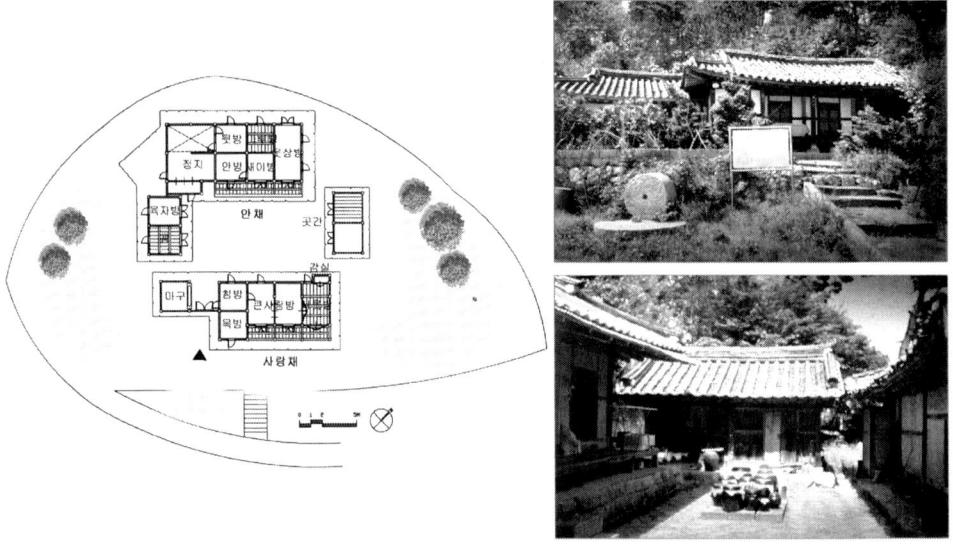

〈그림60〉 강릉 최근배 가옥

2) 강원도 지역 사랑채의 특성

대지와의 관계

강원도의 주택 특징으로 첫째, 산악지대가 많아서 안마당의 위요도가 높은 '집중형'이 주종을 이룬다. 둘째, 사랑채와 안채의 연결은 ㅁ자형에서는 일체를 이루고 튼ㅁ자형 내에서는 위요도가 높은 연결형이 많다. 셋째, 안채와 사랑채의 전면 벽체는 폐쇄적이고 넷째, 몸채에 근접되게 담을 둘렀다. 이러한 폐쇄성은 산지로 경사지가 많아 넓은 대지를 구하기가 힘들고 겨울의 추위뿐만 아니라 심한 봄바람을 견디기 위한 방책에서 연유하였다.

전국적으로 ㅁ자형에서 사랑채 위치는 동쪽이 많지만, 이 지역에서는 안채의 좌편인 서쪽에 많아 전통적 방위에 대한 인식보다는 지형·도로·풍향 등이 요인으로 작용했음을 알 수 있다. 안마당은 작지만 가로가 넓어 채광에 유리하며, 사랑채도 채광이 좋은 모서리와 전면에 자리한다. 중문간 위치는 안채의 정면성이 약하기에 중축에서 좌우측으로 약간 벗어난다. 또한 대문간에서 진입시 중문간과 사랑채 사이에 차면담을 설치하여 남녀와 공사의 동선과 영역을 분리시키고 있다(강릉 임경당). '집중형'이 많은 영동권에서 강릉 선교장은 흔하지 않은 분산형으로 사회적 차이를 드러낸다. '분산형'이 많은 호남 지역에서 구례 운조루·해남 녹우당이 집중형을 취해 상류계층성을 표했던 것과 비교되는 부분이다.

집중적인 주택에서 안채에 외부 손님의 출입을 금하는 것은 다른 지역과 유사하지만, 사랑채의 규모가 작아서 남자가족의 생활공간이 안채까지 확장된다. 이는 사랑채가 홑집으로 실이 적은 반면, 안채는 겹집인 영동형 민가가 수용되어 안사랑 또는 상방을 남성공간으로 사용하였고, 뜰아랫방도 제2의 남성공간으로 활용하여, 가족간의 남녀 경계는 약간 허물어져 있다. 안채 전면의 높은 폐쇄도는 이를 가능하게 한 바탕으로 보인다. 반면 안채는 겹집 구성이지만 안대청이 작고 폐쇄적이어서, 많은 친척이 참석하는 의례공간이 사랑채로 옮겨가는 것은 경상도와 유사하다.

안채와의 거리

안채는 겹집으로 규모가 크지만 여러 실로 분화되어 안방은 작은 편이다. 폐쇄적인 ㅁ자형 주택에서 중문간을 통해 안뜰에 진입할 때 지붕보다는 벽체를 동일하게 폐쇄시켜 정면성을 이룬다.

ㅁ자형 주택에서 안채 유형에 따라 '중부형'에서는 겹집으로 변형되어도 중축을 중심으로 남녀공간이 좌우로, '영동형'에서는 전후로 구분된다. 겹집 구성이 많아서 프라이버시를 유지하려는 사대부 의식이 상대적으로 약한 것으로 보인다. 전체적으로 사랑채 배치는 채광과 보온에 유리한 전면과 모서리에 위치하지만, 상류주택으로서 안채와 물리적·시각적 거리를 유지하려는 원칙은 지켜진다. 사랑대청은 ㅁ자형 주택이 많아 '모마루형'이 다수이고, '측면마루형'일 경우 대청 뒷부분에 반침이나 벽감을 두어 안채로의 시선을 차단하였다.

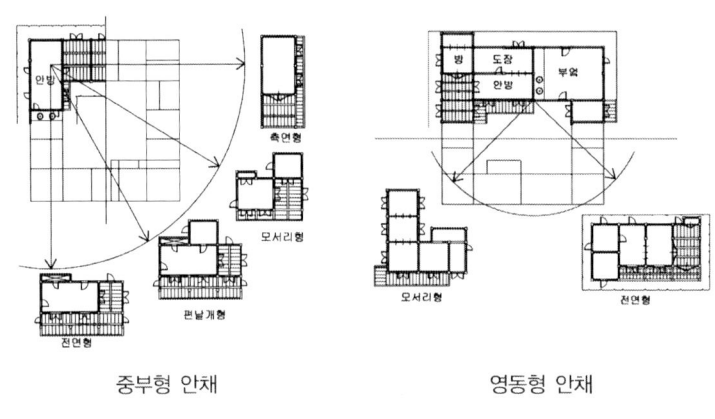

중부형 안채   영동형 안채

⟨그림61⟩ 안채유형에 따른 사랑채 배치

경상도와 강원도의 ㅁ자형 주택을 비교하면, 경상도 주택의 몸채는 집중적이고 안채·사랑채의 구성은 개방적이다. 안대청 전면에 문을 설치하지 않아 안뜰에 진입시 대청 안까지 개방된(void) 공간을 확보하며, 사랑채도 대부분 개방된 넓은 대청으로 자연을 끌어들인다. ㅁ자형의 모서리에 자리한 대청으로 형태가 파괴되어 매스감이 느껴지지 않고 시선의 흐름이 활발하다. 반면 강원도 주택은 집중적인 배치와 안채·사랑채의 구성 역시 기후를 고려하여 폐쇄적이다. 안마당에 들어섰을 때 벽체로 구성된 폐쇄적인(solid) 안채로 인해 마당의 규모가 작게 느껴진다. 바깥에서 집을 볼 때에도 사랑대청에 문을 설치하여 ㅁ자형의 매스감이 강하게 나타난다. 사랑채는 방어·방한의 목적과 더불어 집을 과시하는 상징적인 측면도 가진다.

사랑채의 특색

강원도의 사랑채 특징은 첫째, 사랑채는 홑집으로 안채에 비해 규모가 작고 사랑대청은 폐쇄적이다. 사랑대청은 1~2칸이거나 없는 경우도 많아 경상도 지역의 넓고 개방적인 대청과 비교된다. 그리고 유형에 상관없이 추운 겨울을 대비해 외벽에 분합문을 달았다. 가장 많은 '모마루형'은 ㅁ자형 주택형에 연유하며, 대청이 없는 '무마루형'도 등장하지만 별도의 여름공간으로 별당을 조영하였다. 이 지역에서는 별당을 많이 지었지만 상대적으로 누마루를 구성한 사랑채는 드물다. 강릉 선교장의 열화당에서 마루와 분리된 누마루는 독특한 예이다. 큰사랑방과 작은사랑방을 구별하려는 의식은 약하여 대부분 근접되며, 큰 규모에서는 건넌방에 작은사랑을 구성하여 세대별로 분리한다.

둘째, 사랑채에 침방·청지기방이 많이 부속된다. 접객공간으로 좁고 추운 사랑대청 대신 사랑방을 주로 사용하였기 때문에 가장의 사적공간인 침방의 요구가 컸다. 그리고 사랑채에 모방, 목방이라 불리는 청지기방을 두어 근접한 마구간의 소를 돌보고 여물을 끓이며 사랑채의 불을 관리하도록 하였다. 바깥마당에서 목방과 사랑방 사이에 차면담을 두어, 목방은 평면상으로는 사랑채에 근접되지만 행태적으로는 문간채의 영역이다.

셋째, 별당을 많이 조영하였다. '집중형' 주택에서는 자유로운 영역을 가지는 별당의 요구가 컸다. 특히 강원도지역 사랑채는 규모가 작아서 격식을 갖춘 집안에서는 귀한 손님을 접대하고 여름에 사용하는 넓은 대청을 갖춘 별당이 절실하였다. 그래서 의례공간이 폐쇄적인 안채에서 별동으로 옮겨져 행사되기도 하였다. 별당은 기거공간이기보다는 접객공간의 성격이 강하였다. 강원도에서는 조선 초기의 단순한 평면의 별당이 발달했는데 강릉 해운정, 임경당, 상임경당 등이 그 실례이고 예외적인 것으로 활래정이 있다.

〈표35〉 강원도 상류주택의 별당

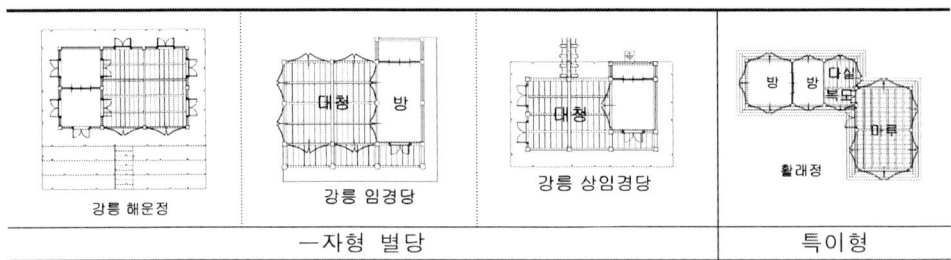

제4장
계층별 사랑채

1. 사대부층 사랑채

1) 사대부층 주택과 영역

사대부층과 주의식

조선시대 양반을 크게 사대부층, 향반층, 부농층으로 나누어 살펴본다. 사대부(士大夫)는 중국에서 유래된 말로, 우리나라에서 사(士)는 5품 이하의 문관, 대부(大夫)는 4품 이상의 문관으로 주로 현직·퇴직 관리를 중심으로 한 유교적 지식계층을 지칭하고, 문관 관료를 배출할 수 있는 가문도 통칭한다. 이들은 삶의 근거를 정치와 학문, 권력획득과 삶의 유희성 추구 등 상부구조적 목적에 두었다. 사대부들은 각 출신 지역에 저택들이 산재하지만, 관직으로 인한 사회적·수단적 근접성이 높아서 한양을 중심으로 서로 활발한 상호작용을 하였고, 타지방 사대부와도 계층·교육·직업에 따른 동질성을 바탕으로 교류하여 지역을 벗어난 계층성을 드러낸다.

넓은 범위로 사회적 상호작용을 하는 사대부가와 명문가문의 종가는, 엄격한 유교의 틀을 유지하면서도 '개별성'을 갖는 데 주력하였다. 이러한 주택의 특징은 첫째, 효과적인 사회적 상호작용을 위해 대규모나 독특한 형태(독자성)를 갖추거나, 집에 따라서는 작은 규모로 전형(대표성)을 고수하기도 하였다.[1] 주택은 자아

---

[1] Amos Rapoport, *House Form and Culture*(주거형태와 문화), 이규목 역, 열화당, 서울, 1985, p.14 : 기념적인 것, 즉 고급 설계 전통의 건물은 서민들에게 건축주의 권력을 과시하거나, 동료 설계가들이나

형성의 반영으로 신분에 상응하는 규모·공간·형태 등을 갖추고, 이에는 하층민을 거느리려는 의도와 양반끼리의 경쟁 심리도 작용하였다.2) 별당, 사랑채, 연당의 정자, 사당 등 외부인을 수용하는 공간은 상류주택의 점경물로서 가장의 안목과 예술성을 표출하고, 안채·사랑채·대문간채는 정면성으로 힘·위엄을 추구하였다. 따라서 사랑채의 규모와 행태 차이는 친교의 범위, 통혼권, 학연, 경제력, 세계관 차이를 반영하였다. 나라에서는 경쟁적인 사치를 막기 위해 가대·가사 제한을 하였지만 지역적으로 서울에서 멀수록, 시간적으로 후기로 갈수록 문란해졌다.

둘째, 사대부들은 최고의 지위와 재력 이외에도 외국 왕래를 통해 습득한 이국 문물에 대한 식견, 타지방 상류층과 교류하여 얻는 지역성을 벗어난 폭넓은 경험을 가지고 있었고, 임란 후에는 관장(官匠)의 사장(私匠)화로 유능한 목수를 고용하여 사대부가에는 종교·권위 건축의 모티브를 수용할 수 있었다.3) 사랑채와 안채가 전후로 자리하는 것은, 음양오행사상(陰陽五行思想)에서 양은 앞, 음은 뒤라는 질서를 따른 것이기도 하지만 궁궐 배치인 전조후침(前朝後寢)과도 상통한다. 의성김씨 내앞종가의 사랑대청에서 행랑채로 연결되는 2층 복도는 비밀스러운 통로로서 궁궐의 회랑과 유사하고, 강릉 선교장의 열화당에서는 연경당 선향재에서 사용된 함석 차양이 정면을 장식하고 있다. 해남 녹우당의 부엌 상부는 송광사 하사당과 동일한 환기공 구조이고, 양동 향단의 박공벽은 사찰의 요사채에서 볼 수 있는 요소들이다.

감정가들에게 그 설계가의 능력과 건축주의 훌륭한 취향을 나타내기 위해 지어졌다.
2) 野村孝文(1981)은 상류주택의 우수성으로 평면의 다목적성·융통성, 평면·입면·구조에 나타나는 철저한 규격화, 의장의 우수성, 택지의 묘(妙)와 환경의 선미(仙美)를 들었다.
3) 상류주택에 끼친 영향요소를 정인국(1974)은 양반계층이 권력기관에 참여하여 얻은 궁중생활의 경험, 유교정신에 입각한 생활풍습, 지역사회에서 행한 중심적 역할, 상류주택의 규모를 한정하는 가대·가사 제한을 들고 있다

〈그림62〉 선진의 양상(의성김씨 내앞종가, 강릉 열화당, 해남 녹우당, 양동 향단)

셋째, 사대부가는 거대한 기념물처럼 보편적 의미와 특수한 의미를 담고 있다. 특수한 의미 중에는 풍수에 관련된 설화가 많다. 이러한 '추상'은 인간이 가진 위대한 힘 중에 하나이다.4) 가문이 번창하고 복을 받는다는 명당 선정에 지관(地官)을 동원하는 데 골몰하였다. 사대부가의 풍수는 형국별로는 동물형, 물질형, 인물형, 식물형, 문자형 순이며, 지역별로는 전라도가 절반이 넘고 충청과 영남의 순이다.5)

---

4) 대문간채는 솟을대문의 물리적인 폐쇄 외에도 속신에 따라 홍살문에 호랑이뼈(虎頭骨) 등을 달아 귀신을 물리치려 하였다. 운조루에서는 호랑이뼈가 후에 말뼈(馬頭骨)로 대치되었다.
5) 김광언, 『풍수지리』, 3판, 대원사, 서울, 1994

〈표36〉 사대부가의 풍수(출처: 김광언, 1994)

형 국	가옥명	풍 수	의 미
동물형	정읍 김동수	지네형	자손이 번성하고 재화를 많이 모을 수 있는 터이다.
	영천 정영재	알 품은 학형 터	학은 고고한 성품과 함께 장수를 의미한다.
물질형	구례 운조루	금가락지 터 金環落地	금은 재운을 상징하므로 풍수에서 이상형으로 여긴다.
	외암리 이참판댁	필통형 터	선비의 필수품인 붓이나 먹통, 연적 등은 벼슬이나 학자를 뜻한다.
	의성김씨 내 앞종가	달빛아래 펼친 비단형 터	세상에 이름을 날리는 자손이 많이 나온다고 한다.
식물형	영천 정재영	매화가 떨어지는 터	많은 씨를 퍼뜨리는 매화는 다산과 풍요를 상징하여 길지(吉地)로 여긴다.
문자형	안동 임청각	用자형	해(日)와 달(月)이 들어있는 천지의 정기가 함께 뭉친 형산을 나타낸다.
	양동 향단	日자형 (또는 用자형)	해처럼 세상을 밝힐 위대한 인물이 태어난다고 한다.

사대부층 주택의 영역

모든 문화권에서 사회적 지위(status)는 주거공간의 분화를 유발하여 그 사회의 주요인물, 종교 지도자, 부유한 자는 더욱 크고 정교하게 분화된 주택을 가지고 있다.[6] 공적공간의 구획 정도가 강한 유형일수록 현재 거주인은 구성 방식에 만족도가 큰 것으로 나타났다. 조선시대 사대부가는 '행랑마당-사랑마당-안마당-사당마당'의 4개 영역으로 이어지는 위계가 이상적·논리적인 공간 구성이다. 그렇지만 계층·주의식에 따라서는 주택을 더욱 세분하기도 한다. 구례 운조루는 행랑채-사랑채-안채-안사랑채(현재 소실)-사당의 5개 영역으로 나뉘고, 경주 최준 가옥은 행랑마당-작업마당-사랑마당-안마당-고방마당-사당마당의 6개 마당으로 나뉜다. 괴산 김기응 가옥은 행랑마당-중문마당-사랑마당-안마당-뒷마당-샛마당-옆마당의 7개 마당과 각 영역은 건물과 샛담으로 분절되는데

---

[6] 최지희, 앞의 책, p.61

맺고 끊는 공간 구성이 일품이다. 해남 녹우당은 전남지방에 현존하는 주택 중 가장 큰 규모로 채와 담을 이용해 8개 마당으로 구분된다. 주거의 영역 구획은 각 공간의 독자성을 부여하고 외부인의 출입을 통제하는 방어의 속성도 겸한다.

사대부가 영역분리는 첫째, 가옥의 집중도에 따라 '분산형'에서는 담을, '집중형'에서는 채를 이용하여 영역을 나누고, 두 방법을 동시에 사용하기도 한다. 이에 따라 집의 분위기는 큰 차이를 가진다. 분산형인 정읍 김동수 가옥은 대문마당-바깥사랑마당-안마당-안사랑마당의 4개 마당이 담, 행랑, 사이문에 의해 나뉜다. 영역은 물리적으로 차단되지만 위요도가 낮아 시각적으로 연결된다. 집중형인 안동 임청각은 用자형을 이루는 몸채가 5개의 위요도가 높은 진입마당·행랑마당·사랑마당·안마당·안행랑마당으로 구획한다. 경주 독락당은 16세기에 지은 날개집으로 살림채는 채에 의해 영역이 구획되고 정자(溪亭), 노비집(供儒間) 부분은 담에 의해 나누어진다.

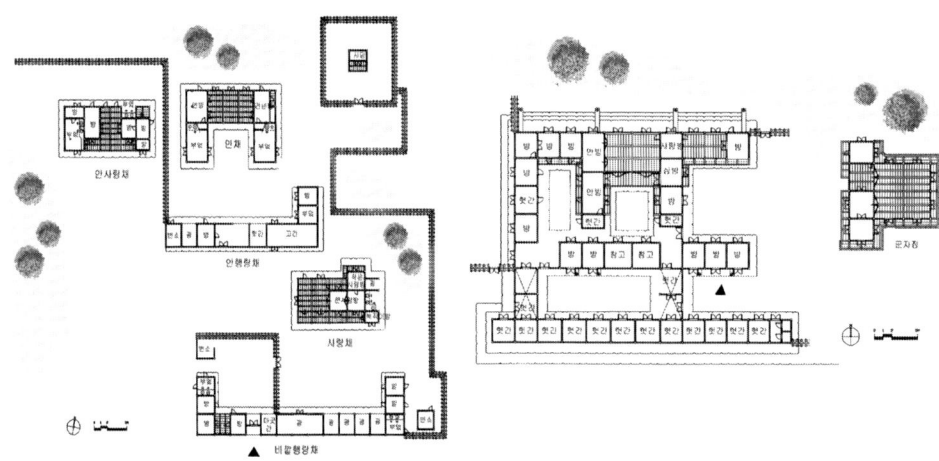

〈그림63〉 사대부 주택의 영역분화(정읍 김동수 가옥과 안동 임청각)

둘째, 기능별로 분리하기도 한다. 회덕 동춘당과 제월당에서는 접객이 이루어지는 별당은 담을 둘러 가족생활 공간과는 완전히 차단되고, 달성 삼가헌 역시 풍류를 위한 하엽정 영역이 분리되어 있다. 강릉 선교장은 대가족이 사는 안채영역과 외부손님들을 위한 사랑영역 그리고 풍류를 즐기는 활래정의 별채영역으로 나뉘고, 유곡 안동권씨종가는 살림채·별당 영역 외에 대규모의 사당 영역을 두어 종가의 위상을 드러낸다.

셋째, 영역 분리를 위해 동선까지 조절한다. 상류계급쯤 되면 격식에 대응하기 위해 여러 개의 대문을 마련하였다. 서울 연경당에서는 행랑마당에 들어서면 사랑채로 통하는 솟을대문과 안채로 통하는 평대문이 있고, 강릉 선교장 역시 행랑채에 사랑채로 통하는 솟을대문과 안채로 통하는 평대문을 나란히 두었다. 양주 궁(宮)집은 동쪽 앞마당에서 안채와 사랑채로 들어가는 문을 분리하였다. 이때 외부인이 출입하는 솟을대문은 사대부가의 힘과 위엄을 과시하는 상징성을 가진다.

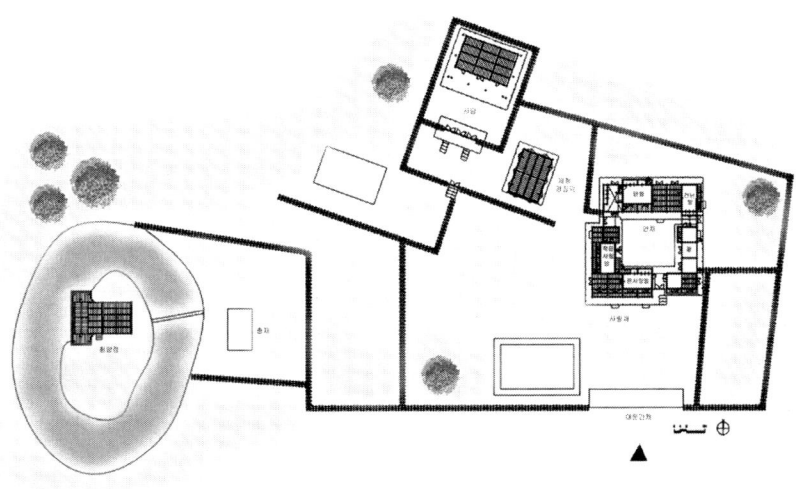

〈그림64〉 유곡 안동권씨종가

2) 사대부층 사랑채의 대표성(代表性)과 독자성(獨自性)

사대부 주택은 지역을 대표하는 원형을 고수하거나 그와는 반대로 주변 주택과 차별화되는 독특한 형태로 대표성과 독자성을 가진다. 본문에서는 각 지역의 대표 상류주택들이 주력한 '독자성'을 중심으로 살펴본다. 지역별로 '집중형'이 많은 강원도에서 강릉 선교장은 분산적이고, '분산형'이 분포하는 전라도에서 구례 운조루·해남 녹우당은 집중적이고, ㅁ자형이 많은 경상도에서 의성김씨종가, 안동 임청각은 독특한 문자형을 이룬다. 그리고 양동마을에서 서백당, 관가정은 경북에 주로 분포하는 ㅁ자집과 날개집으로 대표성을 지닌 반면 향단과 무첨당은 그 유래를 찾을 수 없는 독특한 형태로 상반된 합일을 이룬다.

●하회 양진당(養眞堂)과 충효당(忠孝堂)

한국 주택 건축의 불꽃으로 하회 양진당과 충효당을 들 수 있다. 이들 주택은 안동권에 많이 분포하는 날개집에 '영남형' 안채로 양식상 동일하지만, 사랑채가 있는 날개(익랑) 위치로 차이를 가진다.

양진당은 ㅁ자형 후면에 날개가 달린 보기 드문 유형이다. 또한 6칸 사랑대청의 벽처리는 고딕(Gothic) 전체를 통하여 벽을 유리로 대체하려는 욕구처럼 전체 마루를 둘러싸며 분합문을 달았다. 불천위제사가 행사되는 상징성이 큰 공간을 위한 배려이다. 대문에서 사랑채로 진입시 넓은 사랑마당을 앞에 두고 양진당의 4칸 정면이 창호로 닫힌 폐쇄적인(solid) 공간 구성을 이룬다. 반면 충효당은 ㅁ자형 전면에 날개가 달린 이 지방의 전형적인 가옥형이다. 그렇지만 사랑채 구성에서 작은사랑대청마저 분리시키는 독자성으로, 보수적 성향과 진보적 성향이 합쳐져서 구체화되고 있다. 충효당은 대문을 들어서자마자 사랑채에 맞닿지만 사랑대청의 뒷문을 개방시킨(void) 구성으로 뒤뜰까지 연결된다. 사대부층이 두터웠던 하회마을에는 복합성과 대립성이라 할 만한 상반된 요소들이 얽혀 있어 그 풍부함을 더한다.

이웃한 두 집은 집에 오는 손님들을 맞아들이고 가문의 이름에 걸맞기 위해 공간을 차별적으로 구성하였다. 두 집안 다 불천위를 가지고 있는데, 양진당에서는 사랑채에서 제례가 이루어져 사랑채의 규모가 크고 툇마루에 계자난간을 두르는 등 고급스럽게 처리하였다. 반면 충효당에서는 제례가 안채에서 행사되기에 사랑채는 생활에 편리한 구성으로 남겨두고, 반면 안채는 높은 동발 위에 대청과 온돌을 두고 주고(柱高)와 지붕까지 높여 사랑채보다 더 강조하였다.

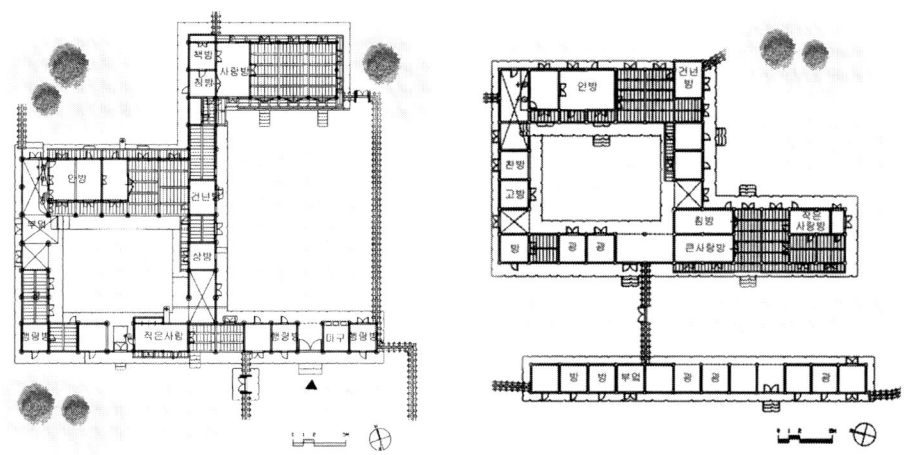

〈그림65〉 하회 양진당과 충효당 평면도

● 양동의 사대부 주택

양동마을에서 월성손씨(月城孫氏)와 여강이씨(驪江李氏) 두 가문 간 경쟁의식은 유래 없이 질 높은 건축을 많이 만들게 한 원동력이었다.[7] 勿자 형국의 마을입지에서도 두 가문의 종가는 골짜기, 분가는 봉우리, 파종가들은 다시 그 안에서 요지들을 나누어 자리 잡았다. 마을 초창기에 지어진 대종가급 주택들은 안동의 뜰집과 비슷한 ㅁ자집이지만 가문별로 뚜렷한 개성을 가진다. 손씨가문

---

7) 문중파별 세력이 서원이나 정자를 통하여 이루어져 손씨집안에는 동강서원, 안락정, 수운정이 있고 이씨집안에는 양졸정, 설천정, 동호정, 심수정, 영귀정, 육위정 및 경산서당이 있다.

의 서백당(書百堂)과 관가정(觀稼亭)은 축적구성으로 영남지역 주택의 '대표성'을 가지고, 이씨가문의 무첨당(無忝堂)과 향단(香壇)은 독특한 형태로 '독자성'을 드러낸다.

서백당은 1458년에 건립된 통말집으로 ㅁ자형의 논리적 귀착점으로 보인다. 그러나 경북지역에서 ㅁ자형 주택의 전개는 연속된 일체를 이루며 중단되지 않고 계속된다. 관가정이 그 연속선상에서 완벽한 대칭을 이루는 양날개형으로 연결되는 발전사를 기록한다. 중문간-안마당-안대청으로 이어지는 중축에 의해 남녀공간이 좌우로 나뉘고, 사랑채는 안방과 원거리에 구성된다. 서백당에서 모마루는 마을의 안산을 끌어들이고, 관가정의 측면마루는 3면이 외접하여 마을 전경을 포용한다.

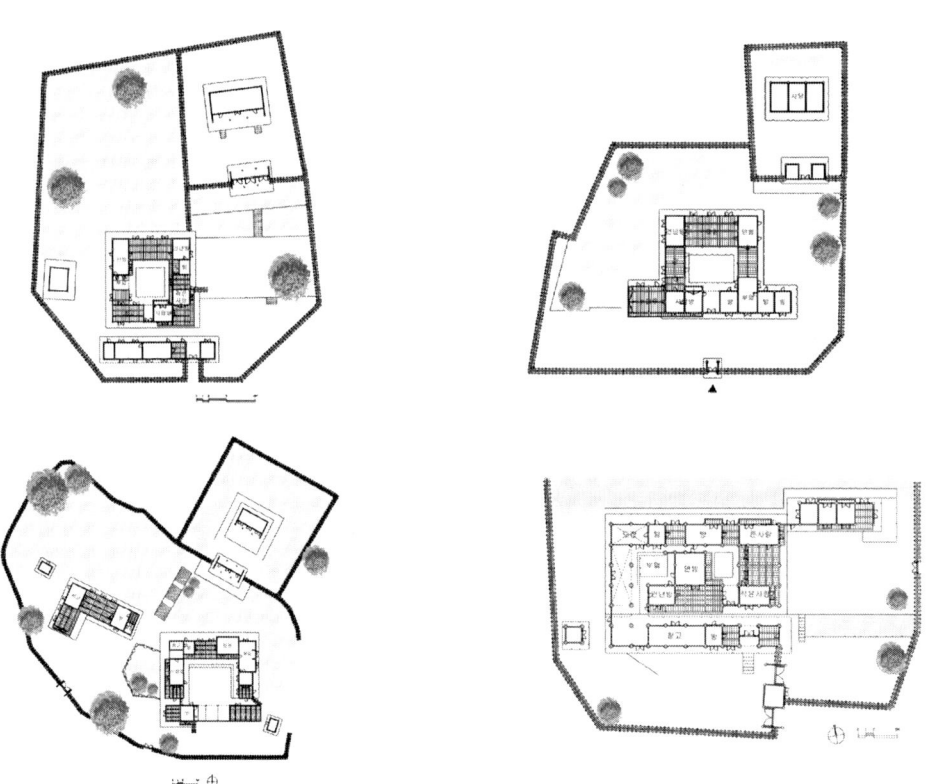

〈그림66〉 양동 서백당 · 관가정(위: 손씨가문)과 무첨당 · 향단(아래: 이씨가문) 평면도

무첨당은 회재(晦齋, 1491~1553)를 봉사하는 봉사청인 ㄱ자형 제청과 ㅁ자형 몸채 그리고 뒷부분 경사지 높은 곳의 사당이 서로 유기적으로 묶인 제장(祭場)을 이룬다. 1632년에 건립된 제청은 화려한 난간과 넓은 대청으로 일반적인 제청과는 달리 독특하며, 일상시에는 귀한 손님을 대접하는 사랑채로도 사용되었다. 用자형의 향단은 독특함과 화려함의 극치이다. 서원·향교·사찰에서 사용되던 형태요소를 자유자재로 선택 변형한 건축적 대담함을 엿볼 수 있다. 사랑채는 一자형이지만 지붕을 工자형으로 만들어 지붕정면에 노출된 2개의 박공면은 마을 진입시 강한 랜드마크를 형성하고, 노천 부엌과 필로티로 된 다락은 사찰의 요사채에서 볼 수 있는 요소이다. 부재에도 화려한 복화반과 포대공의 장식을 가미하였고 행랑채까지 원주를 사용하였다. 양동마을 두 가문의 단아함과 화려함의 대치양상은 불국사의 석가탑과 다보탑의 조화를 재현하는 듯하다.

●해남 녹우당(綠雨堂)과 구례 운조루(雲鳥樓)

　'분산형'이 많은 전라도에서 대표 상류주택인 해남 녹우당과 구례 운조루는 튼ㅁ자형과 날개형으로 집중적이다. 이로 인해 두 주택은 외부로부터 명확히 분리된 안뜰을 가지고 주변 영역도 구획한다. 그리고 사찰이나 궁궐에서 사용되던 모티브를 수용한 사회적 차이를 가진다.

　해남윤씨(海南尹氏)의 종가인 녹우당은 전남지방에 현존하는 주택 중 가장 큰 규모로 2000여 평에 달한다. 덕웅산을 좌산으로 하는데 뒷산의 오백여 년 된 비자나무 숲과 입구의 은행나무는 녹우당을 상징한다. 고산(孤山)의 조부인 윤호정(尹孝貞, 호: 어초은, 1476~1543)이 15세기 중엽에 지은 건축물에, 사랑채는 효종이 봉림 시절의 사부였던 윤선도(尹善道)[8]에게 하사한 경기도 수원집을 현종 9년(1668) 해상 운송하여 이곳에 이건하였다고 한다. 몸채는 ㄷ자형 안채와

---

[8] 고산 윤선도(孤山 尹善道, 1587~1671)는 한성부 남부 명례방(서울 명동)에서 살다가 중년에 연동으로 내려와 해남 금쇄동과 완도 보길도를 내왕하면서 불후의 시조문학을 남겼다. 이 일대에 윤고산의 유적들이 산재해 있다.

一자형 사랑채가 연결된 튼ㅁ자형을 이루고 넓은 대지에 가묘·어초은사당·고산사당과 여러 동의 행랑채가 8개 마당으로 분할하여 독립된 영역을 형성한다.

안채는 '중부형' 구성에 대청은 ㄱ자형으로 꺾여 안방과 웃방 사이가 5칸이나 떨어져 있고, 양쪽 부엌 위에 환기공은 송광사 하사당과 같은 형식으로 제례가 행사되는 공간에 독자성을 부여하고 있다. 사랑채는 일반적인 '측면마루형'이지만 큰사랑과 바깥(작은)사랑이 반 칸 엇물려 있다. 이 조그만 변형으로 채에서는 세대별 분리가 이루어지고, 사랑마당에서는 비워진 동적인 큰마당과 정원이 있는 정적인 작은마당으로 분리된다. 그리고 20세기 초에 설치한 차양은 전면의 넓은 기단을 반내부공간으로 적극적으로 끌어들인다.

'금환락지(金還落地)'라 일컫는 명당에 자리한 운조루는 낙안군수(1771), 용천부사, 풍천부사 등을 역임한 바 있는 류이주(柳爾胄, 1726~1797)가 낙안군수에 봉직하다가 <조반취재(漕般臭載)> 건으로 삼수(三水)에 유배되고 풀려나온 뒤 영조 52년(1776)에 조영한 것이다. 실개천을 건너 대문에 진입하면 날개집은 행랑채(24칸)-사랑마당·사랑채(운조루16칸)·사랑뒷마당-안채(36칸)·안마당·부엌마당-내사랑채(귀래청6칸)·내사랑마당-사당(2칸)·사당마당의 5부분으로 구획된다. 큰사랑·작은사랑·안사랑의 익랑 구성은 이 지역에서는 유일한 예이다. <전라구례오미동가도(全羅求禮五美洞家圖)>에 보면 현재 안사랑채와 행랑방이 없어진 상태이고, 최근에 복원한 집 앞의 연못에서 이 지방의 조경 선호를 읽을 수 있다.

큰사랑채는 라이트(F. L. Wright)의 유기적 건축처럼, 사랑방·대청·누마루는 같은 플랜 속에서 바닥차를 가지고 천장 조형도 우물천정, 연등천정으로 다르며 창호도 폐쇄-반개방-개방으로 다양하여, 사랑방으로 갈수록 정적이고 누마루로 갈수록 동적이다. 대청과 누마루가 병존하는 것은 궁궐 건축의 영향이라 볼 수 있다.

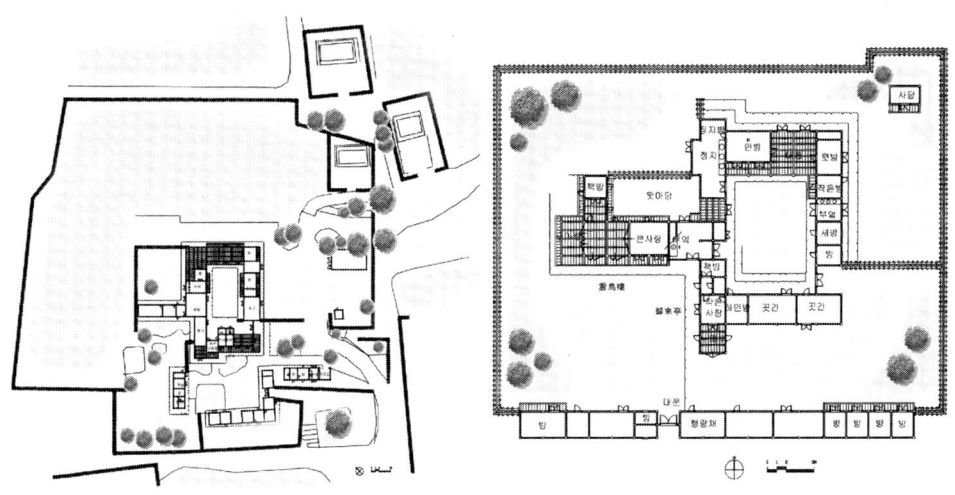

〈그림67〉 해남 녹우당과 구례 운조루 평면도

● 회덕 동춘당(同春堂, 보물 제209호) : 대전 대덕구 송촌동 192

동춘당이 자리한 충남 송촌은 송용억(宋容億) 가옥, 은진송씨(恩津宋氏) 정려각, 고흥유씨(高興柳氏) 정려각, 이시직공(李時稷公) 정려각, 제월당(霽月堂)과 옥오재(玉吾齋), 송애당(松崖堂), 쌍청당(雙淸堂) 등 기호학파의 유적이 집중된 역사적 장소이다. 이 집은 동국 18현의 한 사람인 동춘당 송준길(宋浚吉, 1606~1672)이 1642년에 건립한 것으로, 총 6동의 건물이 넓은 대지에 비교적 멀찍이 배치되고 집 앞에 연못을 두었다. 대문을 들어서면 좌측으로 ㄷ자형 안채와 一자형 사랑채가 튼ㅁ자형을 이루고, 그 우측에 4대조 신위를 모신 가묘, 송준길을 모신 별묘가 있다. 사당은 충남 일대의 보편적인 형식으로 정면 3칸 앞퇴에 툇마루를 설치하였다. 그 전면에 별당인 동춘당은 담장을 둘러 독립된 영역을 이루고 건물 뒤편의 일각문으로 고택과 연결된다. 별당의 구획방법은 이웃한 쌍청당, 제월당과 동일하다.

안채는 ㄷ자형 겹집구조로, 불천위제가 행해지는 안대청은 3칸×2칸으로 넓고 안방은 도합 4개의 방이 연접되는 것이 특색이다. 사랑채는 정면 6칸, 측면 1칸

반의 '중앙마루형'으로, 큰사랑방 앞에는 분합마루방이 설치되어 있다. 그리고 사랑채에서 안채로는 시선 차단을 위해 내외담을 설치하였다. 내외담은 안마당을 적당한 크기로 한정시키며, 동시에 사랑뒷마당을 형성하는 미묘한 변화를 가한다. 그렇지만 사랑채에서는 부녀자들이 드나들고 문을 열 경우 안채가 보이므로 남성가족의 생활공간으로 사용하였고 따로 별당을 두었다.

 이 집을 대표하는 별당인 동춘당은 송준길이 송시열(宋時烈) 등과 함께 북벌정책을 논하던 유서 깊은 곳으로, 부친인 송이창(1561~1627)이 세웠으나 집의 일부가 허물어지자 송준길이 효종 4년(1653)에 지금의 자리로 옮겨 지었다. 일각대문을 들어서면 주위는 담으로 둘러쳐져 있고 뒤쪽으로 저만치 물러앉아 있는 동춘당은 팔작지붕의 절묘한 곡선과 꾸밈이 없는 간결한 멋에서 아름다움이 짙게 배여 난다. 편액은 1678년에 화양동주(華陽洞主) 송시열이 쓴 친필이다. 동춘당은 외부손님을 접대하는 공적공간으로, 몸채로 난 쪽문을 이용하여 손님을 위한 밥상이나 술상을 날랐고, 손님이 오지 않을 경우에는 서재로 사용하였다.

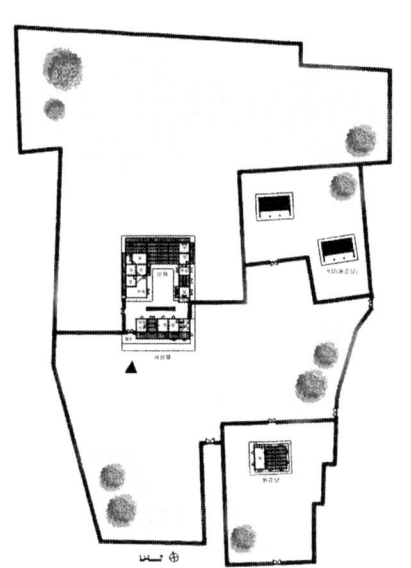 

〈그림68〉 회덕 동춘당

● 강릉 선교장(船橋莊, 중요민속자료 제5호) : 강원도 강릉시 운정동 431

'배다리(船橋)'에 위치한 선교장은 건평 319평에 이르는 조선후기의 대규모 주택으로 일반적인 사대부 주택과는 달리 자유스러우면서도 유기적으로 연결된 건물들의 집합이다. 이 같은 분산적인 배치는 강원도에서는 독특한 사례이다. 이씨가는 후손들을 분가시키면서 씨족마을을 이루어나갔던 일반적인 경향과는 달리, 한 집에서 대가족을 수용하는 독특한 모듬살이를 이어왔다.[9] 집 구성은 크게 대가족이 사는 주택과 외부 손님들을 위한 주택의 두 부분으로 이루어진다. 세종의 형인 효령대군의 10대손인 이내번(李乃蕃)이 건립한 안채는 '영남형' 구성으로 민가의 성격을 띠고 있다. 반면 사랑채에 해당하는 건물은 사랑채(열화당·작은사랑), 별당(동별당·서별당), 정각(활래정) 등 5개소에 이른다.[10] 열화당은 주인의 주된 거처이며 접객공간이고 작은사랑은 장자(長子)의 거처이며 수련처이다. 서별당은 집안의 남녀 아이들을 교육하는 서재이고, 동별당은 주인의 휴식처로 가족과 즐기면서 외빈이 아닌 당내 친척이나, 외척 등의 내빈을 접대하는 곳이다. 활래정은 별당으로 늦봄에서 초가을까지 많이 사용하였다.

열화당은 내번의 손자 후(垕)가 순조 15년(1815)에 건립하였으며 당호는 도연명의 <귀거래사(歸去來辭)>에서 따왔다고 한다. 3단의 장대석(長大石)위에 세워진 누각 형식의 건물로 대청·사랑방·침방·누마루가 결합되었고 툇마루 앞에는 햇볕을 가리는 차양을 설치하였다. 이 함석 차양은 연경당 선향재의 것과 비슷하고 기단부의 전돌 쌓기는 수원성의 수법과 같다. 가족화합용의 기능에서 점차 전국에서 모여드는 손님들을 접대하는 공적인 장소로 사용되었다. 더불어 활래정과 방해정을 중건하여 손님들의 급에 맞게 접대하는 장소를 세분하였다. 활래정은 연당 한쪽에 위치하여 연못과 본채 그리고 마을을 한눈에 조망할 수

---

9) 김봉렬, 『앎과 삶의 공간』, 이상건축, 1999, pp.196~226
10) 1700년대 중엽에 이내번이 이름난 터(名基)를 얻어 여러 대가 세거하였는데 가전에 의하면 열화당은 1815년에 이후(1773~1832)가 건립하였고 대문 남쪽 약 70m 거리에 있는 활래정은 1816년에 이근우가 조영하였다고 한다.

있다. 정자 이름은 주자(朱子)의 시 「권서유감(權西有感)」 중 '위유두원활수래(爲有頭源活水來)'에서 땄다고 한다. 활래정은 마루가 방지(方池) 안으로 들어가 돌기둥으로 받친 누각형식의 별당이다. ㄱ자형 건물로 벽면 전체가 분합문의 띠살문이며 2개의 방과 2칸 마루를 연결하는 복도 옆에 접객용 다실(茶室)이 있다. 마루에서 문을 열면 원지의 경관을 관상하거나 낚싯대를 드리우고 즐길 수 있는 유락공간이 된다.

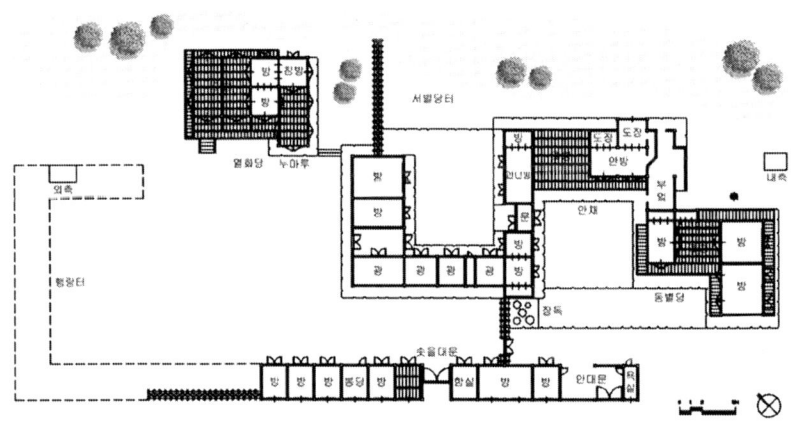

〈그림69〉 강릉 선교장

3) 사대부층 사랑채의 특성

항상 손님들로 붐비는 사대부가는 주택 형태에 독자성을 추구하고, 손님의 지위에 따라 접대공간에 차별을 두었고, 접대 성격에 따라 영역을 나누어 접대하였다. 사대부가 사랑채는 멀리서 온 유명한 선비들의 시회·곡회 등이 이루어지는 선망의 장소로 생활보다는 접객공간 확보에 주력하였고, 또한 명문의 종가에서는 가문의 중요 행사인 제례를 행사하는 상징적인 공간이었다.

독자성

사대부가는 사회적 지위, 양반 간의 경쟁의식, 아랫사람을 지배하기 위해 주택 구성에 독자성을 추구하였다. 이것은 시각적으로 다른 크기·독특한 형상·전략적 위치[11] 그리고 독특한 영역 분화로 드러난다.

· 다른 크기 : 사대부가는 큰 규모의 사랑채를 구성하여 위용을 드러낸다. 하회 양진당의 사랑채는 5칸×2칸, 예천 권씨종가의 사랑채는 4칸×2칸이고, 행사 시에는 방과 대청을 통합하여 더 넓게 사용하였다. 일례로 구례 운조루는 누마루-대청-큰사랑방 사이의 문을 열 경우 5칸 통간을 이루고 시야는 외부로 확장되어 규모를 더 크게 느끼게 한다. 그렇지만 양동 서백당의 사랑채는 3칸으로 규모는 작지만 원형을 고수한 종가의 상징성은 크다고 하겠다.

· 독특한 형상 : 사대부가는 독특한 형태로 인지성을 높인다. 이것은 첫째, 지역의 일반형과 상반된 가옥형을 취한다. 사대부가는, '집중형'이 많은 경상도에서는 문자형(文字形), '집중형'이 많은 강원도에서는 분산형, '분산형'이 많은 전라도에서는 집중형으로 차별화를 추구하였다. 둘째, 독특한 평면을 구성하기도 한

---

[11] Francis. D. K. Ching, *Form, Space, and Order*(건축의 형태공간), 황연숙 역, 도서출판 국제, 서울, 1997, pp.338~339 : 시각적으로 위계를 획득하는 방법에는 다른 크기, 독특한 형상, 전략적 위치를 이용할 수 있다.

다. 영천 정재영 가옥은 ㅁ자형에 ㅓ자형이 부가된 형태로 사랑채의 책방에서 시선이 누마루를 거쳐 외부로 확장된다. 유곡 권씨종가에서 거북바위 위에 있는 청암정은 丁자형이다. ㄷ자형 의성김씨 내앞종가와 ㄱ자형 예천 권씨종가는 6칸 사랑대청이 제청으로 사용되는 심리적 상징성 외에 몸채와 회랑으로 연결한 독특한 형태이다. 셋째, 입면상 지붕·기둥·창호·난간·주련·기단 등의 요소에 변화를 주기도 하였다.12) 거창 정온고택은 사랑채 누마루에 화려한 눈썹지붕을 달고, 강릉 선교장의 열화당, 선산 김기현 가옥, 화순 양동호 가옥에는 차양시설을 하였다. 창호에는 여러 가지 염원들을 문자화하여 문살을 꾸몄다.

· 전략적 위치 : 같은 주택형이라도 진입방향에 따라 사랑채가 더욱 부각되기도 한다. 예천 권씨종가는 경사로로 진입하여 사랑채의 규모가 더욱 크게 느껴지고, 하회 양진당은 사랑채를 바라다 볼 수 있을 만큼의 사랑마당을 두었다. 즉 대지 조건이 평지인가 경사지인가, 대문과 사랑채의 위치가 어디인가에 따라 대문에 진입할 때 효과적인 앙각을 유지하기 위해 마당의 형상 및 크기가 달라진다.

· 독특한 영역분화 : 사대부가는 영역분리에서도 일상성에 머물지 않고 독자성을 추구하였다. 첫째, 큰사랑과 작은사랑의 분리에서 하회 충효당은 사랑대청에 칸막이벽을 두어 작은사랑대청마저 따로 구획하였다. 해남 녹우당에서 큰사랑방과 작은사랑방의 반 칸 엇물림은 정원으로 꾸며진 정적마당과 비워진 동적마당의 분리로 이어진다. 구례 운조루는 큰사랑과 작은사랑 외에 안사랑에도 누마루를 두어 각자의 사회생활이 가능하도록 하였다. 영천 만취당은 큰사랑채·작은사랑채·새사랑채로 세대와 기능별로 분리하였다. 둘째, 문(文)을 숭상한 양반의 주택에서 서재 구성을 살펴보면, 운조루에서는 사랑대청 건너에 책방을 두어 한적한 분위기를 조성하였고, 유곡 권씨종택에서는 몸채로부터 멀리

---

12) 김기현, 『조선시대 상류주택의 정면성에 관한 연구』, 부산대학교 석사학위논문, 1998

떨어진 연당 옆에 충재(沖齋)를 두었다. 셋째, 양반의 풍류생활을 도모하는 별당은 여름에 시회와 곡회 등이 이루어지며, 집안의 품격과 고고한 취향 그리고 안목을 드러낸다. 정자와 같이 사방을 훤히 뚫어 '갓 괴여 닉은 술을 간건(葛巾)으로 밧타노코 곳나모 가지 것거 수노코' 마셨다. 강릉 선교장의 활래정, 달성 삼가헌의 하엽정, 유곡 권씨종가의 청암정, 대산동 한주종택의 한주정사 등은 정원·연지·화계 등과 어우러지고, 회덕 동춘당과 제월당, 안동 임청각, 강릉 해운정 등은 단아한 모습의 접객공간을 이루기도 한다.

순수성

사대부가의 사랑채 영역은 손님의 지위에 따라 차별화하고, 접대 성격에 따라 구분하여 기능별 순수성을 유지한다. 첫째, 접객공간은 손님의 지위에 따라 차별을 두었다. 나주 홍기응 가옥에서는 안마당에 자리한 별당에는 가까운 친척이나 아주 귀한 손님을 접대하고, 사랑채에서는 큰사랑과 작은사랑 영역을 분리하여 아버지와 아들의 손님을 각각 대접하였다. 문간에 연결된 행랑채에서는 지나가는 과객을 대접하고, 문밖의 호지집에서는 거지에게 음식을 주었다고 한다. 둘째, 접대 성격에 따라 영역을 분리한다. 남자가족의 생활을 위한 큰사랑채와 작은사랑채, 풍류를 위한 접객형 별당, 자제의 공부를 위한 서재, 의례를 위한 제청을 별도로 구성하였다. 강릉 선교장은 사랑채에 해당하는 건물이 5채로 열화당, 작은사랑, 활래정, 동별당, 서별당이 있다. 유곡 권씨종택은 일상적인 몸채의 사랑채 외에 풍류와 유희를 위한 청암정과 글공부를 위한 충재가 있고, 의례를 위한 사당과 제청도 별도로 구성하였다.

그렇지만 사대부가의 사랑채라도 공간을 끝없이 세분할 수 없으므로, 주요구에 따라 생활·접객·의례공간이 차별적으로 발달하였다. 생활공간이 발달한 주택은 하회 충효당·북촌댁, 양동 이희태 가옥·이향정, 청도 운강고택, 해남 녹우당, 부여 민칠식 가옥 등으로 작은사랑의 분리가 두드러진다. 접객공간이 발달한 주택은 강릉 선교장, 서울 운현궁, 달성 삼가헌, 대산동 한주종택, 회덕 동춘당·제월당, 구례 운조루, 영천 정재영 가옥, 여주 김영구 가옥, 양주 궁집,

논산 명재고택, 아산 윤보선생가, 거창 정온고택 등으로 누마루나 별당의 구성이 눈에 띈다. 의례공간이 발달한 주택은 안동 의성김씨 내앞종가, 예천 권씨종가, 하회 양진당, 대구 백불고택, 영천 만취당 등으로 대규모의 제청을 건립하거나 감실을 구성하였다. 안동 임청각과 유곡 권씨종가는 의례·접객공간이 동시에 발달하였다. 이 같은 기능별 순수성의 유지로, 사랑채는 생활·접객·의례의 특성에 맞추어 독자적인 형태로 지어질 수 있었다.

2. 향반층 사랑채

1) 향반층 주택과 영역

향반층과 주의식

향반층은 16세기에는 재지사족으로서 그 결집체인 향회(鄕會)를 바탕으로 유향소를 통해 인사권을 장악하여 향리를 통제하였다. 또 군현단위로 부과되는 부세를 농민에게 할당하여 징수하는 과정에 관여하고 감독함으로써 향촌사회의 주도권을 장악하여갔다. 18세기에는 지주제가 확대 발전된 결과 지배계급 간의 대립이 격화되면서 양반들은 서원에 결집하거나 문중(門中)조직을 강화하여 피지배계급의 저항에 맞섰다. 18세기 이후 족보를 강조하거나 제사의식 및 그 절차에 집착하는 풍조가 성해진 것도 이 때문이다.[13] 따라서 향반층은 한 지역 내 토호적인 세력으로서 서로 물리적 근접성이 높고, 계층·출신지·혈연의 동질성이 강한 문화적인 집단으로 사회적·수단적 근접성 역시 높다. 향반층의 사회적 교류는 사대부층에 비해서 교류 범위가 일정 지역에 한정되고, 참여 인원도 적지만 지속적으로 이루어지는 연속성을 가진다. 사회적 상호작용은 주거 단위의 크기, 유형, 가치에서 동질성이 있는 사람들 사이에서 더 많이 발생하므로, 향반층 주택에서는 서로 동질성을 추구하였다.

---

13) 한국역사연구회, 『한국사강의』, 11판, 한울아카데미, 서울, 1995, p.171

향반층 주택에는 유교 규범이 표현된 사대부가를 따르는 계층성과 동시에 각 지역 풍토에 토착화된 지역성이 결합되어 있다. 각 지역성에 관한 이야기는 앞에서 언급하였으므로 여기서는 되도록 향반이라는 계층성에 집중하기로 한다. 향반층 주택의 특징은 첫째, 각 지역의 가장 일반적인 주택형을 취한다. 전국적으로 '결합형'이 분포하고, 경상도 안동권과 강원도에는 '집중형', 전라도에는 '분산형'이 많다. 둘째, 안채 유형은 '중부형'과 '영남형'이 전형으로 전국에 공존하고 전라도에서는 '호남형', 강원도에서는 '영동형'을 구성한다. 따라서 향반층 주택에는 토착화된 지역성이 강하게 드러나며, 지역별 민가와도 유사성을 가진다. 셋째, 사랑채 기능이 생활·접객 공간인 것은 전국적으로 동일하지만, 경상도와 강원도에서는 의례공간으로도 사용되어 지역별 차이를 가진다. 이처럼 향반층은 활발한 사회적 상호작용을 위해 주택의 동질성을 강조하면서도 다시 그들 사이에는 위계적 구성을 이룬다. 이것은 향반층 주택이 사회 규범의 영향하에 있었음을 의미한다.

향반층 주택의 영역

향반층 주택의 영역은 '행랑마당-사랑마당-안마당'으로 나뉘어 사대부가보다는 간략화되어 있다. 그러나 일부 종가에서는 사당 영역을 따로 구획하기도 하고, 몇몇 주택에서는 사랑마당과 행랑마당을 통합하기도 한다. 사랑마당·행랑마당의 통합은 노비를 따로 두지 않으면서 사랑채에서 직접 출입을 감시할 수 있는 이점이 있다. 하지만 대부분의 향반층 주택은 3분을 원칙으로 하였고, 사랑채에서는 안채와 물리적·시각적 분리에 골몰하였다. 별당을 건립할 수 있는 계층은 불문율로 정해져 있어서 대부분의 향반층은 하나의 사랑채에서 생활·접객 등의 모든 기능을 해결해야 했다. 즉 향반층 주택은 간략한 배치를 취하면서 사랑채 구성에서는 사대부가와 종가를 따르려 하지만 행태적으로는 여러 기능이 혼재한다. 그래서 향반층 사랑채는 순수성과 독자성은 낮은 대신 지역 환경에 적합한 지역별 동질성을 가진다.

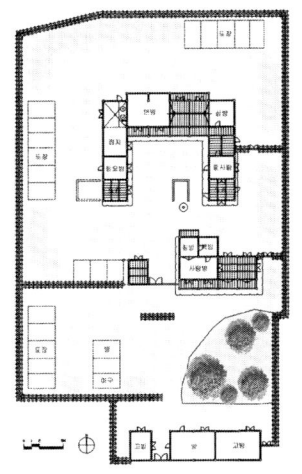
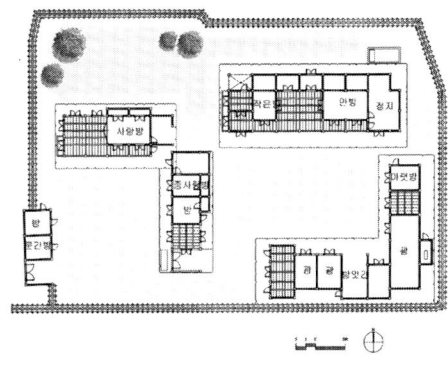

〈그림70〉 향반층 주택의 영역분화(경주 교동 물봉진사댁과 밀양 교동 손병준 가옥)

2) 마을과 사랑채의 위계적 구성

향반층 주택은 사대부가처럼 개별적이기보다는 공동태로서 존재한다. 지역, 마을, 가문의 상황과 특성에 따른 동질성은 그들을 강하게 묶는 연결고리였기 때문이다. 그리고 주택이 일정 수 이상이 되면 서로간의 상호작용을 위해 질서를 구축하였다. 우리나라 전통마을은 종가를 핵으로 하는 동족마을로서, 사랑채 구성도 동질성과 위계성을 가진다. 이를 전통주택이 존재하고 전통적 분위기가 남아 있는 경상도의 영덕 호지마을, 영주 무섬마을, 경주 교동, 밀양 교동, 성주 한개마을을 선정하여 향반층 사랑채의 성격을 비교한다.

● 영덕 호지마을 : 경북 영덕군 영해면 괴시리

경북 영덕군 영해면의 호지마을14)은 ㅁ자형 상류주택과 겹집·홑집의 민가가

---
14) 괴시마을은 신라 초부터 형성된 것으로 전래되며 고려 때에 함창김씨, 수안김씨, 안동권씨, 령해신씨, 신안주씨 등이 혼거하였고, 오늘날 주성(主姓)인 영양남씨는 1630년대부터 남두원이 현창수면 인천동(現蒼水面 仁川洞)에서 이주하여 360년간 영양남씨 동족마을로 변천되었다. 지명에 대한 유래는 여말 목은 이색이 중국에 국사로 다녀온 후 중국에 있는 지형 괴시(槐市)를 따라 개창한 것으로 현재에도

공존하는 마을로서, 남아 있는 14여 채 ㅁ자형 기와집에는 영양남씨(英陽南氏)만이 살았는데 지금은 다른 성씨의 소유주도 생겼다.15) 실제 조사 가능한 주택은 괴시파종택을 포함한 12호로, ㅁ자형 7호와 날개형 5호이다. 건립연대를 보면 1600~1900년으로 전 조선후기에 고르게 분포하고 있다.

호지마을은 마을 중심을 가로지르는 길로 인해 대지가 세로로 길고 서향을 하고 있어, 주택형은 다른 지역에서는 덜 선호되는 전면날개형(ㄕ자형)이 많고 안마당은 세로로 세장하다. 이는 안마당과 사랑채에서 남향하여 채광을 좋게 하려는 의도이다. 호지마을 내 'ㅁ자형·날개형' 주택에서 한 집을 제외하고는 모두 '중부형' 안채를 구성하여서 출입은 전면의 중문간을 이용하여 남녀영역이 좌우로 분리된다. 주택 영역은 행랑마당·사랑마당·안마당으로 나뉘며, 채로 둘러싸인 안마당의 위요도는 아주 높다. 예전에 주택 내 마구가 있던 자리는 대부분 헛간이나 아랫방으로 사용되고 있다.

남자가족들이 거주하는 사랑채에 손님은 사랑문을 통해 출입한다. 사랑마당은 전면이 아닌 측면에 위치하며, 사랑채의 정면은 주택에 진입할 때의 모습과 사랑마당에서 바라보는 모습 2개이다. 사랑마루에는 추위에 대비해 대부분 문을 달지만 더위를 해결하기 위해 보통 들어열개문을 설치한다. 사랑채 구성은 크게 2가지로, ㅁ자형에서는 '모서리형'으로 사랑방과 작은사랑방이 모마루 양쪽에 구성되고, 날개집에서는 '측면마루형'으로 사랑방 2칸, 사랑마루 1칸, 작은사랑(때로는 책방, 감실, 중방, 아랫방) 1칸 구성이다. 다만 윗마을에 자리한 괴시파종택의 사랑채는 독특한 날개 위치와 큰 규모로 지가(支家)와 차별화된다.

사용 행태별로 살펴보면 접객장소는 사랑채로, 손님에 따라 큰사랑방과 작은사랑방에 구분하여 접대하였다. 음식은 측면 문을 통하여 안채에서 사랑채로 내어갔다. 비일상시의 경우 추석보다 설날을 중시하여 설날에는 안채까지 개방하였고, 기제사의 장소로 안대청 대신 사랑대청을 사용하여서 친척들이 안채에 들어가는 빈도가 줄었다. 외부손님이 많이 참석하는 상례시 남자 빈소는 사랑채,

---

괴시1동을 '호지말'로 부르고 있다.
15) 김경희, 『주문화권 중첩지역의 민가형 변용과 주의식에 관한 연구』, 부산대학교 석사학위논문, 1996

여자 빈소는 상방으로 사랑마당을 통하여 출입하였다. 따라서 사랑채에는 생활·접객 외에 의례 기능이 부가되어 벽감을 구성하기도 한다.

〈표37〉 영덕 호지마을 주택과 공간사용

택호		괴시파종택(남병철)	대남댁	해촌고택
주택		(평면도)	(평면도)	(평면도)
사랑채		(평면도)	(평면도)	(평면도)
생활	부	사랑방	큰사랑방	큰사랑방
	자	책방	웃사랑방	작은사랑방
접객	손님	사랑방	큰사랑방	큰사랑방
	손님		웃사랑	작은사랑방
의례	상례	여:상방 남:책방	여:상방 남:아랫사랑방	여:상방 남:사랑채
	제례	안대청	안대청	안대청

● 영주 무섬마을 : 경북 영주시 문수면 수도리

무섬마을은 낙동강 지류인 서천(西川)이 휘감고 흘러 마을이 흡사 섬과 같아서 마을이름도 무섬(물섬에서 변화된 음), 수도(水島)로 표기하며, '작은 하회'라고 부를 정도로 산수의 경치가 뛰어나다. 푸른 강물·하얀 백사장·검푸른 고옥·녹색 숲의 조화가 시적(詩的) 장면을 이룬다. 예안·선성김씨(禮安·宣城金氏)와 반남박씨(潘南朴氏)16)의 동족마을로, 마을 개척은 18세기 초 번남박씨 입향조인 박목수(朴木遂)에 의해 시작되었으며 손서(孫壻)인 김대(金薱, 1732~1809)를 불러들인 결과 선성김씨 입향조가 되었다고 한다. 현재는 김씨의 세가 우세하여 주택들의 규모도 박씨에 비해 큰 편이다.17)

마을의 주택형은 다양하여 ㅁ자형 주택, 남서쪽의 영향을 받은 홑집, 그리고 태백산맥을 타고 내려오는 북부형 겹집의 영향도 느낄 수 있다. 따라서 이 마을은 여러 갈래의 주택 유형이 부딪히면서 혼재하는 지역으로 규정할 수 있다. ㅁ자형은 이 마을에서 경제적으로 상류계층의 주택인 ㅁ자형은 전부 12호이며, 박종우 댁을 제외한 11호는 안방이 대청과 직각을 이루는 '중부형' 안채로 사랑방은 안마당을 중심으로 안방과 대각선상에 배치된다. 그리고 대부분 몸채 내에 마구를 구성하고 있다. 조사대상이 되는 집은 11호로 ㅁ자형이 6호, 날개형이 5호이며 건립 연대는 호지마을보다는 조금 늦은 1700~1900년대에 분포한다.

무섬마을은 종가(만죽재)의 위상이 강하지 않고 전체적으로 동질성만 강조된다. 강변을 향하여 자리 잡은 상류주택들의 사랑채는 일률적으로 규정하기 힘드나, 대부분 ㅁ자형에서는 '모마루형'으로 사랑방·사랑마루·작은사랑을 이루고, 날개형에서는 '측면마루형'으로 사랑방 2칸·대청 1칸·뒷방 1칸으로 모두 몸채 전면에 구성된다. 따라서 마당은 크게 사랑마당과 안마당으로 이분된다. 사랑채에는 공통적으로 툇마루를 약간 높이고 난간을 두룬 간략화된 누마루를 구성하여 마을 앞으로 흘러 내려가는 낙동강을 바라다볼 수 있게 하였다. 그리고 조상의 유언으로 사당을 짓지 않아서 사랑채 내에 감실을 많이 구성하였다. 사랑채에서 안뜰로는 창호를 거의 두지 않고, 둘 경우는 차면벽(김위진 가옥, 김필영 가옥)을 설치하는 등 폐쇄적이다.

일상시는 사랑손님을 남자가족이 생활하는 사랑채에서만 접대하였다. 비일상

---

16) 대구광역시 달성군, 『남평문씨본리세거지』, 1996, p.38 : 번남박씨는 호남 나주의 토성이었는데 고려시대에 이미 중앙에서 사족화하였다가 그 일파가 영주지방으로 낙남(落南)한 것으로 보인다.

17) 문화재관리국, 『전통건조물보존지구 조사보고서-영풍수도리(무섬)마을』, 1988 : 무섬마을 주택들은 잦은 수해로 타 지역의 전통주택들과는 매우 다른 역사를 가지고 있다. 1934년의 수해는 그중 가장 혹심하여 그 후 많은 신축과 개축이 이루어졌다. 따라서 주택들의 건립 연대를 추정하는 데 많은 어려움이 있다.

시 혼례는 안뜰에서 치렀고 날이 궂을 때는 안대청마루를 이용하였다. 6~8촌까지 자손들이 참석하는 제례장소는 안채와 사랑채가 혼용되었다. 상례시 빈소는 남자는 사랑마루, 여자는 안사랑이나 상방을 이용하였다. 혼례보다 초상(初喪)에 손님이 많이 왔다. 이는 혼례는 하루손님이지만 초상은 길면 1주일 이상을 지냈기 때문이다. 이때 남자손님은 우선 사랑채에 모시고 부족하면 이웃사랑을 이용하였다.

〈표38〉 영주 무섬마을 주택과 공간사용

택호	김덕진 가옥		김두한 가옥		김위진 가옥	
주택						
사랑채						
생활	부		사랑방		사랑방		사랑방
	자		작은사랑		안사랑		중방
접객	손님		사랑방		사랑방		사랑방
	손님		작은사랑		안사랑		이웃사랑
의례	상례	여:건넌방	남:사랑마루	남녀:안사랑		여:상방	남:중방
	제례	안대청		사랑방·마루		안대청	

● 경주 교동 : 경북 경주시 교동

　경주 교동은 경주최씨 씨족마을로 향교가 중요한 구심점을 이룬다. 마을 구성은 구·현 종가18)가 가장 북측에 위치하고, 그 전면으로 최인환, 최대식 가옥 그 다음으로 최성환, 최영식, 최상순 가옥이 자리하는데, 종가로부터 멀어질수록 주택 규모가 작아지고 종가의 배치 형식에서 벗어난다.19) ㄷ자형 안채 전면에 一자형 사랑채가 결합한 튼ㅁ자형에 담으로 구획한 것이 이 마을의 전형적인 배치로 남녀공간이 전후로 분리된다. 주택은 길에서 전면 진입을 하여, 행랑마당-사랑마당-안마당을 거치거나 행랑·사랑마당-안마당을 거친다. 더욱 엄격한 영역 구분을 위해 내외담을 쌓거나(최경, 최영식 가옥), 협문이나 중문간채를 설치하든지, 곡가형 사랑채를 구성하였다(최준 가옥).

　경주 교동 주택의 강한 위계성과 동질성은 주택 배치뿐만 아니라 사랑채 구성에서도 나타난다. 종가인 최준 가옥에서는 큰사랑채와 작은사랑채가 별동으로 분리되지만, 지가(支家)는 하나의 사랑채를 이룬다. 사랑방은 후열에 침방과 책방이 놓인 곡가형에서 궁극적으로는 田자형으로 겹집화되어간다. 사랑대청은 외접하는 면이 많은 '측면마루형'으로 면적이 넓고 통합된 공간을 이루는 경상도 특색을 나타내고, 대청을 폐쇄시켜 실 이용을 고려한 것은 조선 후기의 특색이다.

　일상적인 손님은 사랑채에서 접대하였고, 특징적으로 안채의 중사랑(할머니방)에는 가까운 손님이 출입할 수 있었다고 한다. 그리고 사랑방에 거주하는 아들이 며느리가 있는 안채의 건넌방으로 출입할 수 있는 별도의 문을 만들어놓았다. 경상도의 전통적 생활행태로 사랑대청에서 제례가 행사되고, 상례장소인 빈소는 남자는 사랑방, 여자는 중사랑방(할머니방) 또는 안대청을 사용하였다. 사랑채에 생활·접객 그리고 의례(상례·제례)의 기능이 수용되었다.

---

18) 구 종가인 최경 댁의 규모와 격식이 협소하다 하여 옆에 현 종가인 최준 댁을 다시 지었다.
19) 박홍근, 『조선 후기 상류주거의 공간구성에 관한 연구』, 울산대학교 석사학위논문, 1988

〈표39〉 경주 교동 주택과 공간사용

택호	최준 가옥(현종가)	최경 가옥(구종가)	최대식 가옥
주택			
사랑채			
생활 부자	사랑방 / 작은사랑	사랑방 / 책방	사랑방 / 책방
접객 손님	큰사랑채, 작은사랑채	사랑채	사랑채
접객 손님	중사랑 (할머니방)	중사랑 (할머니방)	중사랑 (할머니방)
의례 상례	여:할머니방·안대청 / 남:사랑방	여:할머니방·안대청 / 남:사랑방	여:할머니방·안대청 / 남:사랑방
의례 제례	사랑대청	사랑대청	사랑대청

● 밀양 교동 : 경남 밀양시 교동

옛 밀양 동헌 터 북쪽에 위치한 마을은 밀양향교가 있어 향교골, 교촌이라 부르다가 1914년부터 교동으로 불리게 되었다. 향교를 통해 세력의 기반을 다진 향반층의 세거지로서, 20km 떨어진 밀양손씨(密陽孫氏) 집안의 공동 정자인 오연정(鼇淵亭)은 이들 세력의 범위를 말해준다. 마을은 배산임수의 형태로 앞쪽으로 평야를 둔 산기슭에 자리 잡았다. 뒷산에 향교를 두고 가장 위쪽에 종가가 그 밑으로 지가(支家)가 분포하는 구성은 씨족마을의 전형적인 배치이다. 주택은 안채와 사랑채가 병렬로 놓여 길에서 측면으로 진입하고, 남녀영역이 좌우로 분리된다.

12대문집이라 불리는 종가 손병문 가옥(감미댁)은 행랑채·사랑채·안채·사당의 4영역이 바닥차를 이용하여 분리되어 있다. 꿈에 맹자를 보았다는 의미의 <맹몽헌(孟夢軒)> 당호를 가진 큰사랑채는 독특한 乙자형이고, 기단부는 벽돌로 높게 쌓았고, 지붕은 하늘을 향해 치켜들려 위엄을 과시한다. 큰사랑방은 가장의 생활공간으로서 일상시 접객장소이자 상례시 빈소가 차려졌고, 아들을 위해서는 중사랑채를 따로 분리하였다. 지가(支家)인 손병준 가옥은 사랑마당과 안마당이 병렬로 놓이고 큰사랑채와 중사랑채를 두고 있다. 광채에 벽감을 구성하여 위패를 모셨다. 손병국 가옥은 사랑마당과 안마당으로 이분되고 ㄱ자형 안채와 ㄱ자형 곡간채로 튼ㅁ자형을 이루며 벽감이 구성되었고 최근에 안채에 유리문을 설치하였다.

밀양 교동의 사랑채[20]는 집의 경제력에 따라 3칸에서 7칸까지 다양하다. 후대로 갈수록 규모가 줄어들고, 대청이 축소되는 대신 방의 수가 증가하고, 기능의 복합화가 뚜렷하다. 사랑채가 마당의 한 부분을 구획하여 안마당의 폐쇄도를 높이고 있다. 사랑대청은 외부로 개방되고 사랑방과의 사이에는 대부분 사분합 들문을 설치하였다. 종가의 사랑채가 乙자형임에 비해 지가들은 일반형을 취하고 있다.

일상시 손님의 접대공간으로 큰사랑채와 작은사랑채를 차별적으로 이용하였다. 의례시 상례는 큰사랑채, 혼례는 안마당, 제례는 안대청에서 행사되었다. 따라서 비일상시 안채공간은 외부인들에게 개방되고, 사랑채는 생활·접객 외에 상례시 빈소공간으로 잠시 전용되었다.

---

[20] 신재억·최일, 「전통주거건축의 근대성에 관한 연구」, 대한건축학회논문집, 6권 4호, 1990, pp.135~147

〈표40〉 밀양 교동 주택과 공간사용

택호	손병문 가옥(종가)	손병준 가옥	손병국 가옥
주택			
사랑채			
생활	부자	큰사랑채 작은사랑채	큰사랑채 작은사랑채	큰사랑채 작은사랑채
접객	손님 손님	큰사랑채 작은사랑채	큰사랑채 작은사랑채	큰사랑채 작은사랑채
의례	상례 제례	큰사랑채 안대청	큰사랑채 안대청	큰사랑채 안대청

● 성주 한개마을(중요민속자료 제255호) : 경북 성주군 월항면 대산리

『택리지(擇里志)』에 선비가 많이 나오는 곳으로 기록된 한개마을은 성산이씨(星山李氏)가 대대로 살아온 전형적인 씨족마을이다. 조선 세종 때에 진주목사를 역임한 이우(李友)가 이곳에 이주하여 마을을 조성한 것으로 알려져 있으며, 지금은 월봉 이정현(李廷賢, 1587~1612)의 후손들이 집성촌을 이루고 있다. 단일 동족마을이지만 세부적으로는 출중한 각 파의 씨족집단으로 구성되어 있으며, 18세기 이후 정치적인 집권과 부의 축적으로 인해 종가보다 우세한 후손들의 주택이 입지상으로나 규모로 종가를 압도하고 있다. 즉 종가가 위치한 아랫마을과 이보다 형성 시기가 늦은 윗마을로 양분되며, 윗마을이 대지 면적이나 주택 규모에서 아랫마을을 압도하고 있다. 월봉정(月峰亭), 첨경재(瞻敬齋), 서륜재(敍倫齋), 일관정(一貫亭), 여동서당(餘洞書堂)의 5동 재실[21]이 있고, 대표 주택으로

한주종택(寒州宗宅), 북비고택(北扉古宅), 교리댁(校理宅), 월곡댁(月谷宅)이 건립되는 등 씨족 내부의 분화과정을 보여준다.22)

한개마을 주택들은 안마당과 사랑마당이 좌우로 배치되어 측면으로 진입한다. 그리고 낙동강 우도의 특색으로 개방적인 一·ㄱ자형의 채들이 3~4동 모여 튼날개형을 이룬다. 공통적으로 사당이 있고 안채는 '영남형' 구성이고 사랑채는 몸채에서 벗어나 시선이 자유롭지만, 정자·서재·별당 등의 별동 구성은 개별적이다. 이것은 씨족마을인 한개마을에서 종가보다 우월한 지가(支家)가 출현하면서 경쟁적으로 부와 명예를 드러내기 위해 다양한 별동을 구성하여 마을 전체의 위계성은 깨지고 각각 독특한 차별성을 가지기 때문이다. 이것은 또한 시대상의 반영이기도 하다.

한주종택은 살림채 영역과 별당 영역을 구성하였고, 한주정사에서는 인접한 연못을 바라볼 수 있게 누마루 바닥을 높이고 기단을 낮추어 들림의 효과를 주었다. 북비고택은 마을에서 가장 높은 벼슬을 한 종1품 대감집으로 사랑채에 현판·주련을 달아 화려하게 장식하였고, 담으로 구획한 서재를 따로 두었다. 현 거주인의 고조가 홍문관 교리를 지낸 교리댁은 문간채 옆에 서재를 외접시켜 마을 서당으로 사용하였다. 1911년에 건립된 월곡댁의 사랑채는 높은 2중 기단으로 처리하였고 실 구성은 교리댁과 비슷하게 모방을 두었다.

접객공간은 손님의 지위와 방문 목적에 따라 사랑채와 별동으로 구분하였고, 기제사는 가묘에서 신위를 안대청에 모셔다가 행사하기에 비일상시 친척은 안채까지 들어갈 수 있었다.

---

21) 한개마을의 재실은 안동지방에서 묘소 근처에 제사용으로 사용하는 것과는 달리 조상을 기념하는 장소로서 문중 각파의 제사에 타지에서 온 일가들이 묵기도 하며 평상시에는 아동들의 강학장소, 시회(詩會) 장소나 연장자들의 담화 장소로 이용되었다.
22) 주은영, 『한개마을의 위계변화에 관한 연구』, 부산대학교 석사학위논문, 1996

〈표41〉 한개마을 주택과 공간사용

택호		한주종택	북비고택	교리댁	월곡댁
주택					
사랑채					
생활접객의례	부자	사랑채	사랑채	사랑채	사랑채
	자	사랑채	사랑채	사랑채	사랑채
	손님	사랑채	사랑채	사랑채	사랑채
	손님	정자	서재	서재	별채
	상례	사랑채	사랑채	사랑채	사랑채
	제례	안대청	안대청	안대청	안대청

3) 향반층 사랑채의 특성

동질성

향반층 주택은 사대부가를 따르려는 계층성과 지역에 뿌리내린 토착성이 미묘하게 결합되어 있다. 유교 원리에 따라 영역을 분리하지만, 그것은 지역별 가옥 유형에 근거하고 동시에 입지한 마을의 시형과 방위와도 관련을 가진다. 따라서 마을별 동질성은 타 지역과의 차별성으로 드러난다. 그 양상은 다음과 같다.

첫째, 향반층 주택은 각 지역에 분포하는 민가형을 안채 유형으로 하는 '토착성'을 드러낸다. 경상도 안동권의 향반층 주택은 대부분 '뜰집'[23]을 이룬다. 뜰

---

[23] 장성준(1978)은 '뜰집'의 유형분류를 완전형·조합형·분리형으로 하고 형성 요인을 사회적 요인(낙향하여 향반으로 활동), 지방 상류주택과의 관계, 도시형 주거·서울 주거와의 관계(중부민가의 방 배치, 도시 한옥과 방 배치 유사), 기후·지형적 요소, 이 지방에 분포하는 여칸집과의 관계(외폐내개의 유사

집은 자연·풍토에 적합하면서도 사회적 지위(Status)를 반영하는 중상류 주택의 풍채 유지가 가능한 규모이다. 그리고 민가형 중 '여칸집'과 비슷한 외폐내개(外閉內開)와 축적 구성으로 유교 규범에 따라 영역을 명확히 분리한다. 경주권과 상주·진주권의 향반층 주택은 '결합형'인 튼ㅁ자형이 많고, 안채는 이 지역에 분포하는 '영남형' 민가와 유사한 구성으로 마당의 가로가 넓어 채광에 유리하다. 경기·충청 지역의 향반층 주택도 튼ㅁ자형이 주류지만, 안채는 '중부형' 민가와 유사한 ㄱ자형이 많아서, 사랑채는 대칭적인 ㄴ자형을 이루며 결합된다. 안채와 사랑채는 별동으로 구조의 이점을 살리고, 내외간의 영역과 동선 구분을 위해 중문간을 구성한다. 전라도 지역의 향반층 주택 안채는 이 지방 민가와 유사한 '호남형'으로 큰 정지에 정지방이 구성되는 등 여성공간에 대한 배려가 돋보이고 대청전면이 폐쇄적이다. 강원도 지역의 향반층 주택은 ㅁ자형을 이루지만, 안채는 '영동형' 민가의 겹집구조이고 사랑채는 마루가 없는 구성이 많다.

둘째, 같은 문화권 내에서도 '대지'의 형태에 따라 주택 영역이 마을별로 차이를 가진다. '집중형'이 분포하는 호지마을에서는 대지 형태와 좌향으로 인해 전면날개형을 이루어 행랑마당·사랑마당·안마당으로 3분되고, 무섬마을에서는 마을 앞을 흐르는 강을 바라보기 위해 오른편·왼편날개형을 구성하여 사랑마당·안마당으로 2분된다. '결합형'·'분산형' 주택에서는 대지 형태와 진입 방향의 영향이 커서 경주 교동에서는 전면 진입으로 남녀영역이 전후로 나뉘고, 밀양 교동과 성주 한개마을에서는 측면 진입으로 남녀영역이 좌우로 나뉜다.

셋째, '사랑채 구성'에서 동질성을 유지하기도 한다. 영천 선원동 마을에서는 사랑채를 강조하여 멋스러운 별당식 사랑채를 구성하거나, 주택 앞에 별당을 두었다. 경기·충청도 지역에서는 여러 문화가 혼합된 관계로 사랑채는 뚜렷한 지방색은 없고 비교적 작고 단순한 구성이지만, 사대부가 영향으로 누마루와 침방을 흔히 구성한다. 그리고 모마루형 누마루는 이 지역에서만 분포한다. 외암

성), 완전형과 다른 형들과의 관계 등을 들고 있다.

리의 사랑채에서 사랑어른이 늦여름에 더위를 식히는 분합마루방이라는 독특한 공간을 조영하고, 회덕에서는 손님을 위해 사랑채와 구별된 별당 영역을 담으로 한정지었다.

넷째, 건축 특성 외에 '행태'의 유사점을 가진다. 전라도 지역의 안채에서는 건넌방에 큰아들이 기거하고 안대청에서 의례가 행사되는 등 많은 기능을 수용하므로, 사랑채는 생활로부터 자유로워 형태가 다양하고 주변에 정원과 연지를 조성하였다. 강원도 역시 안채의 일부에 남자가족이 생활하기 때문에, 사랑채는 생활로부터 자유롭지만 추위로 인해 마루를 두지 않거나 작고 폐쇄적이다. 그래서 접객과 여름공간을 위해 별당을 두었고 여기에서 의례가 행사되기도 하였다.

위계성

조선시대 동족마을의 내재적 질서는 동질성 외에 종가를 중심으로 한 위계적 구성을 이룬다(영덕 호지마을, 경주 교동, 밀양 교동 등). 그래서 향반층 사랑채의 특성은 첫째, 종가의 사랑채 유형을 따른다. 종가 사랑채의 배치·구성·형태를 표본으로 지가(支家)의 사랑채를 구성한다. 경주 교동의 종가에서는 남녀공간이 전후로 분리되고, 밀양 교동의 종가에서는 남녀공간이 좌우로 분리되는데 이러한 배치가 지가에도 지속되었다. 둘째, 종가의 사랑채 구성보다 간략화된다. 종가에서는 사랑마당과 행랑마당이 분리되지만 지가에서는 통합된다. 그리고 종가는 큰사랑채와 작은사랑채로 분화하여 기능별로 순수성을 유지하지만 지가에서는 한 사랑채에 모든 기능을 수용하므로 방의 협소함을 보완하기 위하여 간혹 대청에 들분합문이나 여닫이문으로 폐쇄시켜 마루방화하기도 한다. 셋째, 종가의 구성에서는 계층성이, 지가의 구성에서는 지역성이 드러난다. 종가에서는 폭넓은 교류를 위해 경쟁적으로 사랑채를 통하여 위엄을 과시하고 지가에서는 지역에 적합한 유형으로 생활의 효율성을 추구하였다. 따라서 조선시대 동족마을에서 종가는 독자성과 대표성을 갖추고, 지가들은 동질성을 유지하면서 마을 전체의 위계를 이룬다.

그렇지만 종가의 위상이 강하지 않은 마을이거나 각성마을인 경우는 수직적인 위계성보다는 수평적인 동질성을 추구하고(영주 무섬마을), 때로는 시대상의 반영으로 위계가 깨지기도 한다(성주 한개마을). 이때 안채는 지방색을 반영한 유사한 구성이지만, 사랑채는 경제력에 따라 규모와 형태가 다양하다.

3. 부농층 사랑채

1) 부농층 주택과 영역

부농층과 주의식

부농층은 18세기 이후 농업생산력의 발전에 따른 지주제 강화와 상품화폐 경제의 진전으로 신분제에 입각한 봉건지배 질서가 크게 동요하는 시기에 새롭게 등장하는 계층이다. 이 시기 신분제 변동의 주요 양상은 하층신분이 상층신분으로 신분이 상승하는 것이었다. 농업생산력의 발전에 의해 일부 농민들은 지주적 존재로 성장하여 양반신분을 획득하거나 향임층이 되기도 하였다.[24] 이들은 기존 세력과는 다른 환경과 부의 획득, 생활의 현실화 등 하부구조적 목적을 가지는 새로운 시대성을 가진 계층이다. 그래서 부농층 주택은 '기능'을 중시한 근대적 사고를 기반으로, 사대부가와 향반층 주택이 위계적 질서를 이룬 기존 마을에 변혁을 가한다. 그렇지만 전근대적 사회라는 한계 속에서 큰 변화보다는 사대부층과 향반층을 모방하고, 다만 구성과 기능에 차이를 두었다.

부농층 주택은 시대적으로는 상류주택의 형식을 모방·변형하여 계승하였고, 계층적으로는 민가에서 분화·발달된 내용을 확대시켰다. 부농층 주택의 주거사적 의의는 민가의 내용과 상류주택의 형식이 결합했다는 점에 있지만 그 결합

---

24) 한국역사연구회, 앞의 책, pp.193~194

과정에서 불철저성이 발전의 한계로 작용한다. 부농계층 내부에 잠재되어 있는 세계관의 이중성, 존재와 의식의 괴리, 근대적 정신과 봉건적 관념을 동시에 소유하는 이중적 성격이 그들의 역사적·사회적 존재 형태였다. 이 이중적 존재 형태가 그들의 주거 양식에도 반영되었다.25)

부농층 주택의 영역

부농층 주택의 영역은 크게 '사랑마당-안마당'으로 구분된다. 그렇지만 내외간의 동선구분이 약하여 마당 구분도 안과 밖의 구분일 따름이다.26) 사대부층과 향반층처럼 담과 경사를 이용하여 영역을 구획하기도 하지만 기존 방위에 대한 개념이 깨지고, 소극적으로 시선만 차단하기도 한다. 평면 구성에서 안채는 그 지역의 민가 평면을 원형으로 분화·발달하고, 사랑채는 일반적인 사대부층과 향반층 주택의 형식을 모방·변형하는 과정을 밟는다.27)

2) 부농층 사랑채의 위계적 구성

한 마을은 특정계층으로만 구성되지 않고 사대부층·향반층·부농층이 공존하므로 한 계층의 고찰을 마을 위계의 변화와 시대상으로 시도한다. 대상은 향반층 주택과 부농층 주택이 혼재하며 조선후기 집중적으로 건립되어 시대성을 반영하는 경상도의 남사마을과 인홍마을, 전라도의 홈실마을 강골마을 방촌마을에서 부농층 주택과 사랑채의 특성을 살펴본다.

---

25) 김봉렬, 앞의 책, p.105
26) 최일, 앞의 책, p.172
27) 김봉렬, 앞의 책, p.106

● 산청 남사마을 : 경남 산청군 단성면 남사리

　남사마을은 풍수지리상 두 마리 용이 서로 머리와 꼬리를 물고 있는 쌍룡교구(雙龍交構)의 형국으로 주변의 산들이 반달모양의 터를 만들고 있다. 마을은 500년 전 진양하씨(晉陽河氏)의 이주로 시작되었고 이후 성주이씨(星州李氏), 밀양박씨(密陽朴氏), 재령이씨(載寧李氏), 전주최씨(全州崔氏), 연일정씨(延日鄭氏)가 이주해 와서 다성(多姓)마을을 이루었다.[28] 이 속에서 약 300년 전부터 동약계(同約契)를 만들어 오랫동안 친목을 이어왔다.

　마을에 있는 40호 가량의 기와집은 대부분 20세기 초에 지어진 후기 부농 주택들이다. 든든한 경제적 기반으로, 넓은 평지에 대규모의 집을 짓고 높은 담장을 둘렀다. 주택은 사랑마당과 안마당이 전후로 이분되고, 각 성씨의 종가에서는 행랑마당이 부가되기도 한다. 안채는 대부분 一자형 '영남형' 구성이지만, 사랑채는 과시를 위해 경쟁적으로 형태에 과장과 왜곡을 가하였다.

　1920년에 건립된 최재기 가옥은 마을에서 가장 큰 규모로, 一자형의 안채·사랑채·익랑채·곡간채·행랑채 그리고 담에 의해 전체적으로 튼日자형을 이룬다. 사랑채는 겹집으로 방이 많고, 사랑대청은 작아서 상징성이 약화되었으며, 사랑정지는 좌우방에 불을 지필 수 있도록 하여 기능적이다. 사랑채 좌우에 문을 두어 외부인은 크고 개방적인 동쪽 문을 이용하고 사랑채에 기거하던 남자가족은 서쪽 중문으로 드나들었다. 머슴이 생활하는 행랑채에서 지나가는 과객이나 신분이 낮은 손님을 접대하기도 하였다. 이상택 가옥도 튼日자형의 개방적 배치로 담을 이용해 시선을 차단한다. 안채와 사랑채는 홑집으로 후퇴 부분을 수장공간으로 사용하였다. 큰사랑방의 툇마루는 대청보다 24cm 높게 처리하고 풍혈이 장식된 계자난간을 둘러 누마루 효과를 내었다. 하영국 가옥은 동학혁명 때 소실된 후 재건한 것으로 二자형을 이룬다. 큰사랑방 앞에 툇마루를 누마루화하였고, 후대에 사랑마당에 조경을 하였다.

---

28) 최진국, 『남사부락의 취락형태와 주거에 관한 연구』, 부산대학교 석사학위논문, 1990

남사마을 사랑채의 특성은 첫째, 방이 많은 겹집을 구성하였다. 그래서 구조재인 목재의 수명을 위해서 곳곳에 환기공을 두었다. 둘째, 사랑대청은 '중앙마루형'이 많고, 규모는 1~1.5칸으로 작아서 접객보다는 생활의 편리를 중시하였음을 알 수 있다. 셋째, 사랑채에 부엌, 고방, 수장공간이 부속되는 혼합형의 양상을 띤다. 넷째, 툇마루 일부를 높여 누마루 효과를 내었다.

　다성마을임에도 불구하고 사랑채에서 사용 행태는 비슷하다. 접객은 손님의 신분에 따라 사랑채와 행랑채로 구분하였고, 상례와 제례는 사랑채에서 행사되어 경상도의 행태 규범이 지속되었다.

〈표42〉 산청 남사마을 주택과 공간사용

택호	최재기 가옥(최씨종가)	이상택 가옥(이씨종가)	하영국 가옥(하씨종가)
주택			
사랑채			
생활 부자	큰사랑방	큰사랑방	큰사랑방
	작은사랑방	작은사랑방	작은사랑방
접객 손님	사랑채	사랑채	사랑채
손님	행랑채	행랑채	·
의례 상례	사랑채	사랑채	사랑채
제례	사랑채	사랑채	사랑채

●달성 인흥마을 : 대구 달성군 화원읍 본리리

인흥마을은 남평문씨(南平文氏) 세거지로 조선말기와 일제강점기에 형성되었다. 18세기 이후 유수한 씨족들이 경제력을 향상시켜 군거(群居)하는데 이 마을도 이에 해당된다. 문씨 일가는 경제적으로 부유한 경영형 부농층(지주형 부농층)으로 인근의 다성(多姓)마을에 있는 소작인들을 써서 광작농업을 경영하였다.29)

남평문씨들의 경제력이 향상되면서 지붕은 초가에서 와가로 변했고, 배치는 튼ㄷ자형에서 튼ㅁ자형으로 변했다. 안채는 '영남형' 구성인데, 큰방은 1~1.5칸으로 작고 안마루는 전실 및 여름 생활공간과 제사공간으로 대부분 1칸이며 문승기·문정기 가옥만 2칸이다. 작은방은 며느리가 거처하였고, 신부를 맞이할 때나 귀한 손님을 모실 때 사용하였다.

사랑채 특성은 첫째, 규모는 건축주의 사회적 신분과 경제력에 따라 정면 4~6칸, 측면 1~2칸까지 다양하며 전후퇴가 있다. 지가(支家)인 수봉고택이 종가보다 사랑채의 공간 분화가 두드러져 큰사랑방·작은사랑방·마루 외에 객실·침모방·도장방을 두었다. 둘째, 사랑마루는 대개 1~2칸으로 사랑채의 전체 면적에서 차지하는 비율이 낮다. 다양한 생활을 위해 도장방·뒤주·객실 등의 방에 많은 면적을 할애하였기 때문이다. 셋째, 실용성을 살리기 위해 대문간이 가까이 배치되고 뒤주가 구성되는 혼합형을 이룬다.

큰사랑방은 2칸 규모로 바깥주인의 거처 및 학습공간·손님의 접대공간으로 대문 근처에 위치하며, 상례시에는 빈소방으로 사용되어 조문객을 받거나 의식을 행하였다. 안채부분은 일상·비일상시에 외부인에게 개방되어 지역적 규범이 깨어지고 있음을 볼 수 있다.

---

29) 문씨일가는 이 세거지에서 고급의 주택과 재실을 건축하였고, 특히 성리학 연구에 대한 열정은 광거당과 수봉정사 두 재실의 건립으로 드러난다.

〈표43〉 달성 인흥마을 주택과 공간사용

택호	문정기 가옥(종가)	문승기 가옥(수봉고택)	문시갑 가옥
주택			
사랑채			
생활 부		큰사랑방	사랑채
생활 자	사랑채	작은사랑방	사랑채
접객 손님	사랑채	큰사랑방	사랑채
접객 손님	안사랑	건넌방	작은방
의례 상례	큰사랑방	큰사랑방	큰사랑방
의례 제례	안대청	안대청	안대청

● 남원 홈실마을 : 전북 남원군 수지면 호곡리

홈실마을은 총 80여 호 중 70여 호가 죽산박씨(竹山朴氏) 충현공(忠顯公)의 후손들로 이루어진 씨족마을이다. 마을 입지는 산 계곡 사이에 남향하고 있지만 안산의 언덕 능선이 너무 가깝고 길어 답답한 국면을 형성한다. 마을은 외홈실과 내홈실로 구분되는데, 종가를 비롯한 대규모의 기와집들은 모두 내홈실에 있다. 18세기 초에 조영된 종가(박환수 가옥)로부터 몽심재(박환진)-박완기 가옥-박

천식 가옥은 18세기~20세기 초에 걸친 뚜렷한 시대적 변화를 보여준다.[30]

주택 배치는 종가의 공간 흐름을 원형으로 안마당과 사랑마당이 경사가 심한 바닥 차에 의해 전후로 분리되며, 안채는 홑집구조(4량)로 작은방 앞 상부에는 공로를, 하부에는 함실을 두었고, 사랑채는 화계로 구성된 높은 기단을 구성하였으며 곳곳에 물확을 설치하는 동질성을 가진다. 변화상으로는 안채 평면이 ㄷ자형에서 ㄱ자형을 거쳐 一자형으로 변화하는데 이는 시공의 합리성을 추구한 결과이고, 대청은 분합문을 단 마룻방으로 점차 변하여 수장공간이 증대되는데 이는 사대부층이 부농층으로 이행하면서 나타나는 건축적 특성으로 보인다. 종가의 사랑채는 중농 형식으로 규모가 작지만 몽심재 등 후대에 건립된 부농 주거는 사대부가 요소들을 수용해 상류주택의 면모를 갖추다가 더욱 후대인 박완기 가옥의 사랑마루는 완전히 마루방으로 변한다. 즉 홑집에서 겹집으로 변하여 많은 실을 확보하지만 오히려 대청은 2칸에서 1칸으로 줄어들고 그나마 수장공간으로 활용되어 전통적인 대청의 개념이 바뀌고 있다. 그리고 통로부의 발달, 사랑부엌의 확대 등이 보인다. 홈실마을에서 사랑채 배치는 종가와 유사하게 안채의 전면에 놓이지만, 사랑채 구성은 건립시기·경제력에 따라 비위계적이다.

주택 구성의 차이에도 불구하고 행태 규범은 유사하다. 큰아들은 안채의 작은방에서 거주하여 안채 일부가 남자공간으로 사용되었고, 접객은 사랑채에서 이루어졌다. 비일상시 기제사는 안대청에서 이루어져 친척들이 안채까지 들어오고, 상례시 빈소는 사랑채 끝방인 서방에 차려졌다.

---

[30] 김봉렬, 『한국의 건축』, 공간사, 서울, 1988, p.143

〈표44〉 남원 홈실마을 주택과 공간사용

택호		박환수 가옥(종가)	몽심재	박완기 가옥
주택				
사랑채				
생활	부자	사랑방	사랑방	사랑방
		작은방	작은방	작은방
접객	손님	사랑채	사랑채	사랑채
	손님	·	행랑채	·
의례	상례	청지기방	서방	사랑작은방
	제례	안마루	안마루	안마루

● 보성 강골마을 : 전남 보성군 득량면 오봉리

강골마을은 16세기부터 광주이씨(廣州李氏)를 주축으로 조·박·김씨(趙·朴·金氏)가 살아왔으며, 19~20세기를 거치면서 농경지 확대로 인해 지금의 모습을 갖추어 전라도 지방의 사대부집·부농주택·중농주택이 공존하고 있다. 또한 마을 입구의 공동정자와 공동우물은 씨족마을의 구심점이었고, 19세기 중엽 마을 뒷산 중턱에 지어진 열화정(悅話亭)[31]은 씨족마을로 성장하는 강골의 상징으로 정자 외에 서당의 역할을 겸하였다고 한다. 강골마을의 주택 구성은

206 · 한국의 사랑채

안채-부속채의 간략한 구성으로 일반적인 사대부가와는 차이가 난다. 그리고 헛간이나 우사 등과 결합되지 않은 순수한 곡물 창고가 나타난다.32)

〈표45〉 보성 강골마을 주택과 공간사용

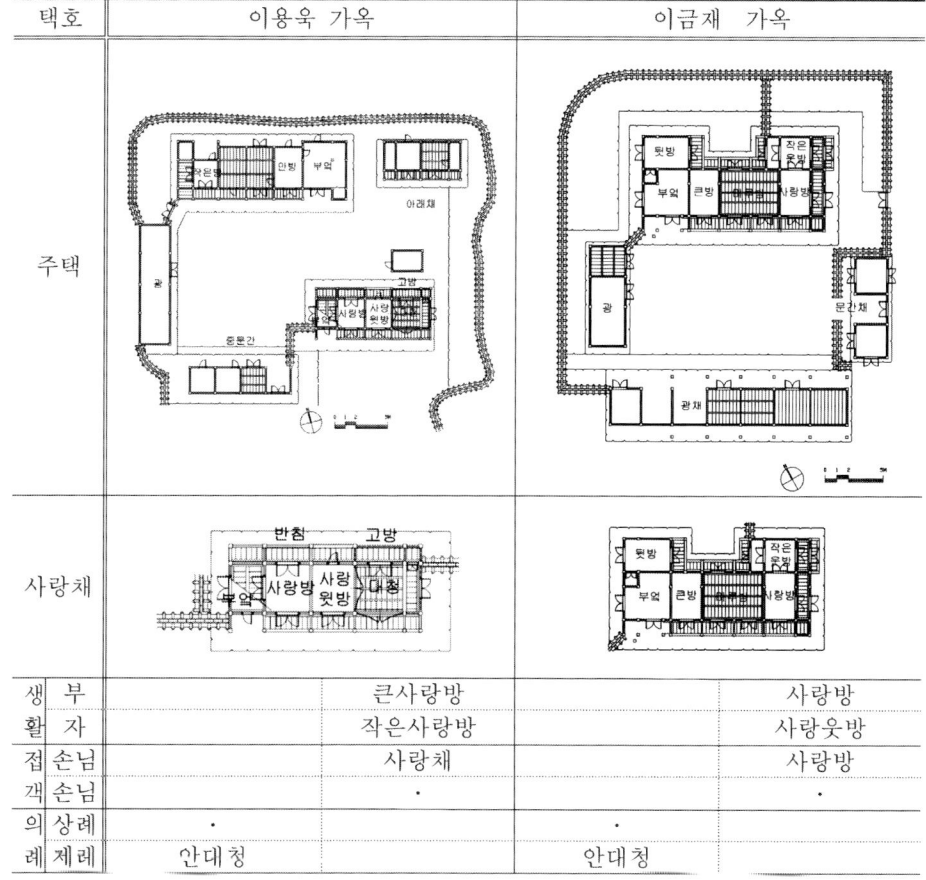

택호		이용욱 가옥	이금재 가옥
주택			
사랑채			
생활	부	큰사랑방	사랑방
	자	작은사랑방	사랑웃방
접객	손님	사랑채	사랑방
	손님	·	·
의례	상례	·	·
	제례	안대청	안대청

---

31) 보성 열화정(중요민속자료 제162호) : 조선 헌종 11년(1845) 이재 이진만 선생이 후진 양성을 위해 건립하였다고 한다. 이곳에서 이재의 손자인 이방회는 당대의 석학 영재 이건창 등과 학문을 논하고 많은 선비들이 수학하는 등, 이 지방 선비들의 정신적 구심점이었다.
32) 전봉희, 「보성 강골마을의 정주형태에 대한 조사 연구」, 대한건축학회논문집, 14권 4호, 1998년, pp.165~175

강골마을의 대표적인 주택인 이용욱(李容郁) 가옥과 이금재(李錦載) 가옥은 이웃하지만 극단적인 대비를 이루는 19세기 말 건물이다. 전자는 넓은 대지에 분산적인 배치로 사랑채 앞에는 넓은 행랑마당을 겸한 사랑마당이 있는 전라도 상류주택의 전형이다. 반면 후자는 좁은 대지에 집중적인 튼ㅁ자형으로 凹자형 안채에 사랑채가 구성되어 남녀유별이 약화되어 있다. 그러나 공통적인 요소도 가진다. 일반적으로 상류주택들이 고샅을 지나 위치하는 것에 비해 마을에서 가장 드러나는 곳에 자리하였고, 주택 전면에 연못을 조성하여 볼거리뿐만 아니라 물고기를 키워 먹을거리도 장만하였으며, 마당에는 단차를 이용한 배수로를 두었다.

●장흥 방촌마을 : 전남 장흥군 관산읍 방촌리

과거에는 열두 동네였지만 현재 7개의 작은 자연부락이 모여 방촌을 이루고 있다. 원래는 다성(多姓)마을로 1600년대부터 장흥위씨(長興魏氏)들이 자리 잡기 시작하여 1800년대 중반에 위씨의 동족촌으로 완성되었다. 그리고 18세기 위백규(魏伯珪)의 출현으로 방촌 위씨들은 일약 명문가로 부상되는 결정적인 계기를 맞았고, 1900년대 초에 그동안 축적된 부를 바탕으로 주택을 개량하였는데 현존하는 주택은 대부분 이때 지어진 것들이다.[33]

방촌 살림집들은 안채와 아래채가 앞뒤로 약간 축이 비껴 배치된다. 아래채는 매우 복합적인 건물로, 사랑채이면서 대문채와 행랑채를 겸한다. 전통적인 양반주택이었다면 모두 별채였을 테지만, 방촌의 위씨들은 벼슬보다 농사에 몰두했고 대부분 20세기 초반에 건립되어 근대성이라는 시대적 경향을 내포하기 때문이다.

옛 군터에 위치한 마을 종가 위성렬 가옥은 안채와 사랑채의 진입로가 분리되고, 사랑채는 문간채·곳간채가 덧붙여진 작은 규모로 사랑어른 혼자 거주하면

---

33) 김봉렬, 「특집, 우리건축 되찾기」, 이상건축, 9707~9708

서 손님을 접대하였다. 따라서 아들은 안채의 작은방에서, 노비들은 집 밖에 거주하였다. 제사는 사당의 신주를 모셔다가 2칸 안마루에서 지내므로 비일상시 안채는 친척들에게 개방되었다. 위성룡(魏成龍) 가옥도 경사를 이용하여 안채와 사랑채의 진입로가 분리되며, 사랑채는 담으로 영역을 구획하여 정적공간을 이루고 누마루에서 연못을 관상할 수 있도록 하였다. 위계환(魏桂煥) 가옥은 존재 위백규의 종가로 독특한 서재가 있다. 대략 18세기에 건축되어 보수시 변형된 서재는 남쪽과 동쪽에만 퇴를 달아 안마당으로부터 돌아앉은 단칸집이다. 사랑채가 좁은 관계로 남자가족들은 안채에서 생활하고, 넓은 안마루에서 제사와 혼례가 행사되었다. 대문 앞 연못은 수련으로 화려하다.

마을의 공통점은 집 앞이나 사랑채 근처에 연못을 많이 두었고 안채와 사랑채의 진입이 분리되어 있다는 점이다. 안채는 '호남형' 구성으로 부엌 부분이 크고, 사랑채는 혼합형으로 문간채·마구·헛간들이 덧붙어 있다. 그리고 행태적으로

〈표46〉 장흥 방촌마을 주택과 공간사용

택호		위성렬 가옥(종가)	위성룡 가옥	위계환 가옥
주택				
사랑채				
생활	부자	사랑방 작은방	사랑방 작은방	사랑방 작은방
접객	손님	사랑채	사랑채	사랑채
	손님	·	·	·
의례	상례	사랑채	사랑채	사랑채
	제례	안대청	안대청	안대청

사랑채에는 사랑어른이 거처하면서 손님을 접대하고, 안채의 일부가 아들의 생활공간으로 이용되었고, 제례와 혼례도 안대청에서 행사되어 비일상시 친척들이 안채까지 들어갈 수 있었다.

3) 부농층 사랑채의 특성

실용성

부농층은 사랑채에서 명분과 대의의 상징성보다는 기능을 고려한 실용성을 중시하였다. 이러한 현상으로 첫째, 대청의 규모가 줄고 방의 수가 늘어난다. 사대부에게는 유희를 위한 넓은 대청이 필수적이었지만, 부농에게는 농사에 필요한 많은 사람을 수용할 수 있는 방이 우선시되었다. 둘째, 대청이 마루방화된다. 유희를 즐기던 넓은 대청보다는 덧문을 단 마루방으로 기능적 쓸모를 높였다. 따라서 부농층 주택의 사랑대청에서는 시선 확장과 내외 연결을 위한 창호의 다양성은 떨어진다. 사대부층의 누마루는 학문적·사회적 교류 그리고 유희의 표상이었으나 부농층에서는 툇마루를 변형시킨 간소한 형태로 나타난다. 셋째, 홑집보다는 겹집을 구성한다. 홑집은 프라이버시와 채광에 좋지만 겨울의 보온을 위해서는 연료가 많이 소모되므로, 부농층에서는 겹집 구성으로 열효율도 높이고 아궁이를 근접시켜 노동력을 최소화하였다. 넷째, 순수형에 비해 혼합형 구성이 많다. 순수형은 멋스런 사랑공간으로 손님들을 맞아들이는 데 적합하고, 혼합형은 사랑채에 문간채와 수장공간 등이 부가되어 공간 절약과 실 사용에 효율적이다. 즉 사랑채는 명분을 중시하던 사대부들에게는 집안을 대표하던 곳이지만, 부농층에서는 실 사용자의 생활의 편리를 살린 근대성이 드러난다.

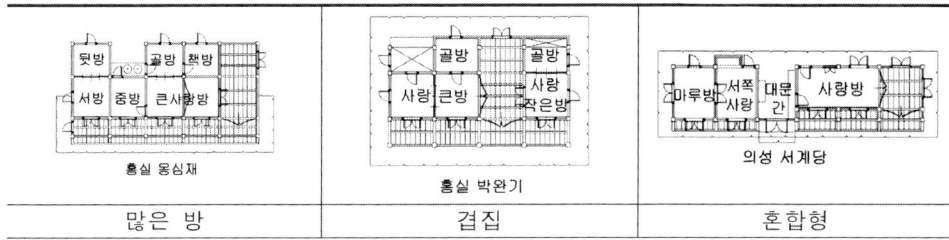

〈표47〉 부농층 사랑채의 특성

많은 방	겹집	혼합형

비위계성과 정형의 탈피

부농층의 등장은 지금까지 전통마을에서 지켜지던 수직적인 위계를 흔들었다. 명분보다는 실리를 중시하여 지금까지 내려오던 주택규범이 무의미해져 사랑채는 경제력에 따라 규모와 구성이 다양해지지만, 전근대라는 한계로 주거규범을 크게 벗어나지는 못하였다.

동족마을인 홈실마을의 주택은 대부분 ㄷ자형 안채와 一자형 사랑채가 튼ㅁ자형을 이루는데, 종가에서 지가(支家)로 갈수록 안채는 ㄷ·ㄱ·一자형으로 간소화하고 사랑채는 홑집에서 겹집으로 변화하며, 지가의 사랑채가 종가보다 더 크고 기능의 복합화로 기존의 주거규범이 깨어지고 있다. 방촌마을의 주택은 '분산형'으로 배치가 자유롭고, 특히 사랑채는 위치와 기능이 각양각색이어서 동질성이 떨어진다. 인흥마을 역시 각 집의 요구에 따라 사랑채의 구성이 다양하여 위계가 지켜지지 않는다. 비위계적 구성은 향반층 마을에서도 종가의 위계가 약한 경우에 나타나며, 시대적으로 후기로 갈수록 심화된다.

남사마을은 다성(多姓)마을이시만 각성의 종가가 비슷한 배치와 사랑채 구성으로 동질성을 유지하기도 한다. 一자형의 채들이 튼ㅁ자형을 이루어 사랑마당과 안마당이 전후로 구분되며, 안채는 모두 '영남형'이고 사랑채는 '중앙마루형'에 툇마루를 변형한 누마루를 가진다. 동질성은 유지하면서도 겹집화와 기능 혼용 등의 근대성이 묻어나기도 한다.

안채는 조상이 물려준 채로서 전형을 유지하는 것이 일반적인데 부농층에 와서는 이러한 규범마저 깨어지고 있다. 허삼둘 가옥은 ㄱ자형 안채의 꺾인

부분에 ㄱ자형 정지가 구성된 특이한 형으로 서울서 불러온 목수가 안주인의 의견을 고려해 지은 결과라 한다. 보성 이금재(李錦載) 가옥은 안채와 사랑채가 한 채를 이루어 내외의 개념이 약화되고 형태도 익랑 부분이 뒤로 돌출된 ㅲ자형을 이룬다.

제5장
행태별 사랑채

1. 생활공간과 사랑채

 양반의 생활은 유교에 기반을 두기 때문에 전국적으로 사랑채의 생활공간 구성은 큰 차이 없이 유사하다. 그렇지만 집집마다 가족주기에 따른 거주 세대, 가족수 차이로 방이 가변성을 가지고, 가계계승 방법에 따라서도 적응과 조정을 거친다.

1) 생애주기에 따른 사랑채 생활공간 구성

가족생애주기에 따른 생활공간

 조선시대 가족의 생활주기는 가문의 상징인 '집'을 중심으로 가족수, 결혼, 분가, 사망에 따라 확대와 축소가 진행된다. 이를 수용하는 집은 가부장 부부와 장자 부부의 지위가 있으면 확고한 주거 위치가 정해지지만 그에 이르기까지는 한 주택 내를 여러 번 이동해야만 하였다. 따라서 가족구성원들은 생애주기에 따라 집을 생생하게 체험하였다.[1]

 장자의 거처 이동을 보면, 젖을 먹는 유아기에는 어머니 곁에서 자고, 동생이

---

[1] Yi-Fu Tuan, *Space and Place*(장소와 공간), 구동회·심승희 역, 대윤, 서울, 1995, p.183 : 사람들에게 집은 안식처일 뿐만 아니라 의식의 장소이며 경제활동의 중심이다. 집을 통해 훨씬 더 효율적으로 의사소통을 할 수 있다. 그것의 상징은 어떤 체계를 형성하여, 가족구성원들은 생애주기에 따라 그것을 생생하게 체험한다.

생기면서 서서히 이유가 시작되어 할머니방으로 옮긴다. 할머니와 같이 자는 아이가 둘 이상이 되면 할아버지방으로 옮기는데 이때가 대체로 5~6세이거나 10세경이 된다. 어느 정도 성장하고 공부할 나이가 되면 개인방 혹은 형제끼리 지낼 수 있는 방으로 거처를 옮기고 이후 결혼을 하면 작은사랑이나 사랑 옆의 작은방으로 기거의 위치를 정해 개인적인 사회생활을 하다가, 가계계승을 한 후에는 큰사랑방으로 옮기게 되고 늙어 가계 계승을 하고 나서는 안사랑으로 물러난다. 공간적으로 대략 안채 → 작은사랑 → 큰사랑 → 안사랑을 거치면서 전 주거에서 생활을 익히고, 가계 계승이 이루어지지 않을 경우에는 큰사랑에서 생을 마친다. 즉 장자는 사랑채 내에서도 여러 공간을 경험한다.[2]

그리고 사회 활동이 왕성한 나이에 가장은 큰사랑채에 머무른다. 이때 사랑어른의 생활을 무섬마을의 김덕진 가옥에서 살펴보면, 가장은 날이 새면 기상하여 농사철에는 들에 가서 일하는 것을 지도하고 기구들을 갖추어주었으며, 농사철이 아닐 경우는 자녀교육을 시켰다. 즉 식전에 사랑방에서 한문 교육을 시켰는데 7세가 되면 천자문·소학·대학·중용·공자·맹자·시전·서전 순으로 배웠다. 8시경에 전 식구가 안방에 모여 식사를 하고 가장은 사랑방에서 혼자 먹었다. 낮에는 손님들이 찾아오면 이를 접대하고 또 다른 집을 방문하는 등 사회 활동을 하였다.

● 상주 의암고택(依巖古宅, 문화재자료 제177호) :
경상북도 상주시 낙동면 운평리 141-1

대문 앞 큰 바위로 인해 의암고택으로 불리는 이 주택은 조씨 13대조가 이 마을에 입향한 이후 현주인 조성호 씨의 6대 조모가 1800년대에 건축하였다. 대대로 벼슬은 없었지만 그 범절은 소위 운곡범절(雲谷凡節)로서 명성이 높아서 당나귀와 노새를 타고 온 내객(來客)이 끊이지 않았다고 한다.[3] 안채, 사랑채,

---

2) 박영순 외, 앞의 책

사당채, 중문간 행랑채, 대문간, 행랑채 등의 건물이 임좌병향(壬坐丙向)으로 전체적으로 튼날개형을 이룬다.

가족주기에 따른 공간이동을 살펴보면, 남자는 안채에서 태어나 어머니방 할머니방을 거쳐 일정 나이가 되면 사랑채로 거처를 옮긴다. 성장기에 있는 자제들은 안채와 사랑채에서 일정 거리가 떨어진 안사랑채를 사용하고, 장자(長子)는 큰사랑방 뒤편에 침방(또는 책방)에 대침하여, 장지문을 통해서 수시로 부자간의 교류가 이루어졌다. 대침이 없을 때는 장서각(서실)으로 사용하였다. 사랑주인이 되면 큰사랑방으로 거처를 옮기는데 침방과 청지기방이 주위에 있어서 기거, 접객, 가옥·재산 관리에서 유기성과 완벽성을 겸비하였다. 그리고 일정 나이가 되면 작은사랑(동상방)으로 물러나는 대물림을 하였다. 작은사랑방 옆에 누마루를 두어 좀 더 안락한 공간을 이루었다. 즉 안채뿐만 아니라 사랑채의 여러 곳을 경험하면서 사랑채에 정착하는 과정을 거친다.

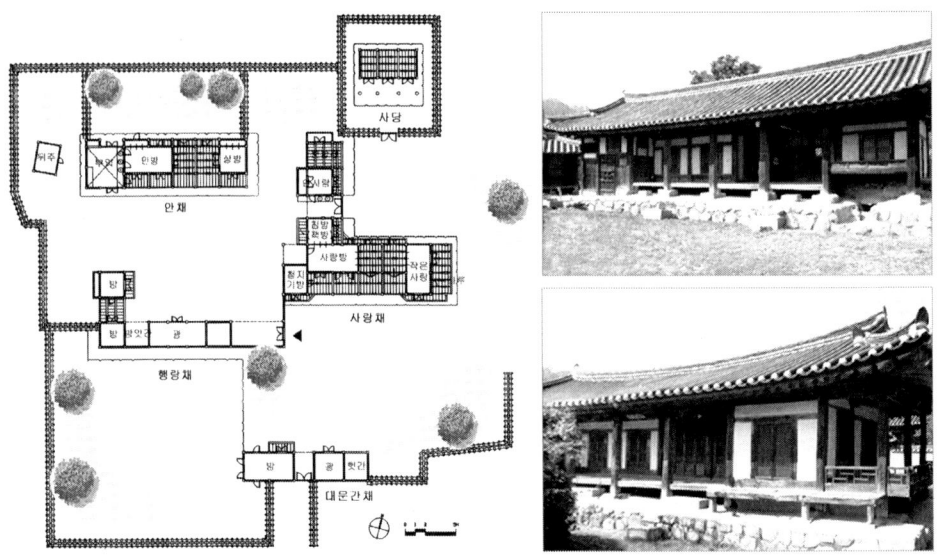

〈그림71〉 상주 의암고택

---

3) 문화재관리국, 『민속종합보고서』, 1987, pp.350~363

가계계승에 따른 사랑채 구성

한국 전통가족의 가계계승[4] 방법은 대략 세 가지 유형으로 분류된다. 부모가 생전에 권한을 양도하고 은거하는 형(은거형: 한반도 동남부지역), 부모가 권한을 양도하지 않는 형(종신형: 한반도 서부지역), 장남이 처음부터 독립하는 형(독립형: 제주도)이 그것이다. 한반도 상류계층에서 이루어지는 은거형과 종신형을 중심으로 비교해본다.[5]

'은거형(隱居型)'은 가부장권 전부를 포함하여 일시에 가계계승을 하는 유형이다. 물론 아버지가 생존해 있는 한 제사시의 초헌권(初獻權)은 아버지가 차지한다. 부모가 아들부부에게 살림을 넘기는 시기는 지방과 가족에 따라 차이가 있지만, 공간 사용에서 중요한 특색은 부모가 은거를 한다는 점이다. 가장과 종부(宗婦)로서 사용하던 사랑방과 안방을 아들 부부에게 양도하고, 노부모는 작은방이나 별채로 거처를 옮긴다. '종신형(終身型)'은 부모의 사후에 가장권과 주부권이 장남과 장자부에게 계승되는 유형이다. 부모가 노쇠하여 아들이 대표권(代表權), 가독권(家督權)을 대신하는 일은 있어도 아버지가 생존하는 한 가장권(家長權)은 아버지의 소유이고 단지 장자는 이를 대행할 따름이다. 종신형에서 가계계승은 대표권-재산권-가독권-제사권 순으로 등차적 계승된다. 그러나 방물림은 부친의 사후에 이루어진다. 또한 며느리는 노쇠한 시어머니를 대행할 수는 있어도 완전한 의미의 주부권을 양도받는 것은 아니었다. 따라서 시어머니가 장수하고 시어머니와 며느리의 연령차가 많지 않은 경우, 며느리는 생전에 한 번도 안방을 차지해보지 못하고 죽을 수도 있었고 이는 아들의 경우도 마찬가지였다. 이러한 가계계승 방법 때문에 종신형과 은거형은 공간 배치에 차이를 가진다.

---

[4] 차남 이하의 아들은 결혼 후 부모로부터 분가하지만, 장남은 부모와 동거하며 일정한 시간이 되면 가장권과 주부권을 계승받는다. 이것을 '가계 계승'이라 한다. 분가의 가장 이상적인 형태는 장남에게 안채와 바깥채가 있는 집을 전하여 주고 차남 이하의 아들에게는 안채만 있는 집을 지어주는 것이다. 따라서 안채와 사랑채의 건립시기의 차이를 많은 주택에서 볼 수 있는 것은 분가 후 경제적으로 안정된 후 사랑채를 마련하기 때문일 것이다.

[5] 박영순 외, 앞의 책, p.45 : 가계계승 유형을 은거형・종신형・독립형 외에 함경도의 재귀형(再歸型)을 포함하여 4가지로 분류하고 있다.

● 정읍 김동수(金東洙) 가옥(중요민속자료 제26호) :
전라북도 정읍시 산외면 오공리 814

　이 가옥은 입향조인 6대조 김명관(金命寬, 1775~1822)이 1784년경에 건립하였다. 그 후 4대가 연속해서 생원에 합격하여 크게 번창한 것을 풍수의 덕이라 여긴다. ㄷ자형 안채, 담으로 둘러싸인 사당채, ㄷ자형 안행랑채, ㄱ자형 사랑채, 一자형 안사랑채, ㄷ자형 바깥행랑채가 널찍이 떨어져 독립된 영역을 이룬다. 안방물림이 이루어지지 않는 안채는 '중부형'으로 시어머니와 며느리 공간이 완벽한 대칭을 이루나, 사랑채의 경우는 이와는 다르다.

　항상 손님들이 끊이지 않았던 사랑채는 전면 5칸 ㄱ자형 '측면마루형'이다. 가부장을 위한 큰사랑방은 반자 천장에, 방 사이에 분합문을 설치하여 여름에는 통간으로 사용하였고 대청에 면한 창에는 정교한 불발기창을 두어 넓은 대청과도 통합되었다. 또한 인접한 정지방에 복직이라는 10여 세 전후의 아이가 머물러 잔심부름을 하였다. 그러나 장자(長子)가 거처하는 사랑아랫방은 칡덩굴로 엮은 후 종이를 바른 지천(紙天)의 낮은 천장이고, 그 장식과 크기가 큰사랑방만 못한 데다 향도 서향이고 후열에 좁은 툇마루만 있을 뿐이다. 이는 현재의 가장과 가계계승 후계자로서 가지는 경쟁의식이 부자간이라는 강한 핏줄의식으로 보상되기 때문에, 생전에 방물림이 일어나지 않는다 해도 크게 불만을 갖지는 않았으리라는 점을 보여준다. 책방은 일상시에는 손자들의 공부방으로, 비일상시에는 세상을 떠난 노인의 초빈(草殯)을 꾸며 주검을 안치하기도 하였다. 바깥 행랑채의 문간방은 하인이 사용하며, 때로는 주인과 잠자리를 같이하기 어려운 지위가 낮은 손님, 외래객의 마부(馬夫)와 하인 그리고 등짐장수들이 묵어가기도 하였다.

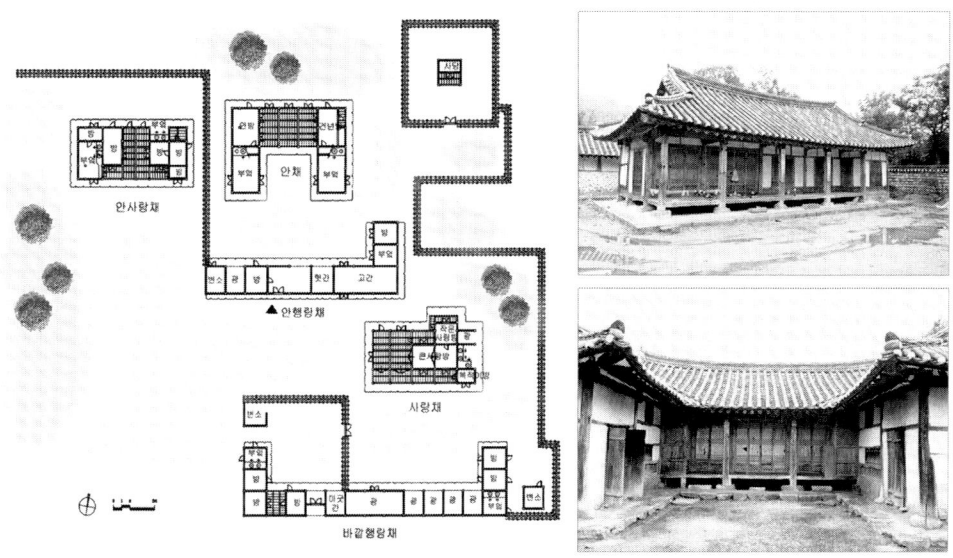

〈그림72〉 정읍 김동수 가옥

● 함양 일두고택(一蠹古宅) (중요민속자료 제186호) :
  경상남도 함양군 지곡면 개평리 262-1

조선조 오현(五賢)의 한 사람인 일두(一蠹) 정여창(鄭汝昌, 1450~1504)의 고택으로 현재의 집은 그의 사후인 1570년에 건축되었다. 3,000평의 집터에는 솟을대문, 행랑채, 사랑채, 안사랑채, 중문간채, 안채, 아래채, 광채, 사당 등 여러 건물들로 구성된다. 눈에 띄는 것으로 솟을대문에 충신과 효자의 정려패 5개가 걸려있고, 사랑채의 누마루에서 바라볼 수 있도록 앞쪽에 아름다운 조산(造山)을 꾸몄다.

하동정씨 씨족마을의 종가로 안채의 안방에는 시어머니가, 건넌방에는 장자부가 기거하였다. ㄱ자형 사랑채는 돌출된 누마루 아래에 작은 창고를 두었고, 활주를 받치는 주초석이 꽤 높다. 사랑채에는 가부장을 위한 큰방과 장자를 위한 작은방이 있다. 이러한 거처는 가부장이 관직을 은퇴하면 장자가 사랑채의 큰방과 침방을 사용하고 장손이 작은방에 거처하며, 큰며느리가 새 안주인으로서 안채의 안방을 차지한다. 은퇴한 가부장 부부는 평소에 글방으로 이용하던 안사랑채에 은거하였다.

은거형인 이 집의 안방에는 몸종방과 다락이 있는 반면, 며느리가 기거하는 건넌방은 작고 장식도 허술하다. 사랑채의 경우도 큰사랑방은 2칸에 침방이 있으나 장자를 위한 작은사랑방은 1칸의 작은 규모이다. 은거형은 일정 시기가 되면 부모가 은거하므로 아랫대를 위한 공간의 배려가 다소 허술하다.

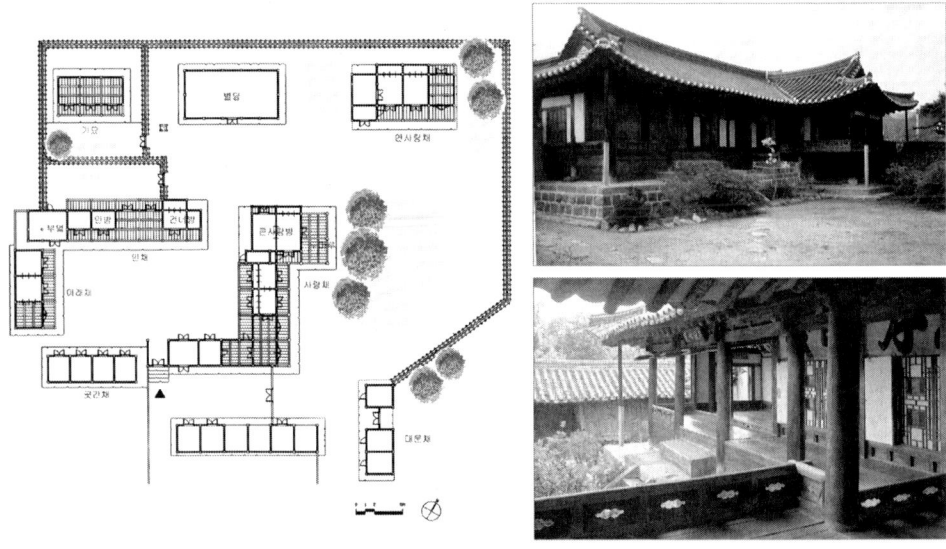

〈그림73〉 함양 일두고택

2) 사랑채 생활공간의 특성

분화성(分化性)

사랑채는 생활의 편리를 위해 분화한다. 이는 이분화하려는 유교 특성의 반영으로 칸과 채의 구성으로 나타난다. 첫째, 가족 간의 세대별 분화가 가장 보편적으로 이루어진다. '일반형'에서는 부자가 한 방에서 생활하는 경우가 많지만 상류계층에서는 사적공간을 확보하기 위해 실 사이에 장지문을 두거나 방 사이에 대청을 두어 영역을 분리한다. '분화형'에서는 큰사랑과 작은사랑 사이에 정지, 청지기방, 서실 등을 두어 양 영역을 보좌하면서 동시에 분리하고, 차면벽을 이용하기도 한다. 옻골 백불고택과 화순 양동호 가옥에서는 외부에서 보이지 않게 벽으로 처리한 정지를 큰사랑방과 작은사랑방 사이에 두어 서로간의 소리와 시선으로부터 해방시켰다. 주택에 따라서는 아들과 손자를 위해서 사랑채가 하나 이상 있는 경우도 많았다. 구례 운조루는 큰사랑채와 작은사랑채가 있고, 영천 만취당은 큰사랑채·작은사랑채·새사랑채로 분리하였다. 장유유서의 원칙을 지키고 같은 세대라도 특히 장자의 권위를 높여 별도의 공간을 마련하였다.

〈표48〉 사랑공간의 세대별 분리

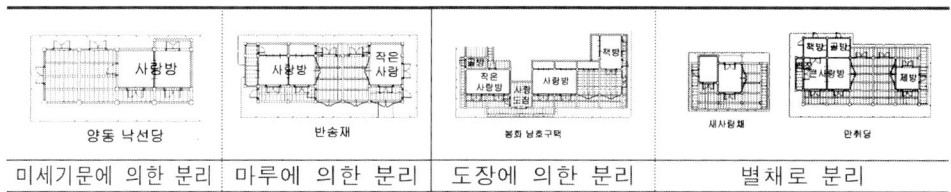

미세기문에 의한 분리	마루에 의한 분리	도장에 의한 분리	별채로 분리

둘째, 가족과 손님의 공사별 분화는 항상 손님들로 붐비는 상류층 주택일수록 명확하다. 사적공간인 침방의 확보로 사랑방에서 효율적인 접객이 가능하였다. 이러한 침방은 외부에서는 잘 인식되지 않으면서도 안채와는 긴밀한 연락이 가능한 사랑방의 후열에 많이 구성되었다. 또한 문(文)을 중시한 조선사회에서 사랑채에 책방을 조영하였다. 한적한 곳에 지어진 서재는 자녀교육의 장소이자 개인 수련의 장이었다. 영광 김성호 가옥은 큰사랑채에 침방을 두고 동재방은 주로 객실로 사용하였고, 사랑재 뒷편의 서당채에서는 직계속들이 글을 읽었다고 한다. 서당채의 동편 단 아래에는 방원형의 연당(蓮塘)과 연못물을 끌어들인 돌샘(石澗水)을 두어 멋을 더했다.

셋째, 사랑채 내에서도 양반 외에 노비의 공간이 있어 계층별 분화가 이루어졌다. 상류계층은 많은 일들을 대부분 노비의 도움에 의지하기 때문에, 노비는 보통 대문간과 행랑채 및 바깥마당 근처에 숙식공간을 마련하여 방어도 담당하였다. 특히 많은 손님이 드나드는 사랑채에는 청지기방을 구성하여 사랑어른의 심부름과 여러 허드렛일을 수행하였다. 청지기방은 대개 안채로 통하는 중문간과 사랑방에 근접한 정지 근처의 간살이 작은 모방에 위치하여, 툇마루의 외여닫이를 통해서는 주인의 동정을 살피고 전면의 분합문을 통해서는 안대문 출입자를 살피며 내방자에 대응하였다.

차서화(次序化)

사랑채의 각 실들은 유교 덕목인 장유유서가 반영되어 규모와 구성을 차서화하였다. 영역적으로 큰사랑방의 주변에는 책방, 침방, 청지기방 등의 부속실이 덧붙여지고 작은사랑방은 단실로 구성되는 것이 일반적이다. 물론 거주인의 신분에 따라 위계구성에 차이는 있지만 큰사랑방이 작은사랑방에 비해 큰 것은 동일하다. 외관도 큰사랑채와 작은사랑채는 지붕과 기단의 높이를 달리하고, 부재의 크기와 정밀도도 다르며, 좌향도 큰사랑채가 채광이 좋고 전망이 좋은 곳에 자리한다. 옻골 백불고택에는 큰사랑채와 작은사랑채의 규모, 높이, 장식 등 모든 부분에 차등을 두었고, 호지마을 대남댁에서는 청년·중간노인·상노인을 거치면서 거처는 아랫사랑 → 웃사랑 → 큰사랑으로 옮겨지는데 방의 규모도 점점 커진다. 큰사랑채가 대외적인 장소라면 작은사랑채는 장자의 수련 장소로 규모가 작다. 하지만 자손은 가족주기를 거치면서 주택의 여러 곳을 철저하게 경험하므로 이러한 불만족은 시간적으로 해결되었다.

그러나 종신형의 가계계승인 경우는 부모의 사후에야 완전한 가계계승이 이루어지므로 생전에 안방 차지에 대한 욕구를 가지지 않도록 하기 위해 대체로 방의 크기나 장식이 비슷하다. 구례 운조루의 안방과 건넌방은 부속방, 툇마루, 부엌에 이르기까지 대청을 중심으로 거의 완벽한 대칭을 이루고 있다. 방안의 장식, 반자, 벽장, 다락, 툇마루, 창문, 비슷한 거리의 안행랑채에 각각의 몸종방이 있는 것까지 거의 유사하다. 가계계승이 안방에 비해 사랑채에서는 구체적으로 나타나지 않는다고는 하지만 사랑채에서도 가계계승에 따른 구성 차이를 예상할 수 있다. 즉 가계계승의 행태는 사랑채 내에서 방의 위계와 규모를 자연스럽게 한정하였고, 이것은 마을내 종가와 지가(支家)의 사랑채 구성에도 영향을 미쳤을 것이다.

가족생활주기에 따른 가변성(可變性)

사랑채의 실사용에서 나타나는 특징 중에 하나는 가변성이다. 큰사랑방을 제외한 나머지 방의 성격은 고정적이기보다는 가족생활주기에 따라 변화한다. 이는 한정된 공간을 효율적으로 사용하는 방법으로, 좌식생활로 인한 소규모의 가구와 적은 설치로 가능하였다. 큰사랑방을 정점으로 주변방은 침방과 청지기방이 되다가도 사랑채에 거주하는 인원이나 세대가 많을 경우 자손들의 공간으로 활용되고, 상(喪)이 났을 경우 빈소공간으로도 사용되었다.

양동 서백당은 모마루형으로 작은사랑방은 자손이 없을 경우 침방으로, 상례시에는 빈소공간으로 이용되었다. 상주 의암고택에서 침방은 큰사랑방의 연장영역이지만 장성했거나 장가든 주인의 자제가 있을 경우에는 대침하는 방이고, 장서각(서실)의 기능도 가졌다. 홈실 몽심재의 서방은 자손이 많을 경우 손자의 방으로, 그렇지 않을 경우는 청지기방으로 사용되었다.

3) 사랑채 생활공간의 적응과 조정

〈표49〉 생활공간의 적응과 조정

발전정도 기능 및 유형	일반형 혼용(일반형)		분화형 생활형
적응·조정	적응 ←———	———→ 조정	
	작은사랑방 ———	——→ 침방, 책방	
			작은사랑채 서재

(1) 생활공간의 적응

상류주택에서는 접객을 위해서는 넓은 공간이 요구되고, 생활의 편리를 위해서는 분화된 공간이 요구되었다. 이러한 상반된 요구에 대응하기 위해 사랑채는 실의 융통성을 배가시켰다. 공시적으로는 일상시와 비일상시에 따라 실의 성격이 전용되고, 통시적으로는 가족주기에 따라서 가변적이다. 일상시의 작은사랑방과 사랑대청은, 비일상시 빈소가 차려지거나 제청으로 전용되었다. 가족주기에 따라서 작은사랑방은 침방 또는 책방, 손자방은 청지기방으로 사용되었다. 그렇지만 이러한 가변성에서 큰사랑방은 제외된다. 큰사랑방은 사랑어른이 거주하며 집을 대표하는 곳으로 고정시켜 놓고 대신 주변 실들이 변화하였다.

(2) 생활공간의 조정

실의 조정

상류주택 중에는 세대별 생활공간 확보에 주력한 사랑채도 등장한다. 사랑채에서 큰사랑방과 작은사랑방은 부자유친에 따른 '근접'과 개인공간 확보에 따른 '분리'라는 상반된 요구를 동시에 충족시키기 위한 구성적 미학으로 짜인다. 단순히 온돌방뿐만 아니라 마루와 마당까지도 고려하였다. 하회 충효당에서는 제례가 안채에서 이루어지므로 사랑채는 생활공간으로 남을 수 있었다. 사랑채는 6칸×2칸 겹집으로 중앙에 사랑대청을 두고 좌측 전열에 큰사랑방과 후열에 침방, 우측 전열에 작은사랑대청, 후열에 작은사랑방을 구성하여 아버지와 아들의 여가공간마저도 분리시켰다. 상주 의암고택에서도 작은사랑방에 별도의 누마루를 부가하였다. 해남 녹우당에서는 아버지와 아들의 사적 생활과 별도의 접객을 위해 큰사랑과 작은사랑이 반 칸 어긋나 영역을 교묘하게 나누고 있다. 작은사랑이 전면으로 약간 돌출하여 사랑마당도 비어 있는 의례적인 큰사랑마당과 연못을 파고 아늑한 정원을 꾸민 작은사랑마당으로 분리된다.

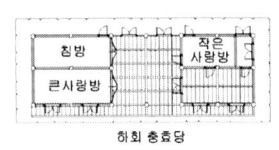
하회 충효당

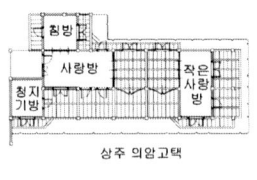
상주 의암고택

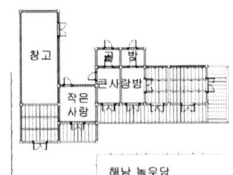
해남 녹우당

〈그림74〉 작은사랑영역 구성

침방 구성은 연경당, 운현궁, 박영효 가옥, 수하동 김씨가 등의 서울 지역과 경상도 지역에서 많이 보이는 사대부가의 특성이다. 침방은 홑집에서는 사랑방 뒤에 부가되고, 겹집에서는 사랑방의 후열과 측면에 구성되어 외부에서는 잘 보이지 않는다. 예외로 강릉 권씨가는 ㅁ자형으로 인해 침방이 외접하기도 한다. 침방의 규모는 대부분 1칸이지만 하회 충효당에서는 2칸이다. 충청도 지역에 분포하는 사랑방 앞의 '분합마루방'은 4분합문이 달린 반 칸 규모로, 늦가을에 더위를 식히며 임시 거처하는 곳으로 외암리 참판댁과 회덕 동춘당 등에 구성되었다.

선비의 필수품인 책을 보관하는 서고와 책방 구성도 다양하다. 구례 운조루는 대청 뒤에 1칸 책방을 두어 한적한 공간을 마련하고, 청도 운강고택에서는 중사랑채에 서고를 두었다. 그리고 저곡 춘우재에서는 판벽과 판장문으로 이루어진 누형식의 서루(書樓)인 만사루를 꾸몄고, 영천 정재영 가옥에서는 책방 앞에 누마루를 두어 긴 시계를 확보하여 공부하면서 자연을 만끽하게끔 하였다. 성주 정발가옥에서는 책방이 중사랑과 큰사랑 사이에 놓여 영역을 가르면서 동시에 양쪽에서 이용이 쉽도록 하였다. 경상도의 오록, 연당, 호지 마을에서는 사랑채에 대부분 책방을 구성하였다. 책방도 거주자의 다소에 따라 자손들의 방으로 전용되었다.

청지기방은 구성도 다양하고, 실사용은 가족생활주기에 따라 가변적이다. 홈실 몽심재의 사랑채에서는 방 3개를 1·2·3대가 각각 사용하는데, 만약 가족생활주기상 2대만 거주할 성우 3대가 사용하였던 방은 청지기방으로 활용되었다. 근대에 지어진 외암리 영암집에서는 수청방이 사랑채의 한가운데 사리히는데 이는 큰사랑방과 작은사랑방의 거주자들을 보조하고 뒷부분에 있는 사랑정지에서 양쪽의 불을 관리하는 기능적인 면이 중시된 경우이다. 추사고택(秋史故宅)에서는 중사랑방의 측면에 청지기방이 구성되어 대문간을 살피는 데 적합하고, 안채와는 동선이 가깝다. 장수 장재영 가옥에서는 사랑채 후퇴방이 머슴방으로 사용되었다.

〈표50〉 사랑채의 청지기방 (박선희 자료를 참고로 재구성)

가　옥	노 비 명	기거공간	비　고
나주 홍기웅	청지기	골방	
최일석 가옥	심부름꾼	정지방	
정읍 김동수	복직이	복직이방	사랑채
김동봉 가옥	머슴	아랫사랑	
조영규 가옥	머슴	수청방	
회덕 제월고택	청지기	청지기방	

채의 조정

경제적으로 여력이 되면 아들의 사적 생활을 위해서 작은사랑채를 마련하였다. 작은사랑채는 큰사랑채의 관계에서 배치가 결정되어 마당과 영역 구성에도 영향을 미쳤다. 작은사랑채의 구성은 첫째, ㅁ자형과 날개형 주택에서는 중축의 중문간을 중심으로 양편으로 나뉘고, 전면 전체에 사랑채를 구성할 경우에는 사랑정지·청지기방·책방을 두어 일정거리를 유지하였다. 즉, 각 사랑채는 접객을 위한 외향성은 유지하면서 개인의 생활공간도 확보한 것이다. 둘째, 튼ㅁ자형에서 큰사랑채와 작은사랑채는 별동으로 사랑마당의 경계를 구획하였다. 대부분의 작은사랑채는 큰사랑채와 유사한 구성이지만 간략화되고 규모가 작다. 셋째, 작은사랑채를 조영하는 대신 새로운 사랑채 기능을 수용하기 위해 큰사랑채를 새로 짓기도 한다. 하회 양진당에서는 제청 기능을 가진 큰사랑을 새로 지어 중축 전의 사랑채는 작은사랑채로 사용하였다. 의성김씨 내앞종가에서도 제청을 건립하였고 회랑으로 연결된 작은사랑채가 따로 있다. 독락당에서 몸채 동남부의 빈소방과 안사랑방은 원래는 동쪽의 독락당이 신축되기 전에 사랑방과 사랑대청으로 이용되던 곳이었다.

서재는 조선시대의 이상적 주택인 연경당에도 7칸×2칸의 선향재가 있고, 『초려집』을 쓴 효종 때의 학자 이유태는 이상적인 집에서 서재를 언급할 정도로 이에 대한 욕구가 컸다. 실제로 많은 상류주택에서 서재를 구성하였다. 지촌종택, 만산고택에서는 서재를 사랑채에 인접시켜 동선의 편의를 도모하였고, 경주 교동 최영식 가옥에서는 사랑채와 근접하지만 시선은 차단된 곳에 서당을 두었다.

이와는 달리 대산동 교리댁의 서재는 외부로 향해 있다. 유곡 권씨종가에서는 풍광이 좋은 청암정 옆에 충재를 짓고, 영광 김성호 가옥은 서당채 옆에 연못을 조성하여, 조경이 좋은 한적한 곳에 자리하였다. 서재는 때때로 접객공간으로도 사용되었다.

2. 접객공간과 사랑채

　전국적으로 사랑채가 접객공간으로 사용되는 것은 동일하지만, 지방별·계층별 고유색을 가진다. 지역별로 풍토와 놀이문화가 다르고 개인의 취향이 드러나기 때문이다. 특히 접객공간은 계층성이 가장 돋보이는 곳으로, 접객과 풍류적 유희가 이루어지는 누마루와 별당의 구성을 중심으로 살펴본다.

1) 주택별 사랑채 접객공간의 구성

누마루의 구성

- 거창 정온고택(鄭蘊故宅, 중요민속자료 제205호) :
  경상남도 거창군 위천면 강천리 50-1

　정온(鄭蘊, 1569~1642)의 생가를 후손들이 중창하였는데, 사랑채 상량문에 따르면 「崇禎紀元後四庚辰三月」로 1820년에 지은 건물이다. 솟을대문에는 '文簡公鄭蘊先生古宅之門'이라 쓰인 붉은 현판이 달려 있어 가문의 역사를 말해준다. 남향으로 안채·사랑채·뜰아래채·곡간채가 튼ㅁ자형을 이루고 사당이 안채 뒤쪽에 위치한 질서 정연한 배치이다. 개방적인 배치와는 달리 안채와 사랑채는 겹집으로 창호를 모두 달아 폐쇄적이다. 안채는 8칸×3.5칸의 一자형으로 대청

바닥의 일부분이 단이 진 것은 제사를 위한 구성이라고 한다. 건넌방 옆의 높은 마루는 시어머니와 안손님이 여름에 사용하였다.

사랑채는 6칸×2.5칸 ㄱ자형 중앙마루형이다. 사랑대청은 방으로 들어가는 동선공간을 겸하고, 누마루는 전면으로 돌출하여 독립된 실을 이루고 화려한 눈썹지붕을 달아 출입시 강하게 인지된다. 누마루의 위쪽 지붕은 처마곡선의 치켜올림이 급하고 밑의 지붕은 완만한 곡선을 이루어, 윗지붕이 사랑채의 권위와 상징성을 나타내는 이상적 표현이라면 아래지붕은 직사광선을 차단하는 차양 시설의 기능과 빗물 침입 방지를 위한 실용적인 면을 가지고 있다.6) 누마루에 올라 풍류와 시문을 즐기도록, 사랑마당에는 화단을 잘 꾸몄다. 14대 종부인 경주최씨에 의하면 차례는 사당에서, 기제사는 안마루에서 거행되었다고 한다.

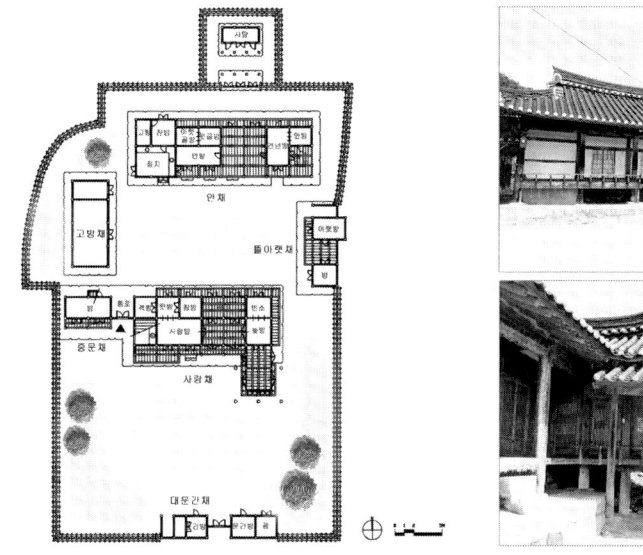

〈그림75〉 거창 정온고택

---

6) 김기현, 앞의 책, p.52

● 양동 관가정(觀稼亭, 보물 제442호) : 경상북도 경주시 강동면 양동리 150

조선조 성종·중종 때의 문신이었던 손중돈(孫仲敦, 1463~1529)의 고택으로 양동마을에 1500년대에 건립되었다. 주택은 안채와 사랑채가 한 동을 이룬 양날개집으로 완벽한 대칭을 이루고 있다. 대문-안마당-안대청으로 이어지는 중축은 일직선상으로 동선을 유도하여 대칭성을 경험하게 한다.

왼날개에 자리한 사랑채는 사랑방과 사랑대청이 각 2칸이지만, 문을 열면 4칸의 통칸을 이룬다. 사랑채가 몸채에서 돌출되어 시선은 전후로 자유롭게 전개되고 사랑대청은 기단을 낮게 처리한 누마루 형식이다. 사랑채에서 안뜰로는 완충공간을 두지만, 외부로는 주변에 나무 몇 그루를 심고 높은 대지를 이용하여 마을과 주변에 펼쳐지는 풍경을 고스란히 담아낸다.

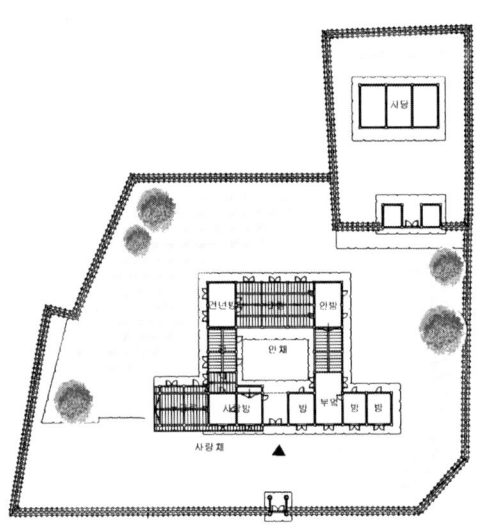

〈그림76〉 양동 관가정

● 논산 명재고택(明齋古宅, 중요민속자료 제190호) :
  충청남도 논산시 노성면 교촌리 306

조선조 숙종 때 소론(小論)의 지도자였던 문성공(文成公) 명재 윤증(尹拯, 1629~1714)의 고택으로 17세기에 건립되었다. 주택은 사랑채-안채-사당채의 세 영역으로 이루어진다. 안채는 넓은 8칸 대청을 중심으로 거의 대칭적 구성이며 안방 측면에 가사의 편의를 위해 툇마루를 두었다.

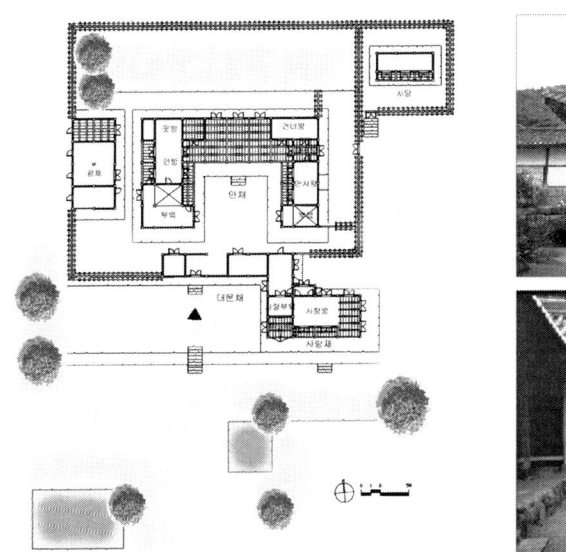

〈그림77〉 논산 명재고택

사랑채는 4칸×2칸으로 사랑방의 우측에 사랑대청, 좌측에 누마루를 두고 앞쪽에 툇마루로 연결하여 공간의 깊이를 더하였다. 개방되고 동선공간을 겸하는 사랑대청과는 달리 모서리에 위치한 누마루는 창호를 달고 바닥을 올린 독립된 공간으로 차별화하였다. 비상할 듯한 팔작지붕의 누마루에 오르면 열어젖힌 들어열개문이 주위의 풍광을 끌어들이고 서향의 띠창살이 한낮의 여름햇살을 걸러

한옥의 시원함과 운치를 한껏 돋운다. 더욱이 집 앞의 넓은 바깥마당에 인공방지(人工方池)를 파고 석가산(石假山)을 만든 정원과 조화를 이룬다. 누마루에 <이은시금(離隱時金)>7)이라는 편액을 걸어 선비의 사고를 대변한다. 은폐된 사랑 뒤뜰은 안마당과 별당마당으로 연결되고 이 두 영역은 ㄷ자형 안채의 박공 부분에 의해 분절되고 있다. 사랑마당에서 안마당으로 통하는 중문채에는 내외벽을 설치하여 시선이 직접 통하는 것을 막았다.

별당과 연당 구성

● 대산동 한주종택(寒洲宗宅, 시도민속자료 제45호) :
경상북도 성주군 월항면 대산리 408

조선 영조 43년(1767) 이민검(李敏儉)이 창건하고 고종 31년(1866) 한주 이진상(李震相)이 중수하여 지금에 이르고 있다. 주택은 안채와 사랑채로 이루어진 튼날개형 살림채와 한주정사를 둘러싼 유연한 풍정의 정원으로 구성되었다.

안채는 개방적인 一자형 '영남형' 구성으로 부속채들이 튼ㅁ자형을 이루는 것은 성주지역의 특색이다. 사랑채는 5칸×2.5칸 규모로 큰사랑·대청·작은사랑이 일렬로 구성되고, 대청은 간살이 짧은 1칸으로 협소하지만 양쪽의 두짝열개문을 열면 실이 하나로 통합된다. 전면에 있었던 바깥행랑채는 유생들이 글공부하고 식객들이 묵어가는 곳이었으나 지금은 철거되었다.8)

한주정사(寒州亭舍)는 두 개의 방과 대청마루·누마루로 구성된 정자로 어른들의 학습·접객·사교의 장소였다. 외향적인 丁자형으로 누마루는 다른 방보다 30cm 높아 동쪽의 연못과 수려한 정원을 감상하며 사색에 잠기기에 부족함이 없었다. 사랑채에서는 유교적인 절제미가, 정자에서는 도교적인 풍류가 묻어난다.

---

7) 선비는 모름지기 떠날 때와 은거할 때를 알아야 한다는 의미이다.
8) 연세대 건축공학과, 『성주 한개마을』, 연세대출판부, 서울, 1991.

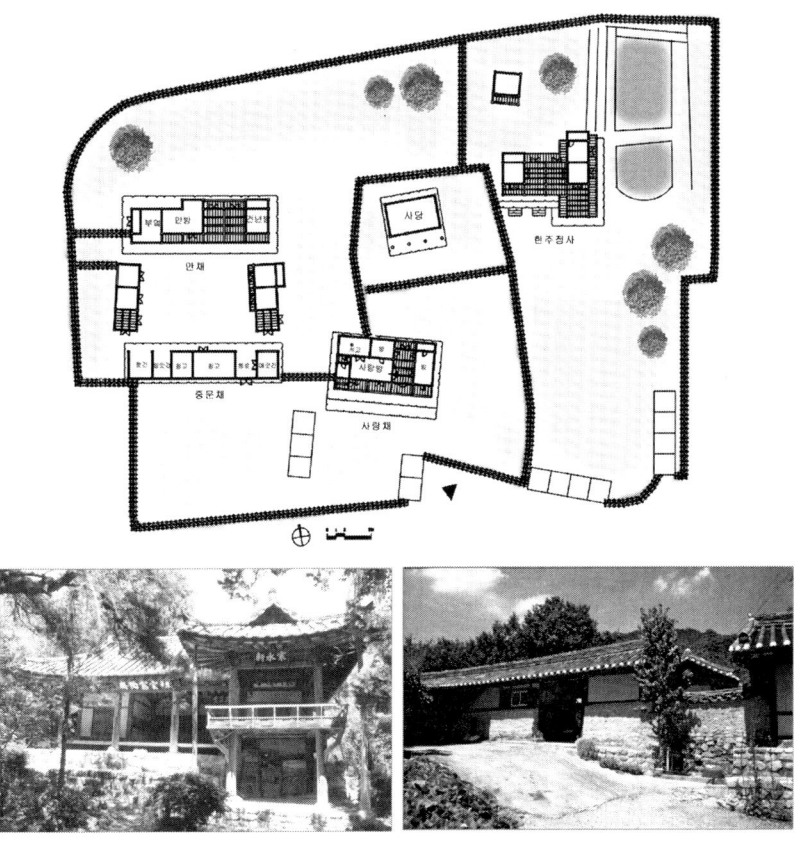

〈그림78〉 대산동 한주종택

● 영천 정재영 가옥과 산수정(鄭在永·山水亭, 중요민속자료 제24호) :
  경상북도 영천시 임고면 삼매리 1020

 영일정씨(迎日鄭氏)들의 세거지(世居地)인 선원동에서 피난가서 지은 종가이다. 마을은 꽃잎의 형국으로 이 집은 꽃술에 비유된다. 18세기 중엽에 매산 정중기(鄭重器, 1685~1757)가 짓기 시작하여 그의 둘째 일찬(一贊)이 완성하였는데, 선원동의 튼ㅁ자형과는 달리 경상도 사대부가의 전형인 ㅁ자형이다. 그렇지만 주택과 거리를 두고 별당인 산수정(山水亭)을 건립한 것은 선원동의 지가(支家)에서도 나타나는 특성이다.

3칸 솟을대문을 들어서면 몸채는 완벽한 ㅁ자형에 사랑채의 누마루가 사랑방과 직각을 이루는 독특한 형태이고, 몸채의 전면에서는 높은 기단·툇마루의 난간·지붕의 수평선이 강하게 부각된다. 현재는 안채·사랑채·사당 그리고 산수정이 남아 있으나 원래는 아래사랑채·고방채 등이 있어 사랑 앞 공간이 분절되었다고 한다. 안채는 3칸 대청을 가진 '중부형' 구성이고, 사랑채는 ㅓ자형으로 돌출한 2칸 누마루와 1칸 책방이 있고 책방에서 시야는 누마루를 거쳐 멀리 안산까지 연결된다. 이러한 구성은 사당에서 시선이 가로막히지 않게 하려는 의도라고 한다. 사랑방에서 안마당으로는 완충공간인 골방을 두어 경유하게 하였다.

그리고 서북쪽 산곡 암벽에 산수정(山水亭)을 두어 사랑공간이 넓게 확대되고 있다. 3칸 정자는 가운데 청을 두고 양쪽 온돌방과 전후에 툇마루를 두었으며 전면에서 측면으로 꺾어 난간을 설치하였다. 앞으로 흐르는 물줄기와 마을 전체를 관망할 수 있는 위치이다.

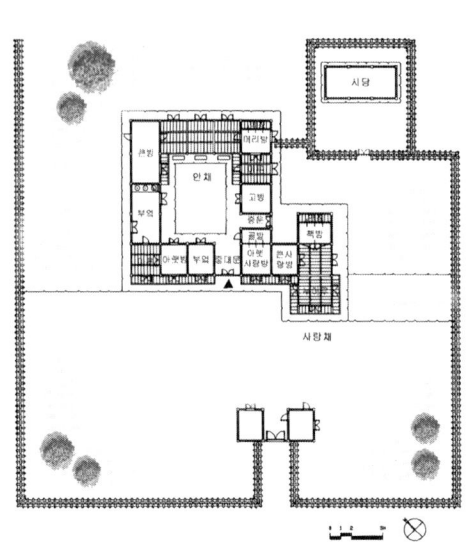

〈그림79〉 영천 정재영 가옥

● 강릉 해운정(海雲亭, 보물 제183호)과 심씨가 : 강원도 강릉시 운정동 256

강릉은 경포호수와 해변 등으로 자연경관이 빼어나고, 중앙과는 태백산맥을 경계로 격리된 지방행정 중심지로서 자연 호사스런 주거건축이 성행하였다. 특히 살림집에 딸린 별당 건물들이 빼어났는데, 대표적인 것 중에 하나가 해운정이다. 이 주택은 튼ㅁ자형 살림채와 별당인 해운정이 담으로 이분되고 집 앞에 큰 방지(方池)가 자리한다.

살림집은 해운정보다는 훨씬 후대에 지어졌는데 강릉 지방의 민가 형식인 겹집에 고방과 마루방이 발달한 민가적 내용과 사대부가 형식인 집중적 ㅁ자형이 결합되어 있다. 사랑채는 홑집에 규모가 작은 '모마루형'으로 1칸 사랑대청은 문이 달려 폐쇄적이지만, 대신 별당인 해운정을 마련해놓았다.

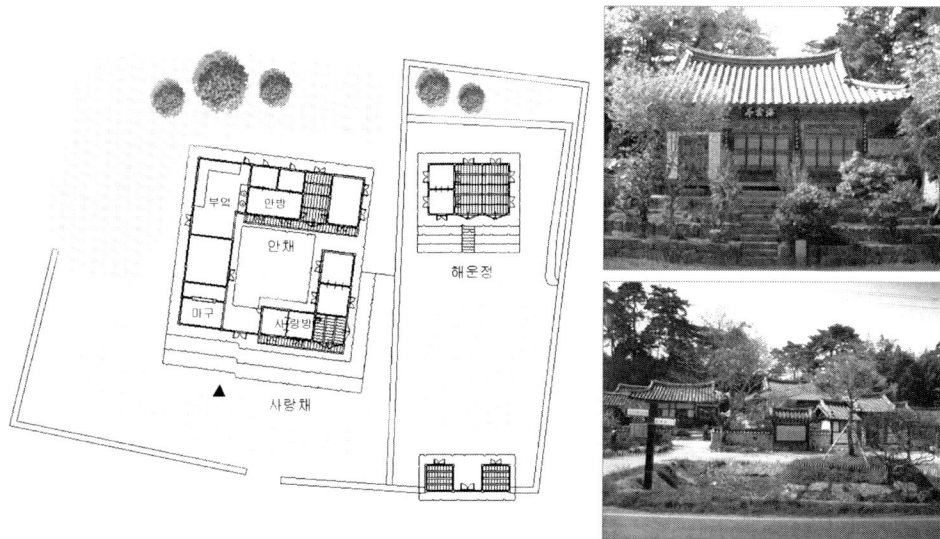

〈그림80〉 강릉 해운정

해운정은 중종 25년(1530) 어촌 심언광(沈彦光)이 강원도 관찰사로 있을 때 지었다고 전해진다. 3칸×2칸 단층 팔작지붕으로 내부는 4칸 대청과 2칸 온돌방의 단순한 구성이다. 대청 전면에는 각각 사분합문을 달아 개방할 수 있도록 하였고 주위에는 쪽마루를 돌렸으며, 대청의 내부에서 연등천정의 일부는 우물천정으로 처리하였다. <해운정>의 편액은 송시열(宋時烈)의 글씨이며 기문은 권진응(權震應)이 지었고 율곡을 비롯하여 여러 명사들의 시문판을 보존하고 있다. 3단으로 쌓은 높은 축대 위에 위치하고 건물도 높직하게 만들었다. 후기의 날렵한 정자와는 달리 절제된 조선초기의 조형이다.

2) 사랑채 접객공간의 특성

연속성

반가는 종부(宗婦)들의 증언에서처럼 의례보다는 끊이지 않는 손님들의 접대로 항상 분주하여 사랑방은 사적공간이기보다는 공적공간이었다. 따라서 접객공간의 연출은 첫째, 연속성으로 표현된다. 사랑채 내에서 분위기 조성하는 것은 넓은 사랑방에서 대청까지 꿰뚫는 옥내의 긴 시야이다. 누마루 도입은 사랑채의 격을 한층 상승시킬 뿐만 아니라 시야 확장을 배가시킨다. 벽체는 심벽, 기둥, 다양한 크기의 창호로 구성되어 풍부한 대비를 이룬다. 이때 창호는 공간을 넓게, 여러 겹을 통해 보도록 하는 장치이다. 이러한 켜(layer)들은 상상을 불러일으키고 다음 장면에 대한 기대감으로 가슴을 설레게 만든다.

둘째, 사랑채에 자주 쓰이는 들어열개문은 폐쇄와 개방이 가능하여 공간이 유동성을 가진다. 들어열개문은 고려시대의 목조건축인 부석사 무량수전이나 수덕사 대웅전에도 사용했을 만큼 매우 오랜 역사를 지닌 창호 형식으로, 한국건축이 갖는 자연동화 사상(自然同化思想)을 그대로 반영하고 있다. 대청에 앉아 들어열개문을 들쇠에 걸면 자연으로 빨려드는 느낌을 준다. 많은 사랑채의 칸 경계구조가 유동적인 것은 사랑채의 기능 때문이다. 상류주택의 주인은 현직의 고위층이거나 지방에서는 전통적으로 내려오는 동성부락 또는 중문(中門)을 대표하는 어른이기 때문에 정치·사회 방면의 교류가 활발하였고, 교류는 통상 사랑방에서 이루어졌다. 그래서 사랑채는 주인의 일상 거처는 물론 내객의 접대 및 문객들과 함께하는 대화의 장소로, 모임에 따라 두세 개의 방을 하나로 통합하도록 하였다. 목재로 구축된 가구식의 이점을 살려, 사랑채는 벽체 대신 창호를 많이 두었고 창호는 열림의 가변성을 통해 한 공간 내에서 여러 분위기를 창출하여 자연을 즐길 수 있는 틀을 만들었다. 이렇게 공간을 유동적으로 변화시킬 수 있었던 것이 건축양식을 불변하게 한 적합성의 반영인지도 모른다.

셋째, 사랑마루의 구성이 측면마루형(외면하는 면: 3면)-모마루형(2면)-중앙마루형(1면)의 순으로 선호되어, 외부 조망이 중요한 요인이었음을 알 수 있다. 접객공간과 유희공간을 겸하는 사랑마루는 개방적이고, 누마루는 돌출(陽)된 효과의 극치를 이루었다. 따라서 이 속성은 사랑채의 위치가 어디여야 하고 주변의 모습이 어떠해야 하는지를 말해준다. 상류주택의 사랑채는 좋은 전경을 확보할 수 있는 곳에 자리하거나 인공물을 가미하여 주변을 장식하였다.

'내·외로의 연속성'은 사랑채 건축의 일반적 특성을 이룬다.9) 이것은 바로 '자연으로의 연속', '사회로의 연속'이라는 의미의 건축적 표현인 것이다.

〈그림81〉 연속성(추사고택, 하회 충효당, 쌍벽당)

---

9) 조성기, 『도시주거학』, 동명사, 서울, 1996, p.286 : 사랑채의 마루는 한국주택에서 공간의 융통성이 가장 발달된 부분이다. 분합문을 들쇠에 걸어, 벽을 접어 올려버리는 장치는 둘, 셋의 공간을 하나의 공간으로 통합하기도 하고, 다시 여러 공간으로 분절해버리기도 한다. 이것은 대청을 중심으로 일어나는 생활이나 의례의 내용, 규모, 성격에 따라 그때그때 자유롭게 개폐·신축시키는, 소위 공간을 분절·통합시키는 장치의 극치를 보는 듯하다.

풍류성

선비가 생활한다는 것은 먹고사는 것만으로는 삶을 즐겁게 또는 윤택하게 할 수 없으며, 더구나 책을 읽고 사색을 일삼는 선비로서는 산과 물, 돌과 숲이 있어서 흐르는 물과 떠도는 구름, 꽃향기와 새소리 등이 마음을 즐겁게 하며 정서를 함양할 수 있어 거기에서 시가 나오고, 철학을 터득하는 환경이 되어야 한다. 자연환경이 아름다워야 함은 물론이나 인공적인 조경 또한 등한히 할 수 없었다.10) 따라서 일정 규모를 갖춘 집에서는 사랑채의 구성을 어떻게 취하느냐가 주요 관심사가 되었으며 이것에는 선비의 주거관이 자연스럽게 스며 나온다.

〈그림82〉 풍류성(문자창호, 연등천장, 난간, 편액)

---

10) 홍만선의 『산림경제』에서는 집터를 보는 방법에서 시작하여 나무와 화초를 가꾸며 괴석을 채집하는 것까지 상세히 기록하고 있다.

사랑채에는 많은 볼거리와 의미를 내포한다. 첫째, 방과 마루에 다양한 창호를 구성하였다. 폐쇄시에는 선적(線的)인 문자살로 조형된 유교적 공간에 거하게 하고, 개방시에는 창 너머의 조망으로 자연과 합일을 이룬다. 그래서 사랑채 주변에 방지와 조산을 조성하였고, 안채 쪽으로의 내외담·차면벽에는 아름다운 무늬를 넣기도 하였다. 둘째, 대청에는 가구미가 물씬 풍기는 연등천정으로 처리하였다. 사랑방과는 바닥 재료, 천정 구성, 층고의 차별화로 공간에 다양성을 부여한다. 셋째, 누마루의 난간 자체가 화려한 장식이 되기도 한다. 구름위에 앉은 듯한 착각을 일으켜 일상으로부터 이탈시킨다. 넷째, 사랑채 당호의 의미는 보이지 않는 차원으로 선비의 풍류를 더욱 풍부하게 한다.

〈표51〉 당호(堂號)의 의미

당호	의 미
동춘당 (同春堂)	<동춘당>이란 '봄과 같이 한다'는 뜻이다. 즉 만물이 생동하는 봄과 같이 항상 살아 움직이는 집이란 뜻이 담겨 있다.
제월당 (霽月堂)	송규렴은 8대조인 쌍청당 송유가 가슴 깊이 간직하고자 했던 '청풍(淸風)'과 '명월(明月)'의 쌍청(雙淸) 중에 제월(霽月)을 취함으로써 선조의 맑은 뜻을 이어가고자 함이었다.
서백당 (書百堂)	참을 인(忍)자를 백번 쓰는 종손의 인내를 되새기기 위함이다.
서설당 (瑞雪堂)	집을 지으려고 터를 닦을 때가 음력 오월인데도 그 집터에만 눈이 내려 <서설당>이라 붙였다고 한다.
맹몽헌 (孟夢軒)	꿈에 맹자를 보았다는 의미이다.
추사고택 (秋史故宅)	추사는 서울의 장동(壯洞) 본제(本第)에 거주하면서도 자주 내려와 있었던 충청도에 있는 향제(鄕第)를 <용산서실(龍山西室)>이라고 명명하고 자신을 용정(龍丁) 혹은 나가산인(那迦山人)이라 하여 용과 관련되는 별호(別號)로서 고택과 일체화를 추구하였다.

3) 사랑채 접객공간(接客空間)의 적응과 조정

사랑채라면 접객의 기능을 모두 가지지만, 구성에서는 상당한 차이를 가진다. 적극적으로 조정할 경우에는 기존 사랑채에 누마루를 덧붙이거나, 별당을 따로 건립하여 풍류공간을 확보한다. 하지만 대부분은 소극적으로 현 상태의 사랑채에 적응하면서 부분적으로 창호의 개폐에만 신축성을 부여하였고, 이것은 사랑채의 일반적 특성으로 고착되었다.

〈표52〉 접객공간의 적응과 조정

발전 정도 기능 및 유형	일반형 혼용(일반형)	분화형 접객형	
적응·조정	적응 ←	────→ 조정	
	측면마루형 창호개폐 ────		──→
		누마루 ────	──→
			별당 (연당)

(1) 접객공간의 적응

사랑채에서 접객공간이 두드러지지 않은 경우는 첫째, 거주자의 경제적 여력이 낮거나 중류계층인 경우이다. 경제력이 낮은 계층에서는 생활공간의 할애만으로도 공간이 부족하므로 별도의 접객공간을 마련하기 어려워 마루를 작게 하고 대신 방을 많이 구성하였다. 그렇지만 부유하더라도 별당을 지을 수 있는 계층은 규범의 제한을 받았다. 둘째, 상류계층이라도 신체발부수지부모(身體髮膚受之父母)라는 선비사상의 영향으로 주택에서 안채뿐만 아니라 사랑채에 변형을 가하지 않는 수구(守舊) 정신을 강조한 경우이다. 지역의 전형적인 가옥형을 유지하는 동질성으로 강하게 묶여 있는 마을에서 나타나는 특성이다. 셋째, 마을의 주거규범상 접객공간이 발달되지 않은 곳도 있다. 호지마을의 반가들은 대부분 '집중형'인 ㅁ자형과 날개형으로 누마루와 별당을 구성한 집은 하나도 없으며, 마을 내 남씨 문중의 정자인 괴정(槐亭)만이 있다. 무섬마을의 반가 역시 ㅁ자형과 날개형으로, 이곳 사랑채들은 전면 툇마루의 바닥을 약간 높이고 난간을 설치하여 간이 누마루 효과를 동일하게 가진다. 마을의 전면을 휘감아 흘러가는 강을 모든 집에서 볼 수 있게 하려는 의도이다. 위의 유형들은 실에 특별한 조정을 가하지는 않지만 창호에 개폐의 가변성을 부여하여 공간을 유동적으로 사용하였다.

(2) 접객공간의 조정

실의 조정

사랑채에서 상대적으로 쉽게 운치 있는 접객공간을 마련하는 것은 누마루의 구성이다. 주택 내에서도 누마루는 사랑채와 별당에만 건립되어 위계성을 드러낸다. 드물게 여성을 위한 누마루가 건립되기도 했다.[11] 사랑채의 누마루 형태는 '전면돌출형'과 '측면돌출형'으로 대분되고, 흔하지는 않지만 모서리 부분에 구성하는 '모마루형'이 있다. 돌출형은 외면하는 면이 많아 전경을 바라보기가 좋아, 전국적으로 나타나며 특히 연경당을 위시한 서울지역에서 두드러진다. 모마루형은 논산 명재고택, 윤보선생가 등 충청도를 중심으로 건립되었다.

외향적인 측면마루에서 누마루가 부가되는 사례는 드물다. 일반적으로 측면마루가 누마루를 겸하고(양동 관가정) 일부 측면마루와 바닥차를 둔 누마루를 두기도 하였다(서울 박영효 가옥, 연경당, 견지동 윤씨가). 독특하게 측면마루에 연접해서 전면돌출형 누마루를 두고(양주 궁집, 강화 김용복 가옥) 측면마루와는 떨어져 전면돌출형 누마루를 둔 것도 있다(강릉 선교장의 열화당). 독립성과 외향성이 떨어지는 중앙마루형에서는 누마루를 많이 구성하였다. 사랑마루와 분리된 전면돌출 누마루가 일반적이고(여주 김영구 가옥, 밀양 손병문 가옥), 중앙마루와 전면돌출형 누마루가 연속되며(합천 묵와고가), 중앙마루형에 측면돌출의 누마루가 구성된 것은(괴산 김기응 가옥) 독특한 경우이다. 사랑마루가 없이 누마루만 구성되기도 하였다(화성 정준수 가옥).

---

[11] 운조루에는 여성을 위한 누마루가 있었는데 이것은 할머니를 위해 지은 것으로 안주인의 시원한 거처 및 여자 친지들과 즐길 수 있는 단란한 시간을 배려한 특별한 경우였다.

〈표53〉 누마루의 실례

지역	전면돌출형		측면돌출형	모서리형
경상도	양동 무첨당 안동 오류헌 남사 하영국 합천 묵와고가	영천 정재영 밀양 손병문 해저 만해고택	양동 관가정 상주 의암고택	
경기· 충청도	중학동 정씨가 경운동 민씨가 양주 궁집	여주 김영구 보은 선병국 충북 양로원	서울 연경당 괴산 김기응 견지동 윤씨가	수하동 김씨가 논산 명재고택 아산 윤보선생가
전라도	나주 홍기응 고창 김성수	방촌 위성룡 구례 김무규	구례 운조루	
강원도	강릉 선교장			

〈그림83〉 누마루(양주 궁집, 거창 정온고택, 구례 운조루)

채의 조정

사랑채 외에 접객형 별당을 두는 경우는 반촌에서도 하나 있을까 하며 없는 마을도 많다. 별당은 개성적인 취향에 따른 '사회적' 차이와 동시에 지역별로 선호되는 '문화적' 차이도 가진다. 상류주택에 부속된 별당 건물은 접객, 독서, 한유, 관상 등의 공간으로 한국건축의 정취와 세부 구법의 정교함이 잘 드러난다. 별당은 건물뿐만 아니라 볼 수 있는 풍경을 요구하여, 경승지를 택하여 인공 연당과 축산 등을 조성하였다.

상류주택에서는 주택 영역을 분리하여 별당공간을 마련하기도 한다. 살림채와 별당 영역이 이분된 주택에는 달성 삼가헌의 하엽정, 강릉 해운정, 대산동 한주종택의 한주정사, 고려동 종택의 자미정 등이 있고, 더 세분된 것으로는 강릉 선교장의 활래정, 안동 임청각의 군자정, 유곡 권씨종택의 청암정 등이 대표적이다. 이들은 별당과 연지가 긴밀하게 구성되어 있다. 지역적으로 특히 경상도에 많이 분포하고, ㄱ·丁자형의 형태가 많으며, 대부분 누마루가 부가되고, 창호의 개폐를 통해 연속성도 확보한다. 충청도에는 사랑채의 기능이 연장된 별당이 많다. 회덕 동춘당과 제월당 등은 담을 둘러 독립된 접객 영역으로 사용한다. 강원도에는 조선전기의 단순한 평면 별당이 많다. 전라도는 정자가 많이 분포하는 곳으로 주택 내에서 별당은 드물다.

정원은 누마루·별당 등과 함께 상류계층의 심미적 취향을 드러내는 곳이다. 경사지를 이용한 후원을 제외하면, 본격적인 정원이라 할 수 있는 곳은 사랑채를 중심으로 한 별당이 있는 곳뿐이다. 내원의 조경은 관상을 첫째로 하되, 겸하여 차폐막(screen)과 프라이버시 유지, 생활공간의 기능도 갖는다.12) 집에 따라서는 인공을 가하기보다는 집 밖에 펼쳐진 산하 그대로를 사랑채에 담거나(독락당의 계정, 영천 정재영의 산수정), 상류계층의 사고 체계를 철저히 반영하여 방지에 조산을 조성(안동 임청각, 달성 삼가헌, 논산 명재고택)하기도 하였다. 이러한 방지는 몸채에 근접되기도 하고, 대문 밖에 별개의 영역을 두기도 하였다(강릉 선교장·해운정, 장흥 위성탁·위계환 가옥, 구례 운조루의 가도(家圖)에 솟을대문 앞에 큰 연못이 그려져 있다). 충청도 추사고택에는 고택 아래쪽에 '왕자지(王子池)'라는 유서 깊은 호수가 있었으나 1940년을 전후하여 매몰되었다. 경상도는 연당에 접객형 별당을 따로 두지만, 전라도는 연당이 있더라도 기존의 사랑채만으로 만족하기도 한다(구례 운조루, 해남 녹우당, 방촌 위성룡 가옥).

〈표54〉 접객형 별당이 있는 주택

지역	집모양	택호	당호	일반형	분화형	
					누마루	별당
경상도	ㅁ자형	한주종택	한주정사	○		○
		유곡 권씨종가	청암정	○		○
	튼ㅁ자형	삼가헌	하엽정	○		○
		임청각	군자정	○		○
기타	튼ㅁ자형	연경당	농락정		○	○
		선교장	활래정		○	○

---

12) 정동오, 『한국의 정원』, 4판, 민음사, 서울, 1991.

〈그림84〉 연당(방촌마을, 남원 몽심재)

3. 의례공간과 사랑채

사랑채가 의례 공간으로 사용되는 것은 사회적 공간과 종교적 공간의 통합을 의미한다. 의례 장소가 가족의 사회적 공간인 '안대청'에서 외부인과의 사회적 공간인 '사랑채'로 이행되는 것은, 의례가 가족의 범주에서 친족과 동족부락 내의 결속과 강화의 범위로 확대됨을 의미한다. 이러한 현상은 지역적으로 경상도와 강원도에만 나타나서 이들 지역의 사회적 상호작용을 이해하는 중요한 바탕이 된다.

『가례서(家禮書)』에 의하면 제례 중에서 사당제(祠堂祭)는 사당의 앞이, 가제(家祭)는 정침(正寢)의 당(堂)이 행례의 중심공간이다. 반면 관행에서는 사당제는 사당이 있는 경우에는 사당에서 행하지만 사당이 없는 경우에는 사랑대청의 북벽에 벽감을 설치하고 이곳에서 행한다. 가제의 행례 장소는 크게 안채와 안대청이 행례의 중심공간인 경우와 사랑채의 사랑대청이 행례의 중심공간인 경우로 이분된다. 그리고 드물게 일반 기제는 안채에서, 불천위제사와 같은 큰제사는 사랑채나 별동의 제청에서 행하는 경우도 있다.[13] 즉 조선후기에는 각 집안별로 단결에 중요한 의미를 지니는 상제(喪祭)를 잘 치르기 위해 종택을 중심으로 의례공간이 옮겨지면서 사랑채가 증축되거나 제청이 확충되었다. 이것은 서원과 재사 건축으로도 이어져 문중의 힘을 과시하는 역학을 하였다.

---

[13] 김기주, 앞의 책, p.150 : 가례서에서 가르치는 규범적인 행례공간과는 다르게 실제 반가(班家)에서 치르는 관혼상제의 행례에 있어서는 사랑채가 중심공간이 되어 사랑채 구성의 변화 요인이 되었다.

조선은 건국 초부터 유교를 국교로 장려하였지만 일상생활에서는 무속과 불교의 영향이 지속되고 있었다. 그 가운데서 고려 말부터 설치되는 가묘는 이후 주거와 생활에서 변화의 싹으로 자리하였고, 봉제사와 접빈객은 양반의 반격을 과시하는 하나의 유형으로 정착되어간다. 더욱이 사회적 요구와 맞물린 중기 이후 유교의 강화는 상례와 제례라는 형식을 통하여 종족의 결합을 이루고 이를 통해 중앙관료를 견제하였기에, 명문가일수록 가례의 법칙은 구체화되고 행사도 격식을 갖추었다. 따라서 새로운 주생활은 주거의 변화를 요구하였다. 지역에 따라서는, 안채는 변형이 터부시되고 외부에 대해 폐쇄성이 점점 짙어져 상류주택일수록 대외적·의례적 생활의 중심이 사랑채로 이동되었다. 따라서 가가례(家家禮)에 따라 상제(喪祭)가 사랑채에 수용되는 과정을 고찰하여본다.

1) 마을별 의례공간(儀禮空間)의 구성

'동아시아 유교문화권'이라고 하여 유교가 중국에서 한국, 일본, 베트남에 전파되었지만, 일본과 베트남은 불교의 영향이 지배적이어서 화장을 선호하고 제상에 생선과 고기를 올리지 않는다. 반면 한국은 중국과 유사한 부계 혈연 중심의 제사, 동족 집단의 형성, 동족 내 결혼 금지 등을 지키고, 장남 우대라는 독자적인 형태를 띠며 변화해간다. 국내적으로는 다시 가가례라 하여 집안마다 예절의 절차와 형식이 달라 주택의 다양화를 초래하였다. 제례만 하더라도 조사 대상이 된 '안동권씨 세거지 유곡과 저곡'은 안대청에서, '양동마을'은 사랑채에서 행사되고 '하회마을'과 '무섬마을'은 안채와 사랑채의 두 곳이 혼용되어 행사되었다. 각 마을별 상례와 제례에 따른 사랑채의 구성을 비교하여본다.

안동권씨(安東權氏) 씨족마을의 상제(喪祭)공간

경북의 안동권씨는 대표적인 재지양반으로, 그중 충재 권벌(權橃)의 자손인 유곡권씨에서는 18명에[14] 이르는 문과 급제자가 나와 조선말기에 이르기까지 오랫동안 우세한 지위를 유지하였다. 그에는 못 미치지만 권벌의 형인 권의(權儀)

역시 명문가로서 저곡에 세거지를 이루었다. 이 두 씨족집단의 결속에 무엇보다 지속적이고 직접적인 영향을 주었던 것은 봉제사였고, 의례장소는 '안대청'이 원칙으로 유지되었다.15)

토일에 거주하는 성춘식 할머니16)에 따르면 닭실에서 지내는 제사로는 설제사, 정월 초이튿날 알묘, 한식, 오월 단오, 유월 유두, 칠월 칠석, 팔월 추석, 시월 묘사, 동지 제사가 있다. 그리고 충재 할배의 불천위, 삼월의 향사, 춘추로 서원 제사가 따로 있다. 유곡 안동권씨 씨족의 경우 시조인 권행(權幸)을 모시기 위한 위토답으로 약 40여 마지기(8,000여 평)가 있다. 기제사는 안대청에서, 묘사 때는 400여 년 전에 건립한 추원재(追遠齋)를 이용하고, 서원 제사는 유림의 건의로 1588년에 건축된 삼계서원(三溪書院儀)17)에서 이루어진다.

● 유곡 안동권씨종가(安東權氏宗家, 사적 및 명승 제3호) :
　경상북도 봉화군 봉화읍 유곡리 산 131

16세기 초에 건립된 안동권씨 복야공파(伏野公派)의 종가로 튼ㅁ자형 정침, 제청·사당·강당, 충재(冲齋)·청암정(靑巖亭)이 배치되어 있다. 즉 생활·의례·접객공간이 독립된 영역을 이룬다. 정침의 평면 구성은 안방이 마당에 접한 '영남형'이고, 사랑채는 사당에 근접한 왼쪽 모서리에 위치한다. 丁자형 청암정은 인공 연못 위에 솟아 있는 거북 모양의 대암을 기단으로 삼은 특수한 형태로 사회적·경제적 신분이 꽤 높았던 양반들의 풍류를 반영한다. 여름 손님은 청암

---

14) 안동권씨는 조선시대 500년간 총 267명의 합격자를 배출함으로써 2년마다 1명의 급제자가 나온 격이다.
15) 조선 중종 때의 문신 충재 권벌(1478~1548)은 안동군 도촌에서 출생하여, 봉화군 유곡에 자리 잡는다. 동생인 권례도 내성에 정주하지만 현재 자손은 없다. 유곡은 서쪽의 닭실과 동쪽의 토일로 나뉘는데, 이곳에는 권벌이 지은 청암정과 청암 권동보가 지은 석천정, 그리고 관행당이 보존되어 있다. 경관도 수려하여, 이중환은 『택리지』에서 '三南 四吉地中首也'로 칭송하고 있다.
16) 성춘식, 『영남 반가 며느리 성춘식의 한평생』, 뿌리깊은나무, 1990
17) 1660년 현종으로부터 현판을 받아 사액서원이 되었으며, 충재일기(국보 제26호)와 고진근사론(국보 제262호) 등의 유물이 보관되어 있다.

정에서 잠을 청하기도 하였다 한다.

  제례를 살펴보면, 사대봉사에 해당하는 일반 기제(忌祭)는 안대청에서 행사되고 5~10촌 이내의 친척만이 참석한다. 반면 충재와 그의 부인의 기일(忌日)은 큰제사인 불천위제사로 제청에서 행사되며 문중과 외부 손님들까지 참석 범위가 확대된다. 불천위제사시 손님과 친척이 많이 올 때는 제문을 써서 준비해 간 음식과 함께 신유 앞에 올리는 기정을 밤새도록 드려도 다 못 드렸다고 한다. 기제사에 비해 불천위제는 많은 외부 손님들이 모이기에 안채와 개방이 힘들어 제청을 이용하는 듯하다. 그리고 빈소가 차려지는 곳은 남녀를 불문하고 작은사랑방이었다.

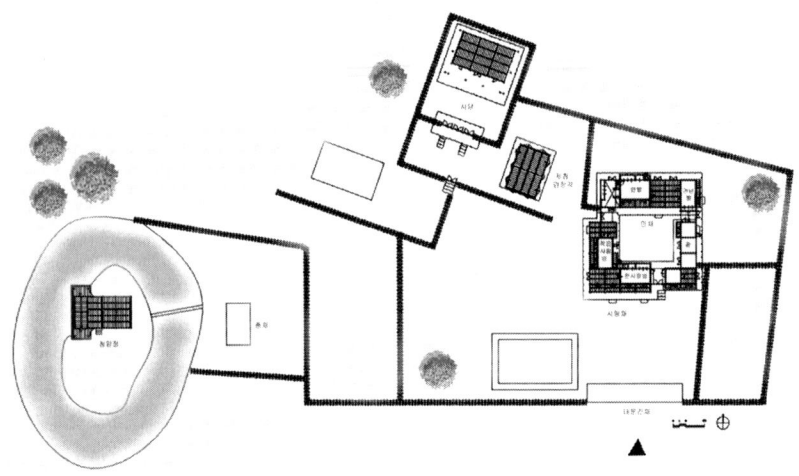

〈그림 85〉 유곡 안동권씨종가

● 서설당(瑞雪堂, 시도민속자료 제104호): 경상북도 봉화군 봉화읍 유곡리 554

이 주택은 서설당 권두익(權斗翼, 1651~1725)이 송엄정(松嚴亭) 앞에 있었던 건물을 지금의 자리로 이건한 것이라고 한다. 양날개집으로 동북쪽에 사당이 위치한다. 안채는 정면 6칸 측면 2칸의 5량가(五梁架) 구조로, 넓은 마루는 우물마루로 꾸몄고 '중부형' 구성이지만 마루에 찬방이 있어 비대칭이다. 사당에 근접한 오른편 날개의 사랑채는 팔작기와지붕을 한 5량가 굴도리집이고, 규모는 정면 5칸, 측면 2칸으로 웅장하며 이에 문간채가 이어져 있다.

서설당18)에서는 사당에 신유를 모시고 기제사 때 신위를 정침의 동쪽 문을 이용해 모셔다가 안대청에서 병풍을 쳐놓고 제상을 차려 지낸다. 이때 남자는 중간대청에 여자는 찬방 앞 좁은 마루에 정렬한다고 한다. 상례시 빈소는 사랑윗방에 차려져 문상객의 접근을 용이하게 하였다.

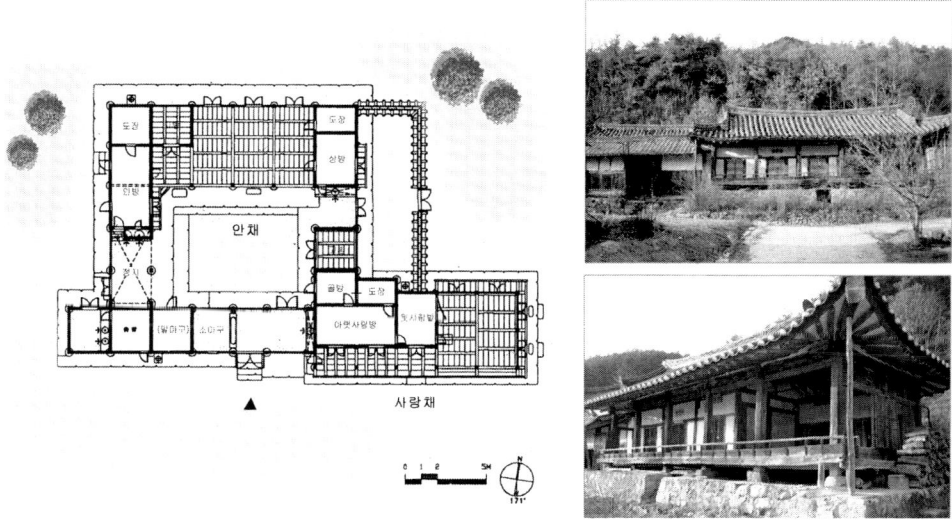

〈그림 86〉 유곡 서설당

---

18) 집을 지으려고 터를 닦을 때 음력 오월인데도 그 집터에만 눈이 내려 서설당이라 붙였다고 한다.

양동마을의 상제(喪祭)공간

양동은 월성손씨(月城孫氏)와 여강이씨(驪江李氏)의 마을로 회재 이언적(李彦迪)과 우재 손중돈(孫仲敦)을 모시는 불천위제사가 각 문중마다 한 위(位)씩 있고 사불천위는 손씨파 문중에 한 위가 있는데19) 이 마을 대부분은 '사랑대청'에서 의례를 행한다.

● 양동 서백당(書百堂, 중요민속자료 제23호) :
   경상북도 경주시 강동면 양동리 223

19대조 손소(孫昭, 1433~1484)가 25세 때 건축한 조선초기의 건축이다. 一자형 행랑채와 ㅁ자형의 몸채가 전후로 배치되고 사랑마당 동북쪽 높은 곳에 삼문(三門)과 3칸 사당이 자리 잡고 있다. ㅁ자형 모서리에 자리 잡은 사랑채(書百堂)는 사랑대청을 중심으로 사랑방과 작은사랑이 구성된다. 사랑대청에는 亞자 평난간을 둘렀고, 방과 대청사이에는 井자 살로 된 정방형 불발기의 사분합문을 달았다.

손씨종가로 차사(茶祀), 기제(忌祭), 차례(茶禮), 묘사(墓祀)로 구분하여 의례를 치르지만 지금은 차사를 지내지 않는다고 한다. 사랑대청에서 지내는 제사에는 불천위제사를 포함하여 기제(忌祭)와 사시제(四時祭)가 있다. 3월에 지내는 불천위 양명공 손소의 제사는 큰제사지만 몸채에 변형을 가하지 않고 좁은 사랑대청과 사랑마당을 제례공간으로 이용한다. 빈소는 작은사랑방에 차려진다.

---

19) 불천위에는 국불천위(國不遷位)가 있고 사불천위(私不遷位)가 있으며 전자는 대대로 제사가 계승된다.

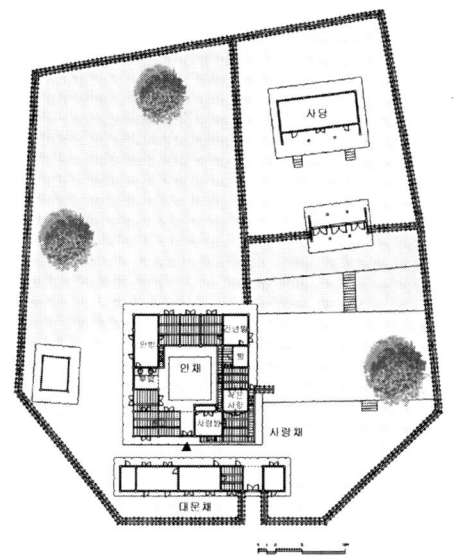

〈그림87〉 양동 서백당

● 양동 향단(香壇, 보물 제412호) : 경상북도 경주시 강동면 양동리 135

회재 이언적(李彦迪, 1491~1553)이 경상 감사(監司)로 부임할 때 왕이 하사한 재목으로 건축하였다는 조선중기의 건축이다. 일반 상류주택과 달리 풍수지리에 의거하여 月자형 몸채에 一자형 행랑채를 붙여 用자형을 만든 특이한 형태이다. 건립 당시는 99칸 규모였으나, 임진왜란과 6·25를 겪으면서 현재는 51칸만 보존되고 있다.

향단에서는 1년에 최소 8번에서 최대 14번까지 제사를 지내는데, 사랑대청에서 닭이 울기 전 11시경에 제상을 차린다. 남자들은 사랑에서, 여자들은 안방에서 나누어 음복을 한다고 한다.

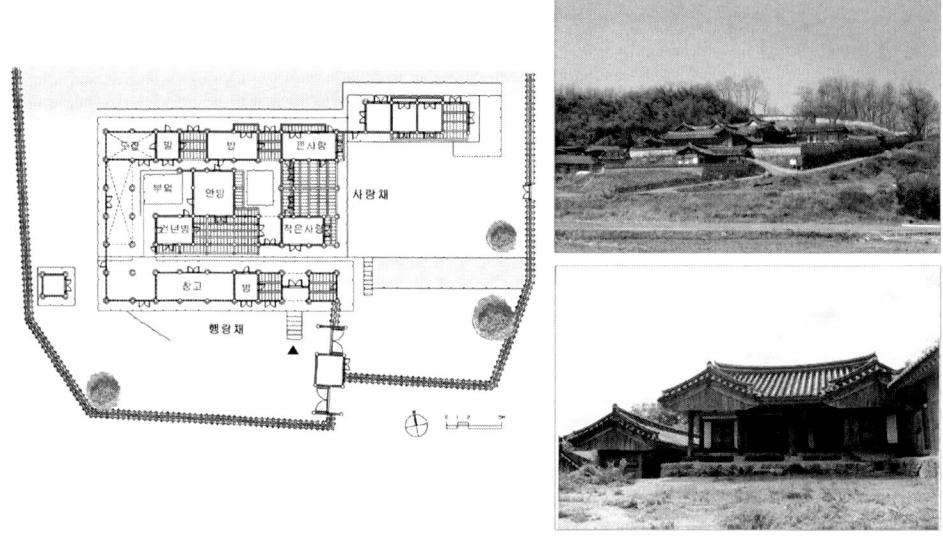

〈그림88〉 양동 향단

하회마을의 상제(喪祭)공간

하회는 겸암 유운룡(柳雲龍)과 서애 유성용(柳成龍)이 국가로부터 문경공(文敬公), 문충공(文忠公)의 시호를 받았고 그들의 부친인 감사공 유중영(柳仲郢)도 불천위를 받아 이 마을에는 불천위가 셋이나 된다. 그래서 하회 유씨문중에서는 세분의 불천위제사를 위해 90마지기 위토답(位土畓)을 보유하고 있다. 행사 공간으로 '안대청과 사랑채가 혼용'되고 있다.

● 하회 양진당(養眞堂, 보물 제306호) : 경상북도 안동시 풍천면 하회리 724

하회 북촌을 대표하는 겸암 유운룡(柳雲龍, 1539~1601)의 저택으로 1600년대 건축이다. 안채·사랑채·행랑채가 연결된 날개집이고 사당만이 별채로 구성되었다. 양진당은 원래 ㅁ자형으로 중문간에 있는 2칸 방과 2칸 마루가 사랑채의 기능을 담당하였으나,[20] 종가로서 많은 인원을 수용하고 효율적인 불천위제를 위해 새로 사랑채를 증축하여 6칸 사랑대청을 제청(祭廳)으로 사용하였다.

양진당에서는 불천위제와 6대 봉사를 하는 기제를 사랑대청에서 지냈지만, 최근에는 참석 인원이 줄어 기제는 안마루로 옮겨 지낸다. 차례는 감사공의 신주를 모신 대청에서 먼저 행사(行祀)한 다음 겸암공을 모신 별묘에서 행사한다. 빈소는 남녀를 분리하여 남자는 사랑채의 책방, 여자는 중문간채 옆에 있는 소사랑을 이용한다.

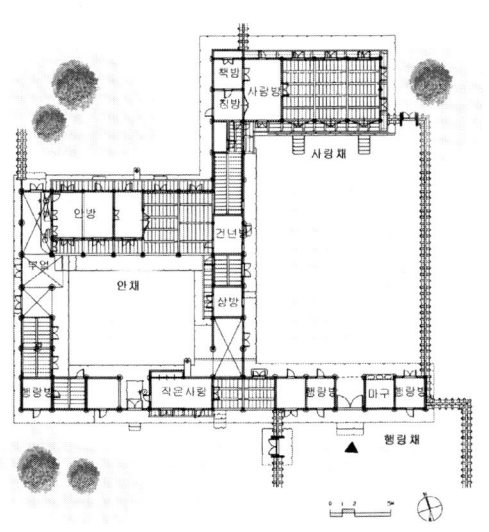

〈그림89〉 하회 양진당

● 하회 충효당(忠孝堂, 보물 제414호) : 경상북도 안동시 풍천면 하회리 656

하회 남촌을 대표하는 이 주택은 서애 유성용(柳成龍, 1542~1607)의 장자(長子)가 임진왜란 후 중수하였고, 그 후 증손 의하(宜河)가 중수 확장한 17세기 초의 건축이다. ㅁ자형 몸채에 날개가 증축된 것으로 서까래가 겹쳐진 부분이

---

20) 이금도, 『하회 양진당의 변천에 관한 연구』, 부산대학교 석사학위논문, 1996

보인다. 안채는 안방 3칸 대청 2칸 '영남형'으로 마을의 일반적인 유형이지만, 사랑채는 정면 6칸×측면 2칸으로 사랑대청을 중심으로 좌측에 사랑방과 침방을 우측에 작은사랑방과 작은대청을 두어, 아버지와 아들의 사적공간을 명확히 구분하려는 배려가 나타나고 의례를 위한 구성은 없다. 이것은 양진당과 달리 충효당은 기제와 불천위제를 사당의 신주를 모셔다가 안마루에서 지내기 때문이다.

기제는 8촌까지 참석하고, 민중의 사표인 불천위 서애공의 기제 때에는 서애의 제자나 문충공의 후손, 외손 등 범위 제한이 없었다. 따라서 많은 손님들이 방문하므로 연장 순으로 혹은 문중, 사돈, 사가, 일가에 차별을 두어 접대공간을 정하고 때때로 이웃집을 사용하기도 하였다. 이 외에 충효당은 다례(茶禮), 묘사(墓祀), 갑사(甲祀), 길사(吉祀)를 지내고, 다례(茶禮)는 원단(元旦)과 중구일(重九日)에 자손들의 집에서 먼저 차례를 올린 다음 충효당의 사당에 모여 차례를 올린다. 사당에는 서애공(西厓公), 고조비(高祖妣), 증조비(曾祖妣), 조비(祖妣), 고비(考妣)의 신주가 봉안되어 있다. 빈소는 성주신과 삼신이 있는 안채에서 잘 모시지 않고 사랑채의 침방에 차려진다고 한다.

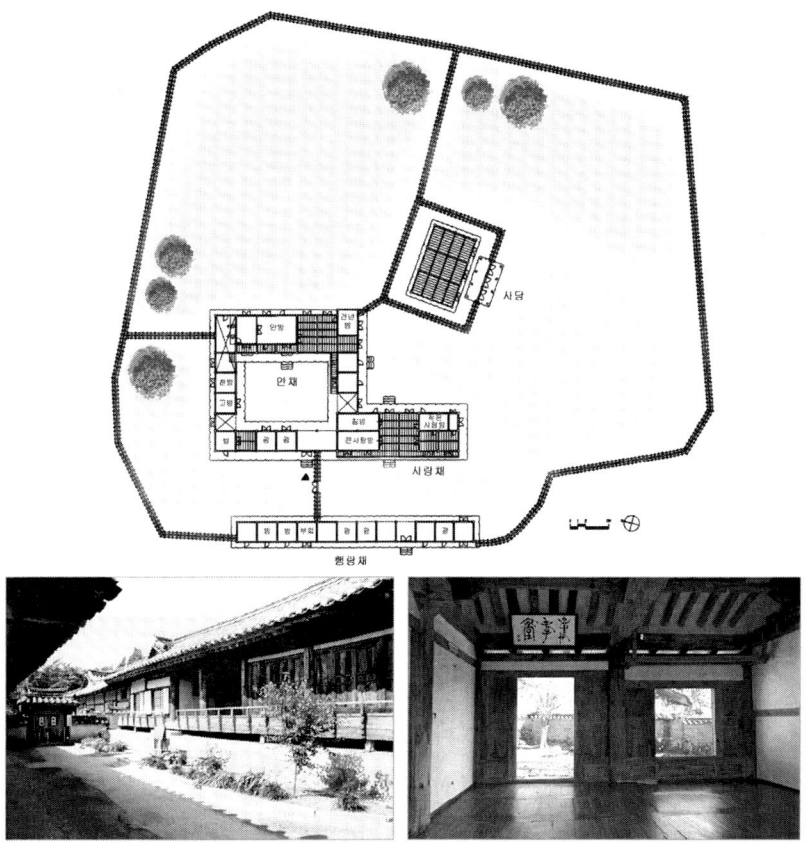

〈그림90〉 하회 충효당

무섬마을의 상제(喪祭)공간

예안김씨(禮安·宣城金氏)와 반남박씨(潘南朴氏)의 동족마을로 낙동강의 지류인 내성천(乃城川)과 남원천(南院川)이 합류한 서천(西川)이 마을을 한 바퀴 휘감고 흘러가서, 마을은 강으로 둘러싸인 섬과 같아 마을 이름이 무섬(물섬)이다. 김씨의 입향조인 김대(金臺, 1732~1809)는 장마 후 마을에서 떠내려 간 감실이 나무뿌리에 걸려 있는 것을 보고 후손들에게 장차 무섬의 집들에는 가묘를 설치하지 말도록 일렀다고 한다. 이 마을 역시 의례공간으로 '안대청과 사랑채가 혼용'되고 있다.

● 무섬 김위진 가옥 : 경상북도 영주시 문수면 수도리 220

이 마을의 전형적인 날개형으로 약 100여 년 전에 현소유자의 조부(祖父)가 정성을 들여 건립하였다고 한다. 안방의 건너편은 고방과 상방으로 분화되어 있으며, 안방에는 시어머니가, 상방에는 며느리가 기거하였다. 안채의 박공 부분에는 까치구멍의 잔존형태인 공기구멍이 있고, 마구가 주택 내에 설치되어 있다. 사랑방에서 안채로 진입할 때에는 사랑부엌 쪽으로 문을 낸 고식(古式)을 따르며 이때 정지가 보이는 것을 막기 위해 설치한 차면벽은 동시에 대문 출입시 안대청으로 향하는 시선도 가려준다. 사랑채는 2칸 사랑방을 중심으로 중방과 웃마리, 전면에 넓은 툇마루로 구성되어 있다.

사랑채에 기거하는 사랑어른은 아침에 일찍 일어나 들을 한 바퀴 돌고 나서 식사를 하거나 식전에 아이들에게 글을 가르쳤다. 일상적인 손님은 보통 사랑방에서 접대하고, 젊은 손님은 중방에서 차별적으로 대접하였다. 비일상시 가장 손님이 많이 오는 행사는 초상인데, 이는 혼례가 하루손님이 대부분인데 반해 대소상의 경우 1주일의 기일이 걸리기 때문이라고 한다. 이때 연령과 신분에 따라 사랑방에서 분리하여 접대를 하고 손님이 많을 경우 이웃에 분산하기도 하지만 조석은 본집에서 대접했다고 한다. 안마루에서 드리는 차사는 설과 추석에 지내는 것으로, 설에는 떡국을, 추석에는 떡·과일·고기·술을 준비하였다. 설날에는 자손들이 문외배(門外拜)를 하고 친척들이 안방에 들어가 인사를 모두 드리는 데 반해 추석에는 사랑채까지만 인사를 드렸다. 기제는 안대청에서 하고, 빈소는 사랑채 중방에 차려진다.

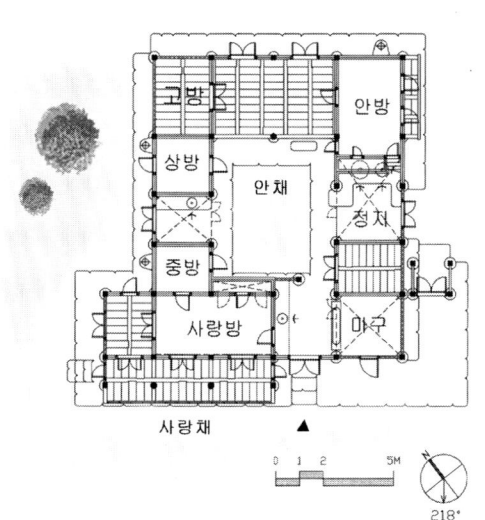

〈그림91〉 무섬 김위진 가옥

● 무섬 김두한 가옥 : 경상북도 영주시 문수면 수도리 232

250~300년 정도의 연륜을 가진 날개형 건물로 3칸×2칸 폭의 안뜰은 바닥의 단차가 크다. 집 주변의 담은 홍수로 허물어져 현재는 흔적만 남아 있다. 안방에는 시어머니가, 안상방에는 며느리가 생활하였고 두지방을 안대청에 구성하였다. 사랑채는 대청마루와 큰사랑방으로 이루어졌고 이웃집처럼 반 칸 폭의 툇마루를 두었다.

이 집은 사랑채에서 제례가 이루어지는데, 조상의 유언으로 가묘를 설치하지 않아서 큰사랑방 뒤를 감실로 사용하였으며, 이곳에 빈소가 차려지기도 한다. 기제사의 경우 보통 새벽 1시경에 사랑방에 병풍을 치고 문을 닫은 다음 바깥 마루에서 30분간 부복을 행하였다. 이때 여자들도 조상에게 절을 하였다 한다. 손님의 다소(多少)를 보면 초상(初喪)·혼례·기제(忌祭) 순인데 초상의 경우 보통은 1달간이지만 벼슬을 하고 글을 잘한 어른의 경우 석 달 후 초상을 지내기도 하였다. 소상(小喪)보다는 대상(大喪)에 손님이 많이 온다고 한다. 3년상은 세 살까지 젖을 먹여준 보복(報復)으로, 사랑상주는 여막에서, 안상주는 빈소에서 행하였다.

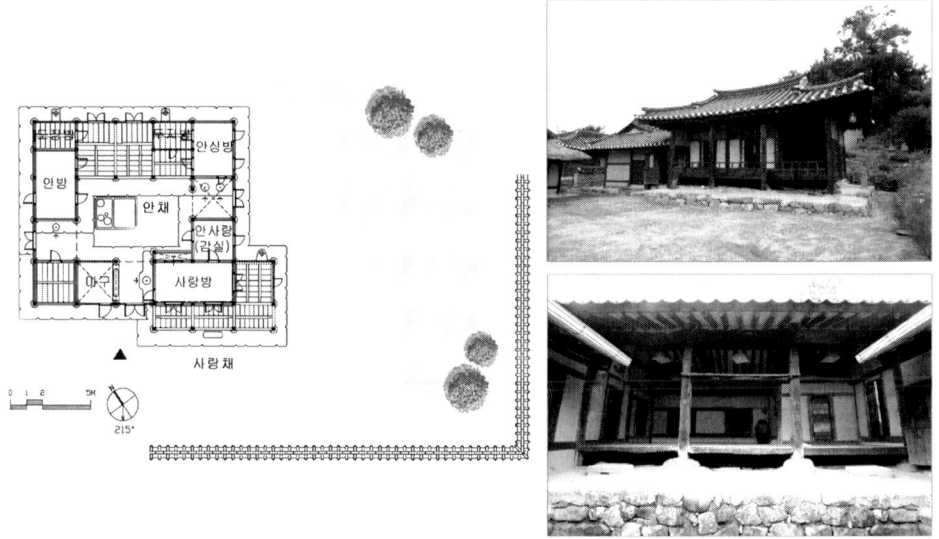

〈그림 92〉 무섬 김두한 가옥

2) 사랑채 의례공간(儀禮空間)의 특성

상례와 사랑채

상례의 장소에 대해서는 『예기』와 대부분의 『가례서(家禮書)』에서 임종의 공간을 정침으로 규정하고 있지만, 조선후기에 가장 영향력이 있었던 『사례편람(四禮便覽)』에서는 정침으로 옮기는 것은 가주(家主)에만 한정되고, 그 이외에는 거처하던 방으로 옮기라고 되어 있어 융통성이 가미됨을 알 수 있다. 조사 결과 빈소는 집안마다 차려지는 곳에 약간의 차이를 가진다. 유곡과 저곡의 권씨들은 남녀를 불문하고 사랑채를, 유곡 권씨종가는 작은사랑, 서설당(瑞雪堂)은 사랑웃방을 이용한다. 풍산류씨의 양진당은 남녀를 분리하여 남성은 사랑채의 책방을, 여성은 중문간채 옆에 있는 소사랑방을 사용하였으며, 충효당(忠孝堂)은 사랑채의 침방에서 남녀의 빈소가 차려지는 등 집집마다 다양하다. 하지만 외부 손님을 안채까지 끌어들이지 않도록 한 것은 공통적이다.

상제에 대한 원칙은 있었지만 확고한 남녀유별이 강요되고 안채의 폐쇄성이 짙어지면서 의례에 참석하는 사람들을 고려해 의례 장소가 옮겨진다. 즉 상례의 경우는 한 집안이라고 생각되는 당내의 범위를 벗어난 문중과 외부 손님 등 집안 행사에서 가장 많은 손님이 참석하기에, 빈소는 안채가 아닌 외부에 접한 부분 특히 사랑공간에서 이루어진다. 그렇지만 경상도와 강원도를 제외한 지역에서는 여전히 안채 부분이 빈소공간으로 사용되기도 한다.

사랑채 구성에서 상례는 많은 손님이 몰리지만 일시적인 행사로 별도의 의례 공간을 마련하기 위해 사랑채에 변형을 가하기보다는 다른 용도의 공간을 잠시 빌려 사용한다. 그래서 사랑채에서는 생활과 접객에 큰 무리가 따르지 않는 작은 사랑방 등을 빈소의 공간으로 사용하였다.

〈표55〉 의례와 참가자의 범위

의례		성격	참가자	손님의 다소
상례		일시적	친척과 외부 손님	多
제례	불천위	지속적	친척과 외부 손님	多
	기제		친척(8촌내)	少

제례와 사랑채

상례에 비해 지속적인 제례는 대종가에서는 매달 치러야 할 정도로 강한 생활적 구속력을 가진다. 제사의 종류는 많지만 집 구성과 직접적인 관련이 있는 것으로는 기제와 불천위제가 있다.

〈표56〉 경상도 주택의 의례공간

지역	마을	가옥명	사당	제례		상례	
				불천위	기제	빈소(남)	빈소(여)
안동권	하회	양진당	○	사랑대청	사랑대청	책방	소사랑
		충효당	○	안대청	안대청	침방	침방
	유곡	권씨종가	○	제청	안대청	작은사랑	작은사랑
		서설당	○		안대청	사랑윗방	사랑윗방
	저곡	춘우재	○		안대청		
	호지	대남댁	○		안마루	아랫사랑	아랫사랑
		김옥열	○		안마루(감실)	툇마루	
		남용순	×		사랑마루(감실)	감실방	상방
		남영중	×		사랑방(감실)	사랑방	안방
	무섬	김덕진	×		안대청	중방	중방
		김위진	×		안대청	중방	중방
		김두한	×		사랑방	안사랑	안사랑
		박종우	×		사랑방(감실)	사랑마루	상방
	내앞	의성김씨내앞종가	○	사랑대청	사랑대청	사랑대청	사랑대청
		의성김씨소종가	○		사랑대청	사랑방 옆 마루	사랑방 옆 마루
경주권	파회	삼가헌	×		안대청	서고(사랑채)	서고(사랑채)
	삼매	정재영	○		안대청		
	선원	정용준	×		사랑대청	사랑채	안채
	영천	만취당	○	보본재			
	양동	서백당	○	사랑대청	사랑대청	중사랑방	
		향단	×		사랑대청		
		무첨당	○	제청	제청	큰사랑	큰사랑
		낙선당	×		사랑대청	아랫방	중사랑방
		수졸당	×		사랑마루		
		이동기	○		사랑채		
		독락당	○		사랑대청		
	경주 교동	장승참봉댁/최준	○		사랑마루	사랑방	할머니방
		물봉진사댁/최경	×		사랑마루	사랑방	할머니방
		양동진사댁/최대식	×		사랑마루	사랑방	할머니방
	옻골	백불고택	○	보본당	사랑마루	사랑방	안방
		최겸용	×		사랑마루	사랑건넌방	사랑건넌방
		최겸진	×		사랑마루	중사랑방	중사랑방
상주권	한개	한주종택	○		안대청		
		교리댁	○		대청	사랑채	아랫마루방
		월고택	○		안채		

기제는 5~8촌 내의 친척들만이 참석하는 의례이다. 조사 대상이 된 안동권씨는 가례의 원칙에 따라 대부분 안마루에서 이루어지지만, 양동마을에서는 사랑채를 이용하고, 하회·무섬 마을에서는 안채와 사랑채가 혼용된다. 무섬마을에

서는 대부분 안대청에서 기제사가 행사되지만 김두한 가옥과 박종우 가옥에서는 감실이 있는 사랑에서 기제를 올린다. 이들은 ㅁ자형 주택으로 안채의 폐쇄성이 높아 접빈객을 위해 의례장소를 사랑채에 마련하는데 이때 실 구성에 조정을 가하였다.

큰제사로 인식되는 불천위제는 가문의 자랑임과 동시에 명예로서 친척 이외에 많은 외부 손님이 참석하여 치러졌다. 불천위 행사 공간을 살펴보면 첫째, 별동의 제청을 건립한다. 유곡권씨는 안대청에 기제를 치르지만 권벌(權橃)의 불천위제는 특별히 마련된 제청에서 행사한다. 이러한 예로는 양동 무첨당, 쌍벽당, 옻골 백불고택 등이 있다. 둘째, 제청을 겸하는 대규모의 사랑채를 건립하였다. 의성김씨 내앞종가, 예천 권씨종가, 하회 양진당은 사랑공간과 의례공간이 통합되어 시간적으로 기능을 해결한다. 셋째, 모든 제례가 사랑채에서 행사되는 경우로 불천위를 위한 별도의 공간을 확보하지 않는다. 양동 서백당은 작은 규모의 사랑채에서 의례가 이루어진다. 넷째, 의례 행태도 지역차를 보이는데 충청도 동춘당에서는 불천위도 여전히 안대청에서 행사되고 전라도 녹우당 역시 안대청이 제청으로서 정형을 유지하고 있다.[21] 즉 안채의 폐쇄성이 짙게 나타나는 경상도 북부·강원도 지역에서 손님의 참여 범위에 따라 의례공간이 달리 형성되었다.

기제와 불천위제를 사랑채에서 행사하기 위해 감실이나 제청이 사랑채에 설치되기도 한다. 또한 사랑채는 큰제사시 조문객들이 당시 며칠 걸려서 온 길을 금방 돌아가기가 어려우므로 손님들이 머무는 장소가 되고 부족하면 이웃집과 친척집을 이용하고 식사를 해결하였다.

유교의례의 정착은 사랑채의 변화 외에도 상류주택 전체에 특색을 부여하였다. 즉 차례, 사당제, 기제를 원활히 하기 위해 몸채와 사당간의 연결 통로가 형성되었고, 이를 통해 안마루로 신위를 모셔오기도 하고 사당으로 음식을 운반하기도 한다. 또한 남성들의 잦은 이용을 위해 사당과 사랑채는 밀접하게 배치되었다. 차례 때 손님들의 동선을 살펴보면 먼저 사당에서 조상을 배알하고 집집마다

---

21) 전봉희, 「해남 윤씨 가의 주택경영에 관한 연구」, 대한건축학회논문집, 12권 11호, 1996, p.98

사랑채에서 사랑어른에게 인사를 드린다. 추석보다 중시되는 설날에는 종가의 안방마님에게까지 인사를 드린다고 한다.

3) 사랑채 의례공간(儀禮空間)의 적응과 조정

〈표57〉 의례공간의 적응과 조정

발전 정도	일반형	분화형
기능 및 유형	혼용(일반형)	의례형
행사 장소	안채에서 행사	사랑채에서 행사
적응·조정	적응 ←	→ 조정
		감실
		제청

사랑채의 의례공간 구성에서 일시적인 상례에 비해 지속적인 제례가 사랑채에 조정을 가한다. 또한 규범적으로 안대청 또는 사랑채 등 한 곳에서만 제례를 행하는 마을에 비해 두 곳의 장소가 혼용되는 마을에서 의례공간을 위한 사랑채의 구성 차이가 드러난다.

(1) 의례공간의 적응

사랑채에서 대부분의 제례가 이루어지는 마을은 규범적으로 제례 장소가 정해져 있어서 외부 손님이 안채에 들어가지 않아 불만족 요소가 덜하기에 사랑채에 의례공간을 위한 특별한 구성을 볼 수 없다. 양동마을의 서백당은 불천위를 가졌음에도 불구하고 작은 규모의 사랑채에서 제례가 이루어지고 다만 사랑마당이 활용된다.[22] 안마루에서 제례가 행사되는 유곡 안동권씨가 역시 사랑채 구성에서 별 특징을 볼 수 없다.

---

22) 손기원, 『양동 관가정과 손동만 가옥의 주거사적 연구』, 연세대학교 석사학위논문, 1991, p.78 : 이남 할머니에 의하면 서백당 사랑 전면에 다섯 간의 제청(방1칸+대청3칸+방1칸)이 있었다가 100여 년 전에 없어졌다고 한다.

(2) 의례공간의 조정

실의 조정

하회·무섬마을에서는 제례공간으로 안채와 사랑채가 혼용된다. 이때 사랑채에서 의례가 이루어지는 주택을 살펴보면, 안대청에서 드리던 제사를 사랑마루에서 드리기 위해 사랑채에 감실을 구성하는 등 조정을 가하였다. 신주가 모셔진 감실이 사랑채에 들어선 집에서는 사랑채에서 기제사를 드린다.

이처럼 사랑채에 감실을 구성한 주택은 경상도·강원도 지역에서 쉽게 볼 수 있다. 그 구성을 살펴보면 첫째, 작은사랑채 옆에 1칸 감실방을 구성하고 그 앞을 제청마루로 사용한다. 작은사랑방을 이용해 사랑대청과는 시선을 차단하고 영역을 구분한다(양동 이원봉 가옥). 사랑마루에 벽감을 설치하거나(영천 정연재·정용준 가옥, 양동 낙선당, 강릉 최근배 가옥, 물체당), 사랑웃방의 후퇴나 작은사랑의 후퇴에 감실을 만들고(영덕 만괴헌, 해저 만회고택), 사랑마루를 감실방으로 사용한다(호지 권병헌 가옥). 사랑건넌방에 제방을 구성하거나(영천 만취당), 큰사랑방의 뒷방을 빈청방으로 사용하고(구미 최상학 가옥), 사랑방 측방과 뒷방에 감실방을 구성한다(호지마을). 즉 감실방은 큰사랑이 아닌 곳에 1칸 혹은 반 칸 규모로 구성된다.

채의 조정

먼 손님까지 참석하는 불천위제를 위해서는 실과 더불어 채에도 조정을 가하였다. 불천위를 소유한 집은 명문가들로 상당한 경제력도 가지고 있어서 6칸 정도의 대규모 제청을 불천위제를 위해 건립한다. 기능에 따라 제청만으로 사용되는 것과 제청과 사랑마루를 겸하는 것으로 나뉜다. 전자의 예로, 별동형의 제청을 가진 유곡 권씨종가는 기제는 안마루에서 불천위제는 제청에서 행사되어, 사랑채는 의례로부터 독립된 생활공간을 유지한다. 옻골 백불고택에는 불천위를 위해 보본당을 구성하였고 보본당 대청에서 시선의 축은 별묘사당으로 이어진다. 후자의 예로 하회 양진당은 기제와 불천위제가 사랑대청인 제청에서 이루어지고,

사랑채는 생활공간과 더불어 의례공간으로 사용되었다. 특이형으로는 제청이 회랑 형식으로 연결된 의성김씨 내앞종가, 예천 권씨종택 등이 있다. 그리고 양동 무첨당은 제청이지만 일상시 사랑채로도 사용되었다. 넓은 사랑대청을 확보한 집들은 단지 생활공간이라는 특성을 넘어 집안과 지역의 중심, 성스러운 의식공간이라는 상징성을 가졌음을 알 수 있다.

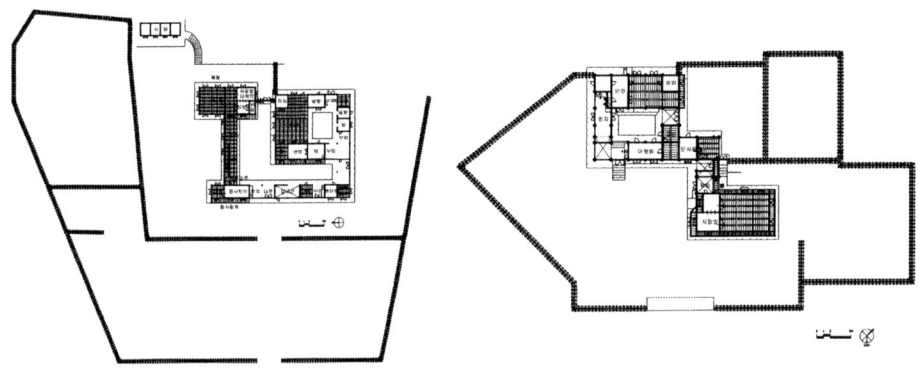

〈그림93〉 의성김씨 내앞종가 및 예천 권씨종가

참고문헌

단행본

강영환, 『집의 사회사』, 웅진출판, 서울, 1992
금장태, 『한국의 선비와 선비정신』, 서울대학교출판부, 서울, 2000
김광언, 『한국의 주거민속지』, 민음사, 서울, 1988
김광언, 『풍수지리』, 3판, 대원사, 서울, 1994
김동욱, 『조선시대 건축의 이해』, 서울대학교출판부, 서울, 1999
김봉렬, 『한국의 건축』, 공간사, 서울, 1988
김봉렬, 『시대를 담는 그릇1·2·3』, 이상건축, 서울, 1999
김지민, 『한국의 유교건축』, 발언, 서울, 1993
박영순 외, 『우리 옛집 이야기』, 열화당, 서울, 1998
배용광, 『한국사회의 규범문화』, 한국정신문화연구원, 서울, 1984
성춘식, 『영남 반가 며느리 성춘식의 한평생』, 뿌리깊은나무, 서울, 1990
손세관, 『북경의 주택』, 열화당, 서울, 1995
신영훈, 『한국의 살림집(상·하)』, 열화당, 서울, 1983
안호룡, 『한국 고·중세 사회의 구조와 변동』, 문학과 지성사, 서울, 1988
윤장섭, 『한국건축사』, 동명사, 서울, 1983
윤학준, 『나의 양반문화 탐방기Ⅰ·Ⅱ』, 길안사, 서울, 1994
이광규, 『한국의 가족과 종법』, 민음사, 서울, 1990
이규숙, 『이'계동마님이 먹은 여든 살』, 뿌리깊은나무, 서울, 1984
이규태, 『선비의 의식구조』, 신원문화사, 서울, 1984
이규태, 『한국인의 생활구조 - 한국인의 집이야기』, 기린원, 서울, 1991
이기서, 『강릉 선교장』, 열화당, 서울, 1980
이수건, 『영남사림파의 형성』, 영남대학교출판부, 경산, 1990
이수건, 『영남사림파의 형성과 전개』, 일조각, 서울, 1995
이이화, 『이야기 한국인물사』, 한길사, 서울, 1993

이종호 외, 『안동의 선비문화』, 아세아문화사, 서울, 1997
이중환, 『택리지』, 이익성 역, 을유문화사, 서울, 1993
임덕순, 『문화지리학』, 법문사, 서울, 1990
장철수, 『한국의 관혼상제』, 집문사, 서울, 1995
전경수, 『한국문화론』, 일지사, 서울, 1994
정동오, 『한국의 정원』, 4판, 민음사, 서울, 1991
정인국, 『한국건축 양식론』, 일지사, 서울, 1974
조성기, 『한국의 민가』, 한울, 서울, 2006
조혜정, 『한국의 여성과 남성』, 문학과지성사, 서울, 1988
주남철, 『한국주택건축』, 4판, 일지사, 서울, 1986
한국고문서학회, 『조선시대 생활사』, 역사비평사, 서울, 1996
한국역사연구회, 『한국사강의』, 한울아카데미, 서울, 1989
한상권, 『한국중세사회 해체기의 제문제』, 근대사연구회, 한울, 서울, 1987
한상복 외, 『문화인류학개론』, 서울대출판부, 서울, 1985
한상복, 『한국인과 한국문화-인류학 접근-』, 심설당, 서울, 1982
한필원, 『한국의 전통마을을 가다 1·2』, 북로드, 서울, 2004
홍형옥, 『한국주거사』, 민음사, 서울, 1992

保坂陽一郞, 『境界의 形態』, 陳景敦 譯, 집문사, 서울, 1991
和辻哲郞, 『풍토와 인간』, 박건주 역, 장승, 서울, 1993
新建築學, 『新建築學大系7-住居論』, 대광서림, 서울, 1991
미야지마 히로시, 『양반』, 노영구 역, 강, 서울, 1995
Amos Rapoport, *House Form and Culture*(주거형태와 문화), 이규목 역, 열화당, 서울, 1985
I. Altman & D. M. Werner, *Home Environments*(주거와 환경), 이경희 공역, 문운당, 서울, 1994
J. Douglas Porteous, *Environment & Behavior*(환경과 행태), 5판, 송보영·최형식 역, 명보문화사, 서울, 1993
Jon Lang, *Creating Architectural Theory*(건축이론의 창조), 조철희 역, 도서출판 국제, 서울, 1991

N. Schulz, *The concept of dwelling*(거주의 개념), 이재훈 역, 태림문화사, 서울, 1991

Mircea Eliade, *The Sacred and the Profane, The Nature of Religion*(聖과 俗: 종교의 본질), 이동하 역, 학민사, 서울, 1993

Paul Oliver, *DWELLING, The house across the world*(세계의 민속주택), 이왕기 역, 세진사, 서울, 1996

Yi-Fu Tuan, *Space and Place*(장소와 공간), 구동희·심승희 역, 대윤, 서울, 1995

학위논문

곽윤정, 『조선 상류주택 누마루 공간의 건축미에 관한 연구』, 홍익대학교 석사학위논문, 1994

김경희, 『주문화권 중첩지역의 민가형 변용과 주의식에 관한 연구』, 부산대학교 석사학위논문, 1996

김기주, 『조선시대 중기이후 반가의 공간사용과 평면형식에 미친 가례의 영향』, 연세대학교 박사학위논문, 1994

김기현, 『조선시대 상류주택의 정면성에 관한 연구』, 부산대학교 석사학위논문, 1998

김길동, 『조선시대 선비계층의 주거문화에 관한 연구』, 서울대학교 석사학위논문, 1991

김동인, 『조선시대 재실건축의 배치와 평면류형에 관한 연구』, 영남대학교 박사학위논문, 1993

김명복, 『강원도남부와 경북 북부지방의 겹집에 관한 연구』, 영남대학교 박사학위논문, 1992

김미나, 『조선시대 주거공간의 경계구조에 관한 연구』, 부산대학교 석사학위논문, 1997

김봉렬, 『조선 후기 한옥변천에 관한 연구』, 서울대학교 석사학위논문, 1982

김진성, 『조선후기 상류주택 사랑채의 사회적 변화에 따른 공간특성에 관한 연구』, 홍익대학교 석사학위논문, 1995

김태현, 『조선후기 口자형 주택의 구조와 부재비례에 관한 연구』, 홍익대학교 석사학위논문, 1984

김화봉, 『조선시대 안동문화권의 뜰집에 관한 연구』, 부산대학교 박사학위논문, 1999

김혜자,『의성김씨 내앞종가 복원적 연구』, 부산대학교 석사학위논문, 1995
남상환,『조선시대 경북북부지방 ㅁ자형 주택 지붕의 유형 및 형태결정에 관한 연구』, 부산대학교 석사학위논문, 1997
박명덕,『영남지방 동족마을의 분파형태와 건축특성에 관한 연구』, 홍익대학교 박사학위논문, 1992
박선희,『조선시대 반가의 주생활과 공간사용에 대한 연구』, 연세대학교 박사학위논문, 1991
박홍근,『조선 후기 상류주거의 공간구성에 관한 연구』, 울산대학교 석사학위논문, 1988
손기원,『양동 관가정과 손동만가옥의 주거사적 연구』, 연세대학교 석사학위논문, 1991
윤일이,『조선후기 상류주택 사랑채의 공간적 특성에 관한 연구』, 부산대학교 박사학위논문, 1999
이금도,『하회 양진당의 변천에 관한 연구』, 부산대학교 석사학위논문, 1996
이유미,『조선전기 상류주택의 안채구성에 관한 연구』, 연세대학교 석사학위논문, 1989
이재근,『조선시대 별서정원에 관한 연구』, 성균관대학교 박사학위논문, 1992
이호열,『조선전기 주택사 연구』, 영남대학교 박사학위논문, 1991
임창복,『한국 도시 단독주택의 류형적 지속성과 변용성에 관한 연구』, 서울대학교 박사학위논문, 1988
전봉희,『조선시대 씨족마을의 내재적 질서와 건축적 특성에 관한 연구』, 서울대학교 박사학위논문, 1992
조성기,『한국남부지방의 민가에 관한 연구』, 영남대학교 박사학위논문, 1985
조중근,『한국의 종가건축』, 충북대학교 박사학위논문, 1995
주영애,『조선조 상류주택의 살림공간에 관한 생활문화적 고찰』, 성신여대학교 박사학위논문, 1992
주은영,『한개마을의 위계변화에 관한 연구』, 부산대학교 석사학위논문, 1996
지호경,『영동지방 민가의 조사연구』, 부산대학교 석사학위논문, 1986
최영기,『종가 제례 공간에 관한 연구』, 국민대학교 석사학위논문, 1985
최 일,『조선 중기이후 남부지방 중상류주거에 관한 연구』, 서울대학교 박사학위논

문, 1990

최지희, 『주거공간의 분화에 대한 기호론의 적용』, 부산대학교 박사학위논문, 1987

최진국, 『남사부락의 취락형태와 주거에 관한 연구』, 부산대학교 석사학위논문, 1990

한빈원, 『농촌 동족마을 공간구조의 특성과 변화 연구』, 서울대학교 박사학위논문, 1991

홍순인, 『전통 마을의 형성과 민가형식에 관한 연구』, 홍익대학교 석사학위논문, 1979

홍승재, 『조선시대 상류주택의 예제적 체계에 관한 연구』, 홍익대학교 박사학위논문, 1992

홍형옥, 『한국인의 주거조정 및 적응에 관한 연구』, 고려대학교 박사학위논문, 1986

논문집

강영환, 「한국전통민가의 '간'특성에 관한 연구」, 대한건축학회논문집, 2권 2호, 1986

김관석, 「조선시대주거 '독락당' 일곽에 관한 연구(Ⅰ)」, 건축, 28권 121호, 1984

김광언, 「조선의 주거풍속」, 대한건축학회논문집, 33권 2호, 1983

김순일, 「조선후기의 주의식에 관한 연구」, 건축, 25권 98호, 1981

김종헌, 「한국전통주거에 있어서 안채와 사랑채의 분화과정에 대한 연구」, 대한건축학회논문집, 12권 2호, 1996

김진균, 「조선시대 상류주택의 시각구조 분석」, 대한건축학회논문집, 13권 6호, 1997년 6월

김홍식, 「18C말 실학파의 건축사상 연구」, 건축, 30권 3호, 1986

김홍식, 「양택론에 있어서 안채와 사랑채의 간잡이 방식에 대한 연구」, 대한건축학회논문집, 4권 5호, 1988

박명녕, 「조선중기 동족마을의 종가 확산 성립과정에 관한 연구」, 대한건축학회논문집, 7권 4호, 1991

서정연, 특집「한국 주택사 연구의 현황과 전망」, 건축, 33권 2호, 1989

손세관, 「중정형 도시주택의 공간구조에 관한 문화적 비교연구」, 대한건축학회논문집, 10권 11호, 1994

윤일이, 「조선시대 상류주택 사랑채 영역의 지역별 동질성과 차별성」, 대한건축학회

논문집, 14권 12호, 1998
윤일이,「회재 이언적의 건축관에 관한 연구」, 대한건축학회논문집, 18권 11호, 2002
윤일이,「농암 이현보와 16세기 누정건축에 관한 연구」, 대한건축학회논문집, 19권 6호, 2003
이왕기,「동족부락 옻골마을과 백불고택에 관한 연구」, 대한건축학회논문집, 5권 3호, 1989
장백기,「한옥의 역리적 공간해석」, 대한건축학회논문집, 5권 1호, 1989
장성준,「안동 토계동의 주택류형에 대한 연구」, 건축, 22권, 1978
전봉희,「해남 윤씨가의 주택경영에 관한 연구」, 대한건축학회논문집, 12권 11호, 1996
전봉희,「보성 강골마을의 정주형태에 대한 조사 연구」, 대한건축학회논문집, 14권 4호, 1998
조성기,「한국 민가연구 서설」, 건축, 24권 93호, 1980
조성기,「영동지방 민가의 조사연구 I」, 대한건축학회논문집, 2권 5호, 1986
조성기,「한국「중부형」민가에 관한 연구 I」, 대한건축학회논문집, 7권 3호, 1991
조성기,「한국 ㅁ자계 민가의 안마당에 관한 연구」,『건축학논총』, 무애 이광노교수 정년퇴임기념논총 간행위원회, 1993
조중근,「한국종가건축공간의 연결성 및 위계성」, 대한건축학회논문집, 10권 9호, 1994
최 일,「조선시대 한옥 변천과정의 해석방법에 관한 소론」, 대한건축학회논문집, 5권 1호, 1989
최 일,「전통주거건축의 근대성에 관한 연구」, 대한건축학회논문집, 6권 4호, 1990
홍승재,「조선시대 예적 차서체계와 건축의 배치구조에 관한 연구」, 대한건축학회논문집, 8권 2호, 1992

보고서

경북대학교 부속박물관,『경상북도 문화재 지표조사보고서 I』, 1980
경북대학교 부속박물관,『경상북도 문화재지표조사보고서 II』, 1981
경상북도·영남대학교,『경상북도 문화재 지표조사보고서 IV』, 1987

경상북도,『양동마을 조사보고서』, 1979
경상북도,『하회마을 조사보고서』, 1979
경주군,『양동민속마을』-정비계획조사보고서-, 1994
대구광역시 달성군,『남평문씨본리세거지』, 1996
대구광역시,『옻골-거대 도시 속의 씨족마을』, 1996
대구대학교 박물관,『의성군 문화유적 지표조사보고서』, 1987
대구대학교 박물관,『성주댐 수몰지역 지표조사보고서』, 1994
목포대학교 박물관,『무안군의 문화유적』, 1986
목포대학교 박물관,『진도군의 문화유적』, 1987
목포대학교 박물관,『장흥군의 문화유적』, 1989
문화재관리국,『문화재대관-중요민속자료편-』, 1985
문화재관리국,『한국민속종합조사보고서(주생활편)』, 1987
문화재관리국,『전통건조물보존지구 조사보고서-영풍수도리(무섬)마을』, 1988
문화재관리국,『전통건조물보존지구 조사보고서-영덕호지마을』
문화재관리국,『전통건조물보존지구 조사보고서-성주한개마을』, 1988
문화재관리국,『'90년도 문화재수리보고서』, 1992
문화재관리국,『'91년도 문화재수리보고서』, 1993
문화재관리국,『'92년도 문화재수리보고서』, 1994
문화재관리국,『'93년도 문화재수리보고서』, 1995
문화재연구소,『민가조사보고서-전남・전북편-』, 1994
연세대학교 건축공학과,『성주 한개마을』, 연세대출판부, 서울, 1991
안동군・안동대학 박물관,『임하댐 수몰지구 문화재지표조사 보고서』, 1986
영남대박물관,『안동댐 수몰지구 고가 이전 복원보고』, 1982
울산공대 건축학과,『안동댐수몰지구 취락형태 현지조사-의인섬마을보고서』, 1976
전북대학교 박물관,『진안용담댐 건설 수몰예정지 문화재 정밀 지표조사보고서』, 1993
충북대학교 박물관,『충주댐 수몰지역 문화재 지표조사보고서』, 1980